ROGER DOMMERGUE

HEIDEGGERS SCHWEIGEN
UND
DAS GEHEIMNIS DER JÜDISCHEN TRAGÖDIE

OMNIA VERITAS

ROGER-GUY POLACCO DE MENASCE
(1924-2013)

Roger Dommergue war ein französisch-luxemburgischer Philosophieprofessor, der für seine kontroversen Ansichten zum Holocaust bekannt war. Dommergue unterstützte revisionistische Theorien zum Holocaust, stellte die Zahl der jüdischen Opfer in Frage und behauptete, die Gaskammern der Nazis seien ein Mythos. In Vorträgen und Interviews bestritt er das Ausmaß der Verbrechen, die das NS-Regime während des Zweiten Weltkriegs begangen hatte.

HEIDEGGERS SCHWEIGEN UND DAS GEHEIMNIS DER JÜDISCHEN TRAGÖDIE

Le silence de Heidegger et le secret de la tragédie juive
1994

Übersetzt und veröffentlicht von
OMNIA VERITAS LTD

ØMNIA VERITAS®
www.omnia-veritas.com

© Omnia Veritas Limited – 2025

Alle Rechte vorbehalten. Kein Teil dieser Veröffentlichung darf ohne vorherige Genehmigung des Herausgebers in irgendeiner Form vervielfältigt werden. Das Gesetz zum Schutz des geistigen Eigentums verbietet Kopien oder Vervielfältigungen zur gemeinsamen Nutzung. Jede vollständige oder teilweise Wiedergabe oder Vervielfältigung ohne die Zustimmung des Herausgebers, des Autors oder ihrer Rechtsnachfolger ist rechtswidrig und stellt einen Verstoß dar, der nach den Artikeln des Gesetzbuchs für geistiges Eigentum geahndet wird.

AUSCHWITZ: HEIDEGGERS SCHWEIGEN 13
WER WAR HITLER? 46

Detailpunkt, sicher 58
Es lebe die Demokratie! 58

DIESE FÄLSCHUNG, DIE DIE WAHRHEIT SAGT 65
MAN DARF DEN NATIONALSOZIALISMUS NICHT
BANALISIEREN, FRAU SIMONE VEIL? 76

ABER WIR HABEN ES GUT BANALISIERT... 76

GRUNDLEGENDE ANMERKUNG 87
JENSEITS DES ANTISEMITISMUS 88

DER SCHLÜSSEL ZUR JÜDISCHEN TRAGÖDIE: BESCHNEIDUNG AM ACHTEN
TAG UND DAS DUNKLE ZEITALTER. 88

*Ein typisches Beispiel aus den 1990er Jahren für die Auswirkungen der
Beschneidung am 8. Tag: Der Finanzier SOROS* 96
Die Verfassung ist wichtiger als die Nation 105
Konsum um des Konsums willen ist ein Wert an sich 105
Der einzige herrschende Wert ist der des Geldes 105

DIE WAHRHEIT ÜBER RASSEN UND RASSISMUS 107

DER RASSISMUS DES PSEUDO-ANTIRASSISMUS 107

DER MARSCHALL IM "JAHR 1984" 112

Ubu beschnittener König! 113

NACH DEM MORDVERSUCH AN PROFESSOR FAURISSON: 119

DIE 6-*MILLIONEN-GASKAMMERN* MYTHOS UND DOGMA ODER REALITÄT?
PROF. FAURISSON STAATSFEIND NR. 1 ODER INTERNATIONALER HELD DES
XX(IGSTEN) JAHRHUNDERTS? 119

Wichtige psychologische Argumente 119
Arithmetische und technische Beweise 121
Psychologisch Arithmetisch Technisch 124

DER MYTHOS DER UNBEGRENZTEN PRODUKTION UND DIE
KANNIBALISIERUNG DER NATUR 126

Die Überbevölkerung der Dritten Welt ist eine Katastrophe 129

UNO-STATISTIKEN 132

DER MYTHOS DES FORTSCHRITTS 132

*Echter Fortschritt muss die perfekte Symbiose von vier Perspektiven
sein:* 133

DER JÜDISCH-KARTESISCHE WELTSELBSTMORD 137

DER MARXISMUS, DER GETÖTET HAT, TÖTET UND WIRD
WIEDER TÖTEN 140
TOLERANZ, TOLERANZ! 148
MUSIK, DIE TÖTET 150
ÜBER DR. A. CARREL UND DIE MANIE, STRAßEN, DIE SEINEN
NAMEN TRAGEN, UMZUBENENNEN 159
DER VERBLÜFFENDE CHURCHILL 162

*Zionismus gegen Bolschewismus, ein Kampf um die Seele des jüdischen
Volkes Von Rt, Hon. WINSTON CHURCHILL* *163*

ESSAY ÜBER DAS JUDENCHRISTENTUM, DEN
JUDÄOKARTESIANISMUS UND DAS HOLOCAUST-DOGMA ... 171
TOUVIER-FALL 183

Brief an Maître Trémollet de Villers (Anwalt von Herrn Paul Touvier) . *185*
*Fall Touvier: Brief an den Präsidenten des Berufungsgerichts von
Versailles* *196*
*Was Touvier hätte sagen sollen Warum ich den Marschall gewählt
habe* *198*

BRIEF AN KARDINAL LUSTIGER ERZBISCHOF VON PARIS 201
WAHNSINN UND GENIE 205

Erinnerung *212*
Der geniale Geist ist hierarchisch gegliedert *213*
Logik und Vernunft *214*
Verlust der freiwilligen Aufmerksamkeit *216*
Intelligenz *217*
Arbeitsfähigkeit *217*
Die verschiedenen Aufmerksamkeitsdefizite bei einem Verrückten ... *217*
Verlust des Willens *218*
Verlust des moralischen Empfindens *220*
Verlust der höheren psychologischen Ausarbeitungen *220*
Die Abstraktionen *220*
Diskriminierung abstrakter Werte *223*
Begriff der Identität *225*
Die Synthese *230*
Missetaten der modernen Wissenschaft *234*
Die moderne Wissenschaft hat keine Bremse und kein Ziel *239*
Was ist mit Freud? *242*
Aufmerksamkeit, Wille und Moral der modernen Wissenschaftler ... *245*

PSYCHOLOGISCHE ROLLE DER SOGENANNTEN ORGANISCHEN ENDOKRINE ... 251

Nebennieren: *251*
Hypophyse: *251*
Schilddrüse: *251*
Inneres Genitale: *251*

WAS BEDEUTET ES, EIN FASCHIST ZU SEIN? 255
DIE WELT VON ÜBERMORGEN 258

UBU KAISER 261
HABEN SIE ANTISEMITISMUS GESAGT? NICHT? 265
  ULTIMATIVE SYNTHESE DER GEOPOLITIK DER LETZTEN JAHRTAUSENDE 265
  ANDERE TITEL 277

*An jüdische Philosophen
die in der Fernsehsendung "Océaniques"
anwesend waren über Heidegger*

AUSCHWITZ: HEIDEGGERS SCHWEIGEN

Herren,

Ein Streben nach synthetischer Wahrheit motiviert diese lange Darstellung. Ich gebe sie Ihnen ohne jede Hoffnung auf eine intelligente und umfassende Antwort. Denn abgesehen von Simone Weil, Bernard Lazare, Bergson und einigen anderen Artgenossen habe ich noch nie einen intellektuell ehrlichen Juden getroffen. Ich sehe nur ihre Lügen und ihren bösen Glauben, der überall aus ihnen heraussickert. Ich wünschte, ich wäre nicht unter den Juden, eine seltene Ausnahme, die Redlichkeit und Synthese an den Tag legen könnte

Ich habe Ihre beiden Sendungen "Océaniques" verfolgt, die sich in radikaler Weise nicht auf Heidegger, sondern auf sein SILENCE konzentrierten.

Die Frage nach Heideggers Schweigen zu stellen, ist an sich schon unbewusst, und ich werde mich so klar wie möglich erklären.

Niemand von Ihnen allen, die in dieser Sendung anwesend waren, hat auch nur einen Moment lang Heideggers überlegene Intelligenz in Frage gestellt. Warum also diese Lücke? Warum sollte er von 1945 bis zu seinem Tod schweigen, ohne dass sich der tiefe Grund für sein Schweigen nahtlos in die Kohärenz seiner Intelligenz einfügte?

Sein Schweigen ist von perfekter Kohäsion. Es wäre meins, wenn die verwirrende psychotische, paranoide, größenwahnsinnige Mentalität meiner Mitmenschen mich nicht zum Schreien bringen würde...

Wenn Glucksman von "seiner Berufung, die Wahrheit zu betrachten" spricht, *ist er dann sicher, dass es sich dabei um die Wahrheit handelt? Würde er mir folgen, um seine Berufung zu manifestieren?*

Alles, was folgt, ist durch das unerbittliche Sieb der Überprüfung und Niagara von neun Beweisen gegangen. Ich bin also bereit, alle Fragen zu beantworten, Dokumente, Techniker und Beweise vorzulegen, die übrigens alle in den Archiven des berühmten Zündel-Prozesses in Kanada zu finden sind. Es sei daran erinnert, dass dieser Prozess die Verschwörung des Bolschewismus und der jüdischen Bankiers aus den USA unwiderlegbar bewiesen hat, den Mythos des Holocaust insbesondere durch elementare arithmetische und technische Überlegungen und die vernichtenden Schlussfolgerungen des Leuchter-Berichts, die durch die von den Vernichtungsspezialisten selbst durchgeführte Gegenexpertise bestätigt wurden, zerstört hat. Der amerikanische Ingenieur Leuchter, ein Spezialist für Blausäurevergasungen in den USA, hat nachgewiesen, dass in Auschwitz, Birkenau, Majdanek... niemals eine Hinrichtung mit Gas stattgefunden hat.

Glucksman sagt, er schätze alle Manifestationen von Intelligenz! Voire! Wird er nicht alles, was nicht in den schmeichelhaften Halo seiner Subjektivität passt, als Dummheit abstempeln? Schlimmer noch: Wird er nicht NICHT ANTWORTEN, wie es meine Mitmenschen mit ihrer finanziellen und politischen Allmacht seit Jahrhunderten tun? Ich befürchte: Die Wahrheit wird mit Schimpfwörtern wie Debilität und Nazismus belegt. Sie wird sogar gesetzlich bestraft, und das war's dann...

Der einzige Vorwurf, der Hitler gemacht wird und der selbst in den populärsten Filmen seit einigen Jahren nach dem Ende des Zweiten Weltkriegs immer wieder wiederholt, verstärkt, gehämmert und orchestriert wird, ist der sogenannte Holocaust von 6 Millionen Juden in Zyklon-B-Gaskammern. Auschwitz, das ist es.

Die zig Millionen anderen Opfer des Krieges, die zig Millionen Opfer des Bolschewismus und die zig Millionen Opfer NACH dem Ende des Krieges werden hingegen nie erwähnt. Wir werden darauf noch zurückkommen.

Was wissen wir heute über dieses Problem, wenn wir ehrlich sind und uns seit 1979, als die FAURISSON-Affäre ans Licht kam, damit befasst haben?

Wir wissen, dass:

Die "*6-Millionen-Gaskammern*" sind ein Dogma, das genauso fest verankert ist wie das Dogma der Erlösung. Wer würde sich mit einem Universitätsprofessor anlegen, der uns enthüllt, dass Pol Pot 2 Millionen statt 4 Millionen Menschen abgeschlachtet hat (derselbe Pol Pot, dem es, während ich schreibe, blendend geht und den das hohe internationale Gewissen nicht vor ein ihm angemessenes Nürnberger Tribunal gestellt hat).

PERSON.

Warum um alles in der Welt sollte die Bekanntgabe der HERVORRAGENDEN NACHRICHT, dass es keine 6 Millionen jüdischen Opfer und keine Vergasung mit Zyklon B gab, außer zur Entlausung, eine SCHLECHTE NACHRICHT SEIN, die von der Justiz sanktioniert werden muss???

Wer würde sich empören, wenn man uns mitteilen würde, dass DIE JÜDISCHEN KONZENTRATIONELLEN BÜRGER UND SOVIETISCHEN KARRIERE (Frenkel, Yagoda, Kaganovitch, Rappaport, Jejoff, Abramovici, Firine, Ouritski, Sorenson, Bermann, Apetter und Konsorten) unter dem Stalinismus nur 30 Millionen Menschen vernichtet hätten, anstatt 60, wie geschrieben wird...?

PERSON.

In 5000 Jahren Geschichte ist der Fall einzigartig: Er veranschaulicht das jahrtausendealte Phänomen des Jammerns. Jeder, der Beweise für diese saftige Mystifikation liefert, wird angeklagt und verurteilt.

Paul Rassinier, sozialistischer Abgeordneter, Geschichtslehrer, der jahrelang in deutschen Lagern interniert war, mit einem Gewicht von 30 kg herauskam und schließlich an den Folgen seiner Internierung starb, wurde für die Bücher verfolgt, die er im Hinblick auf eine Wahrheit schrieb, die ihm nur Ärger einbrachte. Er, ein sozialistischer Abgeordneter, Internierter und säkularer Lehrer, hatte bei dieser heroischen Demonstration der Wahrheit nichts zu gewinnen, und seine Bücher wurden im Namen der demokratischen Meinungsfreiheit in die TOTALE KONSPIRATION DES SCHWEIGENS getaucht...

Professor FAURISSON, der das Problem zwanzig Jahre lang studiert hatte und ganz zufällig auf diese Mystifizierung gestoßen war, wurde verurteilt, obwohl die Jury "nie die Ernsthaftigkeit seiner Arbeit in der Diskussion mit Fachleuten und der Öffentlichkeit bestritten hat"...

HENRI ROQUES, dessen Dissertation über den GERSTEIN-Bericht annulliert wurde. Ein unerhörter und in der Geschichte einmaliger Vorfall. Und das, obwohl der bekannteste Medienhistoriker und spätere sozialistische Minister, Alain Decaux, öffentlich die Exzellenz dieser Arbeit bescheinigt hatte! Die Dissertation hätte übrigens auch völlig nutzlos sein können, da DER GERSTEIN-BERICHT IM NÜRNBERGER PROZESS VERWEIGERT WURDE. Die Dissertation ist dennoch nützlich, da man sich seit einem halben Jahrhundert auf ein Dokument berufen kann, das von einem Gericht für wertlos erklärt wurde, dessen Unfehlbarkeit man uns immer wieder vorhält!

Jeder kann sich vorstellen, dass die Richter eines Gerichts, das ausschließlich von den FREIEN WÄHLERN gebildet wurde und daher überhaupt nicht den INTERNATIONALEN CHARAKTER hatte, mit dem es angeblich bekleidet war, nichts lieber getan hätten, als diesen Bericht zu verwenden, wenn sie es gekonnt hätten. Der Bericht war so grotesk, dass sie ihn aufgeben mussten!

ERNST ZUNDEL, dessen Prozess in Kanada für großes Aufsehen sorgte, bis die gleichgeschalteten Medien den Fall in bleiernes Schweigen hüllten.

Nicht nur wurde der Mythos des Holocaust vernichtet, die "großen Spezialisten" lächerlich gemacht (bis hin zur Ausrede der "poetischen Lizenz"), sondern es wurde auch unwiderlegbar bewiesen, dass seit 1917 und nahtlos die jüdisch-amerikanischen Finanziers den Bolschewismus finanzierten.

Trotz des großen Aufsehens, das der Prozess in Kanada erregte, gelangten keine Informationen in die europäischen Medien: DER ZUGRIFF UNSERER MITMENSCHEN AUF DIE PRESSE IST TOTALITÄR.

Man beschlagnahmt die ANNALES RÉVISIONNISTES im Namen der demokratischen Meinungsfreiheit zweifellos. Kein Recht auf Antwort für Professor Faurisson, der in der Polac-Sendung beleidigt wurde.

Währenddessen entblößen sich am selben Tag 70.000 demokratisch zombifizierte Jugendliche, um eine schändliche Pseudo-Chanson-Tussi zu imitieren, eine Art ignoranter, infantiler und obszöner Bodensatz...während sich Pornografie, Drogen, krankmachende und kriminogene Musik SEHR DEMOKRATISCH verbreiten.

ICH HABE MICH GEFRAGT, WARUM DIE DEMOKRATIE NICHT DIE FREIE MEINUNGSÄUSSERUNG, DIE ANTWORT

UND DIE BEWEISE, DIE EINE MÖGLICHE LÜGE VERNICHTEN WÜRDEN, ZULÄSST?

Faurisson bittet und fleht darum, dass man ihm eine Armee von Widersachern und ein riesiges Publikum vor die Nase setzt: ER KANN LANGE WARTEN.

Eines Tages wird gegen ihn ein Orwell-ähnliches Gesetz "wegen Gedankenverbrechen" erlassen. Es wurde tatsächlich einige Zeit nach der ersten Niederschrift dieses Buches in aller Eile verabschiedet. Es handelt sich um das FABIUS-GAYSSOT-Gesetz. Dieses stalinistische Gesetz trägt den Namen eines Juden und eines Kommunisten Kein Zufall! " Man diskutiert über die Revisionisten, aber nicht mit ihnen". sagte ein Jude und brachte damit seine vollkommene Gutgläubigkeit und seine leuchtende intellektuelle Redlichkeit zum Ausdruck.

Man zeige mir in 5000 Jahren Judäo-Christentum einen einzigen Lügner, der verlangt, öffentlich vor einer unbegrenzten Anzahl von Widersachern zu sprechen!!! Nebenbei bemerkt: Jedes normale menschliche Wesen ist GRUNDSÄTZLICH revisionistisch. Ein MENSCH muss alles in Frage stellen, was sein Herz oder seinen Verstand verletzt und das den offiziellen Anstrich eines Dogmas oder Postulats annimmt. Alles andere ist Zombismus.

Die Bösgläubigkeit, der Hass, die Lügen, die Verfolgungen, das Tränengas und die Mordversuche beweisen eindeutig, dass Faurisson Recht hat, noch bevor er die arithmetischen und technischen Aspekte des Problems untersucht hat. Außerdem wird er als "Nazi" bezeichnet, ein systematischer Reflex gegenüber allen, die auch nur den geringsten Zweifel an der Wahrheit des sakrosankten Mythos der *6-Millionen-Gaskammern* äußern!

Doch jeder weiß, dass Faurisson ein Linker ist, Anti-Nazi und Mitglied der Union der Atheisten, die ihre Demokratisierung proklamiert, aber nicht den Mut haben wird, sie zu verteidigen...

Die Absolutheit, die dem Dogma der *6-Millionen-Gaskammern* verliehen wurde, ist der unwiderlegbare psychologische Beweis für seinen Schwindel. Das Fernsehen wäre das ideale Medium gewesen, um Faurisson ausführlich zu Wort kommen zu lassen und dann seinen Schwindel zu demonstrieren.

Leider wurde die Sache im Fernsehen in Lugano ganz zu Faurissons Vorteil gemacht, und *Storia Illustrata* öffnete ihm ihre Seiten...

Was den arithmetisch-technischen Aspekt betrifft, so ist er noch überzeugender.

6 Millionen (und sogar 4, wenn man davon ausgeht, dass 2 Millionen Juden durch Kriegshandlungen gestorben sind, was übrigens nicht stimmt) stehen für ein Land wie die Schweiz. Sie sollen 1943/44 in sieben Konzentrationslagern massenhaft vernichtet worden sein. Die genaue Anzahl der noch funktionierenden Krematorien und die Dauer der Einäscherung einer Leiche sind bekannt. Tatsächlich wurden die perfektionierten Krematorien erst Ende 1943 installiert, wie der Vernichtungshistoriker Georges Wellers selbst bestätigt.

Das bedeutet, dass die Einäscherung erst ab diesem Zeitpunkt technisch perfekt wurde. Zuvor wären globale Massenverbrennungen unvollständig gewesen und hätten Typhus-Epidemien in ganz Europa ausgelöst. Wenn man außerdem die Krematorien in sieben Lagern nach der bekannten holocaustischen Einäscherungsdauer (weniger als zwei Jahre) und der bekannten individuellen Einäscherungsdauer betreibt, ist das Ergebnis, dass die Öfen noch im Jahr 2030 weiterlaufen! Man weiß genau, wie diese Öfen in ihrem Zustand funktionieren, ebenso wie ihr Zweck. Sie sind nämlich absolut unverzichtbar, um Ausbrüche von Typhus, Pest, Cholera und anderen endemischen Krankheiten in Konzentrationslagern zu verhindern.

HINGEGEN GIBT ES KEINE ZYKLON-B-GASKAMMER, IN DER 1000 ODER 2000 MENSCHEN AUF EINMAL VERNICHTET WERDEN KÖNNEN.

In diesem Zusammenhang ist es unterhaltsam, die Gaskammer von Struthof im Elsass zu besichtigen, wo die Blausäure nach der Vergasung durch einen einfachen Kamin frei entlüftet wurde, weniger als hundert Meter von der Residenz des Kommandanten entfernt! Was die Kammer selbst betrifft, so hat sie nur eine Fläche von wenigen Quadratmetern.

Zitieren wir einen Schlüsselsatz der Vernichter: "Nach der Vergasung öffneten wir, die noch pochenden Opfer fielen uns in die Arme, wir räumten die Leichen weg..."

"Das ist absurd, weil man für eine solche Operation 20 Stunden lang beatmet werden muss und 5-Gas-Masken benötigt. Jeder kann sich, wie ich es getan habe, über die Blausäuregaskammer informieren, die in den USA für die Hinrichtung EINES einzigen zum Tode Verurteilten verwendet wurde. Ihre unerhörte Komplexität und die beträchtlichen Vorsichtsmaßnahmen, die bei der Vergasung eines Verurteilten getroffen werden müssen, zeigen unwiderlegbar, dass die Vergasung von 2000 Menschen auf einmal mit diesem Gas eine TECHNISCHE UNVERFÜGBARKEIT ist.

Die Tatsache, dass man ein halbes Jahrhundert lang den winzigen Struthof im Elsass für eine Gaskammer halten konnte, bleibt ein historisches Beispiel für die Naivität der Massen, die alles glauben, solange es nur von einer Zeitung oder dem Fernsehen verbreitet wird...

Dasselbe gilt für die ganze trompetende Geschichte, bei der es sich um ein arithmetisches und technisches Problem auf dem Niveau des Grundschulabschlusses handelt. Es ist sicher, dass, wenn man einem Schüler dieses Niveaus das Problem stellen würde und er es in Übereinstimmung mit den Behauptungen der offiziellen Propaganda lösen würde, er bei seiner Kopie null und nichtig wäre.

Im Prozess gegen DEGESH, die Industrie, die Zyklon B herstellte, behaupteten 1949 der Geschäftsführer der Firma, Dr. Heli, und der Physiker Dr. Ra, dass Vergasungen unter den beschriebenen Bedingungen UNMÖGLICH UND UNBEDINGT seien! Niemand erzählt uns jemals von diesem Prozess, genauso wenig wie uns jemand erzählt, dass der Gerstein-Bericht, auf dem Roques seine Doktorarbeit aufbaute, beim Nürnberger Prozess abgelehnt wurde! Eine bekannte amerikanische jüdische Zeitung, die AMERICAN JEWISH YEAR B00K, berichtet in ihrer Ausgabe Nr. 43 auf Seite 666 (!), dass es 1941 im von den Deutschen besetzten Europa 3.300.000 Juden gab! Wie viele sind seit diesem Datum nach Spanien gegangen! Wie viele Tausende wurden in der freien Zone geschützt, wie meine gesamte Familie. Wie viele Hunderttausend wurden unter ihren Namen oder unter falschem Namen wiedergefunden! Faurisson schätzt die Zahl der Opfer von Auschwitz auf 150.000, alle Ethnien zusammengenommen.

Das haben mir alle vernünftigen Menschen, die sich mit diesen Fragen auskennen, bestätigt.

Das Gewissen der Vernichter kann man in folgendem Auszug aus LE MONDE vom 22.11.1979 bewundern: "Chacun est libre d'imaginer ou de rêver que ces faits monstrueux n'ont pas eu lieu. Sie haben leider stattgefunden, und niemand kann ihre Existenz leugnen, ohne die Wahrheit zu schmähen. Man muss sich nicht fragen, wie ein solcher Massenmord technisch möglich war, ER IST TECHNISCH MÖGLICH, WEIL ER GESTANDEN IST (!!!). Dies ist der Ausgangspunkt für jede historische Untersuchung zu diesem Thema. Es ist unsere Aufgabe, diese Wahrheit einfach in Erinnerung zu rufen: Es gibt keine Debatten über Gaskammern. Welche Note würde man einer Französischarbeit eines Schülers geben, der einer solchen Argumentation folgt? Wie kann man einen so absurden Text überhaupt veröffentlichen?

Es ist typisch für das 20. Jahrhundert, dass man Lächerlichkeit in jeder Publikation akzeptiert, während man sie in einem Aufsatz aus der sechsten Klasse nicht akzeptieren würde. Habe ich nicht kürzlich gehört, dass es "den Mutterinstinkt nicht gibt"? Man muss die enge Dialektik sehen, die zu einer solchen Absurdität führt. Sie wird die Mutterschaft in dieselben Gulags führen wie die entmachtete Logik des Marxismus...

Er stieß zufällig auf das Thema, das er seinen Studenten in einer Vorlesung über die Erforschung der historischen Wahrheit präsentierte.

Er hätte auch ein anderes Thema wählen können, aber es wurde so viel darüber gesprochen, dass er sich für dieses Thema entschied. Im Laufe der Studie wurde die Sache aufgedeckt und er erstickte daran. Es ist verständlich, dass eine solche Dusche ihn dazu brachte, die Wahrheit zu verkünden...

Nach 20 Jahren Arbeit entdeckte er also, dass es nirgends Gaskammern für 2000 Menschen gegeben hatte. Er entdeckte nur die winzigen Entlausungsreduktionen, die genau mit Cyclon B betrieben wurden!

Auf die naive, unlogische, verblüffend kindische und paranoide Behauptung von Betonismus, deren Absurdität vor aller Augen aufblitzt. ("Man darf auf keinen Fall suchen, das ist so! Verstanden!", Frau Paschoud, Journalistin und Geschichtslehrerin, antwortet: "Die Gaskammern haben existiert, so sei es! Ich möchte dann erklärt bekommen, warum man sich seit 20 Jahren bemüht, die Revisionisten in ihrem Berufs- oder Privatleben zu treffen, wo es doch so einfach wäre, sie endgültig zum Schweigen zu bringen, indem man einen einzigen dieser unzähligen unwiderlegbaren Beweise vorlegt, von denen man uns ständig erzählt...

"Frau Paschoud hat ihre Aufrichtigkeit und ihren Mut teuer bezahlt! Nun passen diese Sätze des elementaren gesunden Menschenverstandes perfekt zu dem von LE MONDE veröffentlichten und soeben zitierten irrsinnigen Text.

Wer sagt uns, dass Raymond Aron auf dem Kolloquium von 1983, das an der Sorbonne gegen Faurisson abgehalten wurde (UND IN SEINER ABSENZ!!!), gezwungen wurde, zuzugeben, dass es KEINE BEWEISE, KEINE SCHRIFT, KEIN DOKUMENT, KEINE SPUREN gibt, die die Realität der mörderischen Gaskammern belegen. OBWOHL ALLE KREMATORIEN INTAKT SIND.

In Wirklichkeit gibt es viel mehr Hinweise auf Außerirdische als auf die Realität der Gaskammern, die übrigens für 2000 Personen ein unlösbares FINANZIELLES und TECHNISCHES Problem darstellen würden. Der Gipfel der 1984er Groteske: "Ein Verband von Journalisten mit 2000 Mitgliedern (einschließlich der Equipe!) bittet die Regierung dringend, Professor Faurisson zum Schweigen zu bringen - IM NAMEN DER MENSCHENRECHTE UND DER DEMOKRATISCHEN AUSDRUCKFREIHEIT (sic!)! KEINE DEMOKRATISCHE FREIHEIT DER MEINUNGSÄUSSERUNG IM NAMEN DER MEINUNGSFREIHEIT...

Geben Sie Herrn Levy und seinem Assistenten Herrn Homais die Presse, die Polizei und die Justiz, dann machen sie sich nicht mehr lächerlich und das ist das 20. Jahrhundert ...

Es kommt noch besser. Im Namen der Gedankenfreiheit werden die Gymnasiasten weder vor Kleidermüll, noch vor kriminogener Musik, Drogen, Selbstmord, Arbeitslosigkeit, Pornografie oder der Anstiftung zur Unzucht von frühester Jugend an durch Kondome geschützt, SONDERN sie werden einen Kurs in antirevisionistischer staatsbürgerlicher Erziehung absolvieren.

Der Idiot, der es wagt zu sagen, dass man nicht 2000 Menschen in Gaskammern mit Zyklon B vergasen kann und dass es im besetzten Europa keine 6.000.000 Juden gegeben haben kann, wird nie sein Abitur machen. Wie man es auch dreht und wendet, das Problem zerplatzt vor Lügen.

Sechs Millionen vergaste Menschen, die im Krematorium verbrannt wurden, hinterließen Tausende Tonnen Asche, die nicht vollständig verschwanden. Hundert Proben von wenigen Kubikzentimetern, die analysiert wurden, hätten das Vorhandensein von CYANHYDRISCHE SÄURE nachgewiesen.

Ich habe noch nie gehört, dass solche Analysen durchgeführt wurden.

Ich dachte, die Freiheit habe alle Bedeutungen. Diese Diktatur ist umso verabscheuungswürdiger, als sie sich hinter dem Deckmantel einer Pseudodemokratie versteckt, die in Wirklichkeit nur eine IMPLACABLE CRYPTODIKTATUR ist.

Selbst wenn man annimmt, dass Faurisson sich irrt (was er nicht tut, da wir alle Beweise für den Betrug haben, von denen sein psychologisches Verhalten ihm gegenüber bei weitem der wichtigste ist), ist seine These weder schlecht noch skandalös, sondern drückt eine hervorragende Neuigkeit aus, die das allzu reale Leid derer, die den Schmerz der Lager erlitten haben, nicht berührt. Gibt es EIN EINZIGES Volk, das das Bedürfnis hatte, über Millionen von ihnen zu jammern, die von einem Feind ausgelöscht wurden, der seit einem halben Jahrhundert verschwunden ist? Braucht man einen Doktortitel in Psychologie, um zu verstehen, dass ein solches Verhalten in den Bereich der Psychopathologie fällt, ebenso wie das ziemlich niederträchtige und typische Bedürfnis, die Grundlage für einen fantastischen politisch-finanziellen Betrug zu sichern? Aber wie Faurisson sagt: "Wenn man erfährt, dass es keine 6 Millionen vergasten jüdischen Opfer gab, soll man es dann sagen oder verheimlichen?"?

Diese Frage ist relevant! Unsere Mitmenschen wollen nicht, dass Faurisson sich äußert, dass man ihm mit Hilfe offensichtlicher technischer und arithmetischer Realitäten widerspricht...

Faurisson und diejenigen, die wollen, dass er seine demokratische Meinungsfreiheit genießt, werden des Antisemitismus beschuldigt.

Der Antisemitismus war anderswo. Er lag in der UdSSR, die die Juden als unlebbar empfinden. Sie nehmen sich nicht die Zeit, den Antisemitismus des Regimes anzuprangern: Sie wollen nur eins, so schnell wie möglich weg.

Außerdem, und das ist eine enorme Sache, sind sie praktisch die einzigen, die die UdSSR verlassen können. Die sowjetische Sklaverei ist gut für die anderen.

90% der sowjetischen Einwanderer in die USA sind Juden! Das ist ein Detail! Seitdem ist der sowjetische Kommunismus zusammengebrochen. Dieser Zusammenbruch wurde von der jüdischen Finanzwelt berechnet, die in Russland die Marktwirtschaft einführen will. WENN dieser Zusammenbruch nicht beabsichtigt gewesen wäre, hätte er nicht stattgefunden, denn die UdSSR besaß die stärkste Armee der Welt...

Ist es notwendig, daran zu erinnern, was in den MENSCHENRECHTEN festgelegt ist?

Man kann sich fragen, ob es sich um die überall mit Füßen getretenen Menschenrechte oder um die Exklusivrechte des Juden handelt... Niemand darf wegen seiner Meinung behelligt werden. Die freie Mitteilung Gedanken und Meinungen ist eines der wertvollsten Rechte des Menschen...

Wenn es einen Missbrauch dieser Rechte für totalitäre jüdische Finanziers, Pornografen à la Bénézareff, die Killermusik von Gurgi-Lazarus, den Vernichtungsmarxismus, den verdummenden und pornografisierenden Freudismus, die Drogenbosse, die Mafia, die parasitären Aneigner, die Schwuchteln gibt, dann gibt es keinen Missbrauch für jeden Forscher, jeden Lehrer, der etwas zu sagen hat.

Faurisson hat das Recht zu sprechen, und jeder hat das Recht, ihm mit KLAREN FAKTEN, BEWEISEN, DURCHGEFÜHRTEN STUDIEN, TIEFEN ANALYSEN, EXHAUSTIFENDEN UNTERSUCHUNGEN zu widersprechen.

Alles andere ist ein Totalitarismus, der viel schlimmer ist als der von Hitler, denn sein Autoritarismus führte zu Ordnung, Idealen und Männlichkeit, während der andere in die eitrige Zersetzung der gesamten Menschheit mündet...

Er grenzt an den von Kaganowitsch und wird schließlich in ihn münden. Die Juden werden gezwungen sein (dieser Text wurde EIN JAHR vor dem Fabius-Gayssot-Gesetz geschrieben, daher die Zukunft), von den politischen Marionetten, die sie manipulieren, ein totalitäres, radikal antidemokratisches Gesetz verabschieden zu lassen, das diejenigen, die es wagen, das betonierte, sakrosankte Dogma der *6-Millionen-Gaskammern* in Frage zu stellen, zu Gefängnis und Geldstrafen verurteilen wird. Ich schrieb dies an PIERRE VIDAL-NAQUET, mehr als ein Jahr vor der

Verabschiedung dieses UNVERMEIDBAREN Gesetzes auf der Kurve der jüdischen Hysterie.

UBU, DER BESCHNITTEN UND NICHT JÜDISCH IST, IST ALSO DER KÖNIG DIESES ORWELLSCHEN UNIVERSUMS.

Niemand kann bestreiten, dass der Holocaust zu einer echten Religion geworden ist und dass dem Ungläubigen der demokratische Scheiterhaufen droht.

Der jüdische Historiker Jacob Timmerman sagt uns: "Viele Juden sind schockiert darüber, wie der Holocaust von der Diaspora ausgenutzt wird.

Sie schämen sich sogar dafür, dass der Holocaust für die Juden in den USA zur Zivilreligion geworden ist. Léon A. Jick, ein anderer jüdischer Historiker, kommentiert: "Das verheerende Bonmot, dass es kein Geschäft gibt, das dem Shoa-Geschäft gleichkommt, ist, man muss es sagen, eine unbestreitbare Wahrheit".

Keine Woche vergeht, in der die Öffentlichkeit nicht ermahnt wird, "niemals zu vergessen". Es werden belastende Filme gezeigt, vereinfachende Sendungen ausgestrahlt, hasserfüllte und psychotische Hetzjagden auf "Kriegsverbrecher" veranstaltet - invalide, achtzigjährige Greise eines Regimes, das seit 50 Jahren tot ist. Populäre Abenteuer- oder Actionfilme sind vollgestopft mit Verweisen auf die bösen Deutschen und die unausstehlichen Nazis, die immer als folternde Unmenschen dargestellt werden. Ach, wenn man sich an das Verhalten der Russen in Europa erinnert! Schreckliches Verhalten, während die Deutschen, Soldaten oder Offiziere in der U-Bahn den Damen ihren Platz überließen!

Man erzählt uns von Oradour-sur-Glane, einem einzigartigen Fall in Frankreich, aber man erzählt uns nie vom KONTEXT dieser Affäre: deutsche Soldaten, die vom Widerstand verstümmelt wurden, ein höherer Offizier mit ausgestochenen Augen und die lange Zeit, die die Deutschen den Tätern ließen, um sich selbst anzuzeigen, bevor die gerechten Vergeltungsmaßnahmen, die übrigens von ALSACIANERN ausgeübt wurden, begannen. Das Wort "Vergeltung" wurde nicht von den Deutschen erfunden, und kein General irgendeiner Armee hätte eine solche Gräueltat akzeptiert. Waren es nicht die schändlichen Folterer der deutschen Soldaten, die, weil sie sich nicht selbst anzeigten, zu den WAHREN MÖRDERN der Bewohner von ORADOUR wurden?

Ach, wenn man doch nur die Kriegsverbrechen der Alliierten kennen würde! Wenn die Jugendlichen wüssten, wie Russen und Amerikaner auch nach 1945 in Europa alle deutschen Gemeinschaften vergewaltigt und massakriert haben...
WÄHREND EIN DEUTSCHER OFFIZIER, DER IM FEINDESLAND VERGEWALTIGT HABEN SOLL, SOFORT ZU DEN WAFFEN GEGRIFFEN HAT.

Das war das Gesetz. Ich habe übrigens noch nie von einem deutschen Offizier gehört, der auf feindlichem Gebiet vergewaltigt hat. In den nördlichen Vororten von Minsk wurde das Massengrab von KURAPATY entdeckt, das etwa 250.000 Leichen enthielt. Sie starben zwischen 1937 und 1941, als sie von den Truppen der NKWD erschossen wurden.

Wir laufen nicht Gefahr, dass die Medien uns jeden Tag davon berichten: Sie waren keine Juden! Von den einseitigen Lehrveranstaltungen, den heuchlerischen Auftritten politischer Marionetten bei Veranstaltungen zur heiligen Verehrung des Holocausts wollen wir gar nicht erst anfangen.

Man muss auf "den gemeinen Samen des Viehs" aus dem Zohar zurückgreifen, um zu verstehen, dass jüdische Opfer mehr Wert haben als andere.

Gibt es in den USA Gedenkstätten, Studienzentren, akademische Zeremonien für die DIZAINTE MILLIONEN VON Opfern der Juden KAGANOWITSCH, APPETER, URITSKI, FRENKEL, JAGODA, JEJOFF UND???

Und doch sind Hitlers 6 Millionen, selbst wenn sie wahr sind, enorm übertroffen! Was ist das für eine Arithmetik, die behauptet, dass 6 Millionen größer als 60 Millionen sind?

Muss man an die Massenverbrechen erinnern, die die Sowjets an Ukrainern, Balten, Tschetschenen, Koreanern und vielen anderen begangen haben? Der ukrainische Völkermord forderte 6 bis 8 Millionen Opfer, und zwar ganz reale.

Sollten wir die Hunderttausende von Frauen und Kindern, unbewaffneten Zivilisten vergessen, die 1945 in den deutschen Ostprovinzen von der Roten Armee ermordet wurden? Die Weißrussen, die in die deutsche Armee gegen den Bolschewismus eingezogen wurden und die so naiv waren zu glauben, dass man sie in ihrem Land willkommen heißen würde, und die auf dem Rückweg mit Maschinengewehren hingerichtet wurden?

Schließlich will man uns die absurde Gleichung schmackhaft machen: REVISIONISMUS= ANTISEMITISMUS.

Man will uns glauben machen, dass der Geschichtsrevisionismus, der völlig normal ist (jeder anständige Historiker ist ein PERMANENTER REVISIONIST), der DEMOKRATIE GEGENSEITIG ist.

Ein merkwürdiges Postulat, das darauf hinausläuft, das umgekehrte Postulat aufzustellen: DEMOKRATIE = NICHTREVISIONISMUS.

Der Gipfel der Absurdität und Dummheit, denn das läuft darauf hinaus, zu sagen: DER REVISIONISMUS IST GEGEN DIE THEEN DES INTERNATIONALEN JUDAISMUS!

C.Q.F.D.: Dem kann niemand widersprechen!

Diejenigen, die das behaupten, kommen dem schlimmsten Antisemitismus entgegen, der von der Action Française bis zu Hitler unzweideutig behauptet, dass:

DEMOKRATIE UND HUMANISMUS DER FREIMAURER SIND JÜDISCHE SCHÖPFUNGEN, DIE AUSSCHLIESSLICH IM DIENSTE DER JUDEN STEHEN.

Die Action Française behauptete sogar unumwunden, dass sich dies auf alle Institutionen, einschließlich des Bildungswesens und der Justiz, erstreckte.

Wie viele Menschen, die dennoch Demokraten sind, haben mir dies bestätigt, indem sie zum Beispiel die Gesetze Pléven und Marchandeau zitierten, die durch die inkongruente Absolutheit des jüngsten Gesetzes Gayssot noch verstärkt wurden, was ich leicht vorhersehen konnte.

Die Missachtung der Justiz bricht im Barbie-Prozess hervor.

Er war 1954 zum Tode verurteilt worden und konnte für ein ähnliches Vergehen nicht erneut angeklagt werden. Er war verjährt, da seit seiner Verurteilung 34 Jahre vergangen waren. Es bedurfte noch eines totalitären Legalismus, um die Verjährung aufzuheben. Als Bolivianer konnte er in Frankreich nur nach einer ordnungsgemäßen Auslieferung vor Gericht gestellt werden. Er wurde jedoch nach unglaublichen Machenschaften entführt, zu denen auch finanzielle Drohungen an die bolivianische Regierung gehörten. Juristische Farce, pseudo-legaler, legalisierter Zirkus, absolute Missachtung der Richter und ihres Gewissens, Missachtung der JUSTIZ.

Warum wird nicht morgen jemand in den Achtzigern in Frankreich angeklagt, der das Pech hatte, der Kirche und dem Marschall zu folgen?

In der Diktatur des Schreckens, die wir international erleben, ist alles möglich. Diese Zeilen wurden etwa 15 bis 20 Monate vor dem Touvier-Prozess geschrieben.

Wir haben also, wie erwartet, diesen Zirkus der Justiz und der Medien erlebt. Während die Welt in der fauligen Verwesung des JUDÉO CARTÉSIANISME liegt, wird ein unglücklicher Mann, der sich für das letzte saubere Regime Frankreichs entschieden hatte, angeklagt.

Und das, während Millionen von Menschen von der Arbeitslosigkeit erdrosselt und durch die Vernichtung aller Werte, die den Menschen ausmachen und erhalten, zerstört werden... Und das 50 Jahre später. Wir werden später darauf zurückkommen...

Hätte Barbie als französischer Offizier das gleiche Verhalten an den Tag gelegt, wäre er zweifellos zu statuarischen oder zumindest städtebaulichen Ehren gekommen. Doch sein Prozess wirft schwierige Fragen auf. Der vorverurteilte Barbie hatte nichts zu verlieren. Er kannte die schändlichsten Hintergründe der Résistance, die er hätte entehren können: Er sagte NICHTS. Er hätte dem jüdischen Halbjahrhundert schonungslos den Prozess machen und seine Option auf Hitler rechtfertigen können: Er sagte NICHTS. ER HÄTTE DAS PRÄTORIUM UND DEN HÖCHSTEN TRIUMPH ZERSCHMETTERN KÖNNEN UND TROTZDEM VERURTEILT WERDEN KÖNNEN, ABER ER TAT ES NICHT.

Er hat geschwiegen! Warum?

War er nicht selbst Teil eines Zirkus, der sorgfältig zusammengestellt wurde, um die Massen, in denen der Antisemitismus rumort, zu mystifizieren?

Es sind nicht diese Zirkusse à la Barbie und Touvier, die die Massen von der Arbeitslosigkeit und ihrer akuten Unzufriedenheit ablenken werden, ebenso wenig wie vom Antisemitismus, den diese Art von Spektakel noch verschärft, egal was die jüdische Paranoia darüber denkt...

Wie dem auch sei, die Politik gegen Faurisson wird, wenn sie fortgesetzt wird, UND DIE HYSTERIE MEINER KONGENERINNEN WIRD SIE WEITERFÜHREN, den schlimmsten antisemitischen Behauptungen der extremen Rechten Recht geben, und DAS SIND LINKE, DIE DIESE BEWEISE VERBINDEN WERDEN...!

Es wird allzu oft vergessen, dass Hitler alle Juden Europas gegen eine angemessene Anzahl von Lastwagen eintauschen wollte. Es waren die jüdischen Regierungen in England und den USA, die die Lastwagen unseren Mitmenschen vorzogen, die ihnen als inflationäre Märtyrer in den Lagern viel nützlicher sein würden. Das Unglück ist, dass die Zahl von 6 Millionen ein arithmetischer Unsinn ist. In "Jours de France" stellte Bloch-Dassault klar, dass das Leben in den deutschen Lagern nicht schlimmer war als das in den Gulags, die von etwa 50 Juden geleitet wurden, deren Fotos man in Band II von Solschenizyns "Archipel Gulag" sehen kann und die Dutzende Millionen von Massakern auf dem Gewissen haben.

Diese Tatsache wird von niemandem bestritten, nicht einmal von kommunistischen Historikern! Ich erwähne nur zur Erinnerung die zig Millionen, die während der Revolution von 1917 vernichtet wurden, ohne den Zaren und seine Familie zu vergessen, eine Revolution, in der alle Regierungsteams und alle Finanziers, die dieses köstliche Regime der Selbstverwirklichung des Menschen subventionierten, JÜDISCH waren.

Es muss wiederholt werden: Sind diese Dutzende und Dutzende von Millionen von Massakern zahlenmäßig geringer als die 6 Millionen, DIE SELBST WAHR sind, die man medial unaufhörlich in unsere müden Ohren dröhnen lässt? Und diese wurden nicht vernichtet, weil sie alle Hebel der Finanzwelt, der parasitären Spekulation, der selbstmörderischen Systeme und Ideologien in der Hand hielten, sondern weil sie brave russische Staatsangehörige und Antikommunisten waren...

Es ist nicht nötig, dass die Medien täglich über diese zig Millionen berichten, es ist nicht nötig, dass "das hohe internationale Gewissen" sich damit befasst, es ist nicht nötig, einen Film mit dem Titel "SUPERHOLOCAUSTE" zu drehen: Sie waren keine Juden!

Daher sind sie nicht wichtiger als die Boat People, die Biaffrais, die Eritreer, die Palästinenser, die Christen im Libanon...

Im Gegensatz dazu ist es für die ganze Welt die ewige Nacht und der Nebel, dass diese Menschen in den drei Monaten, in denen Deutschland zusammenbrach, an Hunger und Typhus starben. Es wird vergessen, uns zu sagen, dass es durch die Bombenangriffe der Alliierten in den großen deutschen Städten, die in Schutt und Asche gelegt wurden, genauso aussah. Die Zivilisten starben dort wie die Fliegen und eine einzige Bombardierung konnte 150.000 bis 200.000 Opfer fordern.

Von diesen Märtyrerstädten gibt es keine Fotos von Kindern, die in den Ruinen oder unter den Trümmern sterben. Stattdessen Fotos der Lager von allen Seiten, mit Bildunterschriften, die nichts mit der Realität zu tun haben: Die alliierten Bombenangriffe machten es unmöglich, die Internierten zu ernähren, und so war es fatal, dass sie verhungerten! WER kann auch nur einen Augenblick glauben, dass die Deutschen, die ihre Niederlage kommen sahen, ein solches Image hinterlassen konnten???

Haben wir solche Bilder von den Schrecken der Gulags???

Ist es nicht offensichtlich, dass die lebenden Skelette, die uns auf unzähligen Fotografien und Filmen gezeigt werden, nichts mit Gaskammern zu tun haben? Wie kann man nicht offensichtlich feststellen, dass Hunger und Typhus die Ursache für diese bedrückenden Bilder sind?

DER SCHWINDEL MIT DEN 6 MILLIONEN GASKAMMERN IST ENTSCHIEDEN GRELL: ER IST PSYCHOLOGISCH, ER IST ARITHMETISCH, ER IST TECHNISCH.

Angenommen, die "*6MillionenJudengazés*" sind wahr. Was stellen wir in der vollständig "beschnittenen" liberal-sozialistischen Welt fest?

Ich verwende absichtlich nicht den Begriff "JUDEN", denn alles, was der modernen Welt zuzuordnen ist, ist vor THORA erblich und verbrecherisch.

Die Verwendung des Begriffs Jude ist ein semantischer Missbrauch. Das Wort hat nur eine einzige Bedeutung, und die ist religiös. Den JÜDEN kann man nur ihr Schweigen angesichts der Untaten dieser Betrüger vorwerfen, die NICHT JÜDISCH sind: Es handelt sich um die "internationale Sekte der am achten Tag Beschnittenen, atheistisch und spekulativ". Wir werden darauf zurückkommen.

Betrachten wir einige Detailfragen:

1. Alle Länder sind der grausamen Diktatur des Dollars unterworfen und werden von riesigen, unbezahlbaren Schulden erdrückt. Der internationale Ruin steht vor der Tür und wird endgültig sein, wenn die Hegemonie der Banker und ihrer technokratischen Handlanger durch falsche Verträge wie die Protokolle der Weisen von Zion erreicht wird. Diese Verträge wie MAASTRICHT, G.A.T.T.[1] und die, die noch folgen werden, werden die Bauernklasse endgültig ermorden und Europa in die Arbeitslosigkeit stürzen. Sowohl Hitler als auch Marschall Pétain waren von Grund auf gegen dieses suizidale System, das den traditionellen Menschen, der sich in einer unbelasteten Natur im Gleichgewicht befand, völlig zerstörte.

Er war gegen den Liberalismus, der den Boden, die Körper und die Seelen verschmutzte, genauso wie er gegen den Bolschewismus war, der zig Millionen Menschen ausrottete und die Lebenden auf eine elementare statistische Matrikeleinheit reduzierte. HIER UND NICHT ANDERSWO LIEGEN DIE WAHREN URSACHEN FÜR DEN KRIEG VON 1939-1945.

Alles andere, und darauf werden wir noch zu sprechen kommen, ist nur ein Vorwand, um mit den Massen zu spielen, die man zu 60 Millionen zur Schlachtbank führen wird.

2. Arbeitslosigkeit ist eine globale Geißel. Rockfellers Club of Rome prognostiziert für die nächste Zeit eine Milliarde Arbeitslose auf dem Planeten. Sowohl Hitler als auch der Marschall beseitigten die Arbeitslosigkeit in beiden Ländern, indem sie die Geburtenrate förderten, die in Deutschland außergewöhnlich hoch war.

3. Standorte, Boden, Wälder, Wasser, Tier- und Pflanzenarten werden durch Industrie und Chemisierung zerstört. 5000 Seen sind in Kanada biologisch tot, 2000 in Schweden. Die Wälder verschwinden, weil sie von Werbung und quantitativ monströsen

---

[1] Die später zur Welthandelsorganisation wird.

Wahlzetteln verschlungen werden. Die von Autos und Fabriken ausgestoßene Säure tut ihr Übriges.

Der Rhein war vor kurzem ein toter Fluss, und das Mittelmeer ist schrecklich verschmutzt. Die Industrie existiert nur durch die RADIKAL ZIRKULÄRE Finanzwirtschaft.

Es gibt keine Finanziers wie Warburg (der 1914-18 gleichzeitig die Alliierten, die Deutschen und die bolschewistische Revolution finanzierte), Hammer (der 1941 allein so viel Öl besaß wie die drei Achsenmächte), Soros (der mit einem Telefonanruf eine Währung destabilisiert), Bronfmann, der den Holocaust besingt, König des Alkohols ist und 3 Milliarden 600 Millionen Dollar besitzt, die nicht "am achten Tag beschnitten" sind. Diejenigen, die es nicht sind, haben bei genauerer Betrachtung einen lächerlichen "Aktionsradius".

4. Die Nutzung der Atomenergie bedroht die Menschheit mit dem Tod.

Atombomben, Tschernobyl, genetische Beeinträchtigungen, nicht neutralisierbare und instabilisierbare Abfälle.

Niemand leugnet die Bedeutung der beschnittenen Physiker Einstein, Oppenheimer bei der Entwicklung der Atombombe oder von S.T. Cohen bei der Entwicklung der Neutronenbombe.

Die Philosophin Irène Fernandez berichtete in der FR3-Sendung vom 15. Februar 1988, dass Hitler aus humanitären Gründen den Einsatz der Atombombe abgelehnt hätte. Er hätte sie zur Abschreckung eingesetzt, was Hiroshima und Nagasaki verhindert hätte!

Die Presse hat uns vor kurzem enthüllt, dass die Atomforschung des Nationalsozialismus nicht existent war.

All das passt gut zu dem Vertragsentwurf, den Hitler England und den USA vorgelegt hatte und der vorsah, dass die Zivilbevölkerung im Kriegsfall nicht bombardiert werden sollte. Der Vertrag wurde abgelehnt!

ES IST ABSURD, DEN EINDRUCK ZU ERWECKEN, DASS SOLCHE SPEKULATIONEN VON DER INTELLIGENZ ABHÄNGEN, WENN SIE NUR VON SPEKULATIVEN GABEN ABHÄNGEN, WAS ETWAS GANZ ANDERES IST. Sowohl die

Wissenschaft als auch die Finanzwelt, die keine spirituelle Autorität haben, denken NICHT.

5. Es gibt kaum noch sauberes Trinkwasser.

Nun hatte Hitler die größte Sorge um die Ökologie. Er wusste genau um die Gefahren der Überindustrialisierung, zu der er aufgrund der Kriegsgefahren gezwungen war, und zwar zu seinem Nachteil.

Er musste sich mit der Konjunktur auseinandersetzen.

Die Pille von Djérassi und Aron Blum (genannt Beaulieu), die Abtreibung von Simone Veil und Rockefeller (mit ihren regelrechten Abtreibungsfabriken), die Pornografie von Bénézareff, die pathogene und kriminogene Musik von Gurgi-Lazarus mit ihren infantilen Sängern herrschen im gesamten, groteskerweise als demokratisch bezeichneten Westen.

Dieses selbstmörderische Niagara des Planeten geschieht IM NAMEN DER FREIHEIT, ohne dass jemand lacht: Der Zombismus herrscht, komatös und scheinbar unumkehrbar.

Aber ein Universitätsprofessor hat nicht das Recht, das Ergebnis beruhigender Forschungen zu äußern, (deren Realität jeden erfreuen sollte), weil das Thema der globalistischen Beschneidungsokratie missfällt!!!! Die seltsame Freiheit existiert nur für bolschewistische Finanziers, Pillendreher, selbstmörderische Physiker, Pornographen, Chemiker für Nahrungsmittel und Therapeutika und im Allgemeinen für alle beschnittenen Umweltverschmutzer und die Gojim, die ihnen folgen ...

6. Der **FREUDISMUS**, dessen physiologische und insbesondere endokrinologische Realitäten seine Falschheit und Perversität beweisen, greift die Familie an, beleidigt, pornografiert und entjungfert unsere heiligsten Gefühle, den Respekt vor den Eltern, der Mutter, dem Kind und seiner Unschuld.

Denn Freud konnte nie verstehen, dass der normale Mensch nicht von seiner berühmten "Libido" befreit ist, sondern sie eng in eine Reihe von Verhaltens- und Denkregeln einbettet, die es ihr nicht erlauben, in die edlen Sphären des Daseins einzudringen: die Familie, den Geist der Aufopferung und der Liebe, der ihre Triebfeder ist, das Wissen, das Denken ...

7. Der **MARXISMUS** breitet sich wie die Tentakel einer Krake über den ganzen Planeten aus. Das Bildungswesen ist nun

eine Brutstätte für oft unwissende, manchmal ungebildete oder analphabetische Voter-Konsumenten, Drogensüchtige, Discokunden, Kriminelle, hirnlose Kleiderläuse... Unter der süßen Maske von Neutralität und Toleranz hat der Säkularismus längst alle Ausgänge zum Spirituellen verbarrikadiert. Ich habe diesen vertikalen Fall in vierzig Jahren Sekundar- und Hochschulunterricht beobachten können. Der Säkularismus hat das Kind dem Zombismus, dem revolutionären Fanatismus und dem Atheismus ausgeliefert. Dabei handelt es sich um den nicht-militanten, gleichgültigen Atheismus, den wahren Atheismus, den des Australopithecus oder des Schimpansen. Der militante Atheismus ist eine fanatische Religion, eine negative Teilhabe am Heiligen. Man leugnet nicht, was nicht existiert, man manifestiert nichts. Der wahre Atheist drückt nichts aus: Das Konzept von Gott ist ihm fremd. Der Atheist ist ein Revoluzzer gegen Gott. Leider hat er auf der Ebene seiner Intelligenz gute Gründe, um sich zu rechtfertigen. Es gibt keine Neutralität in der internationalen , die Schläger aller Art herstellt, vom Drogensüchtigen bis zum Wischmop-Politiker.

Selbst die Filme, die man Kindern vorsetzt, einschließlich der Zeichentrickfilme, sind nur Beispiele und Ermutigungen zur Gewalt. Das Fernsehen vermittelt die Überlegenheit des mit allen Tugenden ausgestatteten Kriminellen, der ein Opfer der Gesellschaft ist (es stimmt, dass es ihn in Serie produziert).

Die Musik von Michael Jackson und Madona wird einer selbstmörderischen, zombifizierten Jugend ohne Ideale und ohne Hoffnung zum Fraß vorgeworfen....

Die Anstiftung zur Unzucht erfolgt nun durch den beschnittenen Minister selbst. Dies geschieht durch die heimtückische Vermittlung von AIDS und Kondomen. Und das sogar in den Mittelschulen. NIEMALS WIRD JUNGEN MENSCHEN GESAGT, DASS DIE EINZIGE VORBEUGUNG GEGEN S.I.D.A. DIE LIEBE IST UND DIE TREUE DES PAARES. Nie wird ihnen gesagt, dass das völlige Fehlen sexueller Belange vor dem achtzehnten Lebensjahr eine absolute Regel ist. Wenn sie nicht befolgt wird, führt dies zu neuroendokrinen Ungleichgewichten, oft zu einem Zustand von Leguminosenamorphismus, Degeneration, Abulie und natürlich zur LEICHTHEIT, NICHT VON DEN

MEDIEN SUGGESTIONIERT ZU WERDEN. Mit einem Wort: physischer und psychischer Zerfall.

Das wird einen dieser von Natur aus mathematisch starken Degenerierten nicht davon abhalten, das Polytechnikum zu absolvieren und ... einer unserer Minister zu werden, der Sklave aller Maastricht ...

Homosexualität ist zu einer Tugend geworden und man zögert nicht, die Idee einzuimpfen, dass diejenigen, die nicht das Glück hatten, als Invertierte (d. h. Drüsenkranke!) geboren zu werden, sehr wohl schuldig sind!

Die Kleiderlaus wird gefördert. Unsere Schulkinder sehen aus wie bunte Kartoffelsäcke, werden oft zu einer Art Wanderpenner mit löchrigen Jeans an den Knien, und ihnen wird Ignoranz oder Scham in Bezug auf Eleganz eingeimpft...

Bildung wird überall zu einem Alibi, um die Botschaft von Drogen, Rowdytum, Päderastie, Pornos und Terrorismus zu verbreiten.

Die Schulbücher vollenden dieses schändliche Zerstörungswerk: politischer Manichäismus, antifranzösischer Rassenmasochismus, Verurteilung von Historikern, die versuchen, die Realitäten der Geschichte besser zu erforschen.

Vor allem natürlich, wenn es sich um DAS SAKROHEILIGE MYTHOS DER 6 MILLIONEN GASKAMMERN handelt! Daher sind 85% der Drogenabhängigen Jugendliche zwischen 16 und 25 Jahren. Interessant ist, dass 80% der Straftaten von Nicht-Europäern begangen werden, darunter ein sehr hoher Prozentsatz von Afrikanern.

Es wurde nicht die Abschaffung der Todesstrafe eingeführt, sondern DIE GENERALISIERTE TODESSTRAFE FÜR UNBEKANNTE UND POLIZISTEN.

Und doch lehnten 65% der Franzosen sie ab!

Die meisten Vergewaltiger und Mörder von kleinen Mädchen und Jungen sind Wiederholungstäter. In den USA ist die Rückfälligkeit von entlassenen Mördern ein riesiger Fall. In EINEM einzigen Bundesstaat, in dem es keine Todesstrafe gibt, wurden in einem einzigen Jahr 72 Polizisten von Gangstern ermordet!

DAS IST DIE SOGENANNTE ABSCHAFFUNG DER TODESSTRAFE! Die Todesstrafe ist nicht abschreckend", sagen uns die Verfechter des heiligen Regimes der Demokratie dummdreist. Das ist auch gar nicht das Problem: Es geht darum, die Gesellschaft von besonders gefährlichen Wesen zu säubern. Das Konzept der Rache und der Gerechtigkeit hat damit nichts zu tun: Man kann Wesen, die jederzeit Ihr Kind vergewaltigen und ermorden könnten, nicht am Leben lassen!

Wie kann man außerdem sagen, dass die Todesstrafe keine abschreckende Wirkung hat?

Wie könnte man mit einem kleinen Revolver ein Flugzeug mit 200 Passagieren entführen, wenn die Todesstrafe keine abschreckende Wirkung hätte?

Man stützt sich auf das spekulative Alibi der Statistiken, "diese offizielle Kunst der Lüge", wie Marc Blancpain sagte. Aber seit wann haben Statistiken das Denken verboten??

Hitler hätte niemals auch nur den Schatten eines einzigen dieser Schrecken toleriert. Schöne Freiheit, die Professor Faurisson verboten und der Pornografie, den Mördern alter Damen, den Vergewaltigern und Mördern kleiner Mädchen, den ignoranten und regressiven Sängern, die 70.000 jüdisch-kartesianisierte Zombies entblößen lassen, erlaubt wurde ...!

Der pseudo-jüdische Totalitarismus wird sich zu einem Tentakel ausweiten: Alle westlichen Länder, die unter beschnittener Herrschaft stehen, werden ein Gesetz verabschieden, das es unter Androhung von Gefängnisstrafen jedem verbietet, auch nur den geringsten Zweifel an den *6 Millionen* in Auschwitz *getöteten* Menschen zu äußern: Huxleys "*Schöne neue Welt*" und George Orwells "1984" werden überholt sein!

Sie haben versucht, Ihr Land aus der Weimarer Fäulnis und Europa aus der abscheulichen jüdisch-kartesianischen Degeneration zu befreien, in der wir uns am Ende des 20. Morgen wird die "jüdische" Hysterie Sie im tiefsten Südamerika, in irgendeinem verlorenen Dorf suchen, um Sie mit großem medialen Tamtam zu verurteilen...

8. Die Drogen verbreiten sich ungehindert, WIE UNS DAS FERNSEHEN aufgezeigt hat, obwohl es in seinem Wesen "jüdisch" ist, sie profitieren von der Hochfinanz und werden von ihr verwaltet, deren Identität für niemanden zweifelhaft ist.

Als ich noch so naiv war, Freimaurer zu sein, vertraute man mir in der Loge an, dass ein Drogenhändler auf europäischer Ebene unantastbar war, weil er den Rang eines Ministers innehatte. Wie schön ist doch die Entmachtung!

Ich dachte an die Zeit, als ein Marschall von Frankreich, so sehr er auch ein Gefährte von Jeanne d'Arc gewesen sein mochte, wegen Pädophilie und Kindermord öffentlich gehängt und verbrannt wurde.

Merkwürdige demokratische Justiz, in der alle gleich sind, aber in der, wie Coluche sagte, "die Juden gleicher sind als die anderen"...

Armand Hammer jun. und Konsorten (die seit 1917 den Bolschewismus finanzieren, zusammen mit Warburg, Sasoon, Lœb usw.), der die Kommunistische Partei in den USA gründete und während des Mac Carthysm nie behelligt wurde, werden niemals für dieses höchste Verbrechen gehängt, das den Tod von Dutzenden Millionen Menschen verursachte. Die größten Verbrecher sitzen nicht in den Gefängnissen, sondern in der liberalen Gesellschaft, sagte Carrel.

Manchmal wird ein wenig Heroin beschlagnahmt, um den Anschein zu erwecken, dass etwas getan wird, aber das Wesen dieser Pseudodemokratie verbietet es, eine wirksame Politik zur Ausrottung der Drogenbosse und der Drogenproduktion zu betreiben.

Es wird sogar dafür gesorgt, dass Länder davon leben, um diesen Sterbeprozess unumkehrbar zu machen.

Es würde jedoch genügen, zwei internationale oder sogar nationale Drogenlieferanten auf dem Place de la Concorde im Namen der Menschen- und Bürgerrechte öffentlich aufzuhängen, und die Sache wäre erledigt.

Dann könnten alte Damen einkaufen gehen, ohne ihr Leben zu riskieren, und Mütter würden nicht mehr vor Sorge um ihre kleinen Mädchen oder Jungen sterben.

Man hat Ludwig XVI. auf der Place de la Concorde geköpft, man wird dort keinen großen Drogenhändler aufhängen! In diesem kurzen Satz findet sich das Symbol der Mystifizierung der Weltmasse, die zu zwei und wahrscheinlich drei Weltkriegen geführt hat, einer allgemeinen Verschmutzung der Seelen und

Körper, einer unerhörten Degeneration, die in sozialpornografischer Soße ertränkt wird.

9. Die Kriminalität nimmt stetig zu. Wie könnte es auch anders sein, wenn Jugendliche ohne geistigen und moralischen Halt mit hysterischen Klängen vollgestopft werden, die zu Verbrechen, Drogen oder Selbstmord führen. Unter solchen Bedingungen können zerbrochene Partnerschaften und das Elend der Kinder nur in geometrischer Progression zunehmen.

In New York City, der am meisten "beschnittenen" Stadt der Welt, gibt es 600.000 REPERTORIERTE Drogensüchtige. Das bedeutet, dass man diese Zahl verdoppeln kann.

Selbstmord ist die zweithäufigste Todesursache bei jungen Menschen, Kindern und Jugendlichen, nach der mechanischen Göttin, der jedes Jahr Tausende von Jugendlichen als Holocaust geopfert werden...

DAS IST SICHER NICHT SO EINFACH.

Wer würde es wagen zu behaupten, dass Hitler auch nur EINES DIESER VERBRECHEN TOLERIERT HÄTTE??

DORT UND NIRGENDWO ANDERS LIEGEN. DIE IMMENSEN VERBRECHEN GEGEN DIE MENSCHLICHKEIT UND NICHT IN DER HYSTERISCHEN UND PARANOIDEN SUCHE VON PSEUDO-KRIEGSVERBRECHERN, DIE ALLES GETAN HABEN, UM SIE ZU VERHINDERN!!!!

DIESE VERBRECHEN WERDEN ALLE DURCH DAS BESCHNITTENE LIBERAL-SOZIALISTISCHE, SOROSMARXISTISCHE SYSTEM HERVORGEBRACHT.

10. Der Schriftsteller Yann Moncomble veröffentlicht das Buch LES RESPONSABLES DE LA TROISIÈME GUERRE MONDIALE (Die Verantwortlichen des Dritten Weltkriegs).

Er wurde von denjenigen, die er beschuldigte (man kann sich denken, welche), angeklagt und wurde in erster Instanz und in der Berufung wieder zugelassen.

Das beweist, dass es noch einen Rest von Gerechtigkeit gibt, der irgendwann zerstört wird.

11. Eine chemische Medizin mit iatrogenen und teratogenen Auswirkungen herrscht auf dem gesamten Planeten, mit einem sehr

realen Fortschritt in der Chirurgie, die für die schrecklichsten Abscheulichkeiten verwendet wird (Organraub an Kindern aus Ländern der Dritten Welt, entsetzlicher Handel mit Transplantaten usw., Handel und Experimente an "als ungeboren geltenden" Kindern (siehe "Bébés au feu"-Apostolat des éditions, rue du Four 75006 Paris).

Die biologische Degeneration wird zu einem abscheulichen Anblick, wie eine unkontrollierte Überbevölkerung, die COUSTEAU treffend sagen ließ, dass täglich 300.000 Menschen verschwinden müssten, um dem Planeten sein Gleichgewicht zurückzugeben.

DIE WELTBEVÖLKERUNG QUANTITATIV WÄCHST, ABER QUALITATIV VERSCHWUNDEN IST.

"Die Konzepte von Gesundheit und Medizin sind einander radikal fremd", sagte Dr. Henri Pradal, ein Experte der Weltgesundheitsorganisation. Er gewann 17 Prozesse gegen die Konzerne, die chemische Medikamente herstellen, die den Großteil der Therapie abdecken.

Ein Blick in das VIDAL genügt, um das Niagara der "Nebenwirkungen" zu ermessen, die oft "schlimmer sind als die Krankheit, die sie zu behandeln vorgeben", wie viele Ärzte selbst in medizinischen Fachzeitschriften sagten. Zum Beispiel verursachen synthetische Östrogene, die gegen einen gutartigen Prostatatumor verabreicht werden, einen tödlichen Krebs und vor dem Tod noch ein Magengeschwür.

12. Es herrscht ein Antirassismus, der SYSTEMATISCHEN RASSISMUS ERZEUGT. Er besteht darin, die Vermischung sehr unterschiedlicher Ethnien durchzusetzen, was ein PHYSIOLOGISCHES UND PSYCHOLOGISCHES VERBRECHEN ist. Dies geschieht ausschließlich zum Vorteil des zionistischen Rassismus, der sich übrigens nicht darum schert, die Araber abzuschlachten, die sie in Europa, Dir Yassim, Sabra, Schatilla, im Gazastreifen, im Westjordanland und anderswo, wo es ihnen passt, aufzwingen.

Es ist bekannt, dass die Mehrheit der "Dealer" in der Pariser Region Nordafrikaner oder Schwarze sind, ganz zu schweigen von ihrer atemberaubenden Kriminalität, Vergewaltigungen, Diebstählen...

Ein homosexueller Mulatte mit AD(H)S gesteht 21 Morde an alten Damen. Ein Neger vergewaltigt 32 kleine Mädchen.

Frankreich verwandelt sich in den Libanon und viele Kommunisten wählen ... Le Pen!

13. Die Massenmedien und das Fernsehen verbreiten "antirassistischen Rassismus", immer antinational, Marxismus, Freudismus, Porno, Hässlichkeit, Gewalt, Unmoral, krankmachende Musik...

UND DIES OHNE DIE GERINGSTE INTERVENTION DER REGIERUNGEN, DIE ALS, OH LÜGE, DEMOKRATISCH BEZEICHNET WERDEN!

14. Seit 1945 UND OHNE DIE KLEINSTE VERANTWORTUNG DER NAZIS NOCH VICHY, IN DER LIBERALEN BOLCHISCHEN ORBITE fanden 150 KRIEGE statt!!!!

Jeder kennt diese Schrecken: Indien, Korea, Ungarn, Kuba, Kongo, Irak, Indochina, Algerien, Biaffra, Eritrea, Libanon, Die Weltbeschneidung konnte in einer Nacht alle Nationen mobilisieren, um IHR ÖL VON KOWEIT ZU VERTEIDIGEN ...

Ein paar Tage zuvor hat man die Christen im Libanon abschlachten lassen, ohne einen Finger zu rühren!!!!

Nationen werden nur für Geld und Öl mobilisiert.

Während ich diese Zeilen schreibe, steht das ehemalige Jugoslawien unter Feuer und Blut. Das idyllische Europa des Maastricht-Vertrags ist nicht in der Lage, dieses schreckliche Massaker zu stoppen: ES WIRD GESAGT, DASS ES KEIN ÖL UND KEINE JUDEN DORT GIBT...

Lassen Sie uns ein paar Worte über die Süße der heiligen Entkolonialisierung verlieren.

Vietnam ist eine Hölle, aus der Millionen von Menschen nur daran denken, unter Einsatz ihres Lebens zu fliehen. Laos ist in einer unbeschreiblichen Anarchie versunken, Kambodscha hat den grausamsten aller Völkermorde erlebt, der hier nicht anerkannt wurde, und erlebt die vietnamesische Besatzung, die uns zweifellos unseren Kolonialismus bereuen lässt.

In Afrika sind die Kolonialherren verschwunden, aber die unglücklichen Schwarzen werden all ihrer Rechte beraubt und Massakern und Hungersnöten ausgeliefert, und das "befreite" Südafrika wird morgen interethnische Massaker und Hungersnöte erleben. Hat es auf diesem Kontinent jemals einen grausameren Kolonialismus gegeben als den der Sowjets und der Kubaner? Früher stahl man vielleicht die natürlichen Reichtümer dieser armen Neger, die nicht in der Lage waren, sie auszubeuten, aber wir brachten Ruhe und allgemeinen Wohlstand mit.

Jetzt beutet eine Clique von Lokalpolitikern und kapitalistischen Ganoven diese Völker auf eigene Rechnung aus und lässt sie ihren Hunger vergessen, indem sie Bruderhass schüren.

Man spricht von 200.000 Toten in Ruanda... Wo steht Algerien heute?

Wir sahen sie im Herbst 1988 und in den folgenden Jahren. Glück sollte dort herrschen, wenn wir sie verlassen würden. Doch leider! Die Revolte herrscht dort wie in allen entkolonialisierten Ländern. Wenn Algerien versucht, durch demokratische Wahlen zu einer Tradition zurückzufinden, lässt man die Wahlen auf sehr demokratische Weise annullieren.

MAN HAT NIE DAS RECHT, SICH DEMOKRATISCH FÜR EIN ANDERES REGIME ALS DIE SOGENANNTE DEMOKRATIE ZU ENTSCHEIDEN. DAS MUSS JEDEM VOLLKOMMEN KLAR SEIN.

IN DER DEMOKRATIE WERDEN WAHLEN ZU IHREM BESTEN ANNULLIERT; IN DER UDSSR WURDEN SIE ZU IHREM BESTEN HINGERICHTET.

(6 bis 8 Millionen auf einen Schlag wie in der Ukraine, wenn nötig)...

In Algerien haben wir eine Million Europäer und neun Millionen Muslime verraten. Wir haben eine blühende Landwirtschaft, moderne Städte, beneidenswerte Einrichtungen, Gas- und Ölvorkommen im Wert von Milliarden Francs, die wir entdeckt und nicht genutzt hatten, aufgegeben.

Das marxistische Elend herrscht nun in Algerien, so wie es morgen in Neukaledonien herrschen wird, und es werden die Opfer selbst sein, die die Dynamik ihres Selbstmords bestimmen werden.

GANZ AFRIKA STIRBT ZWISCHEN KAPITALISTISCHER SPEKULATION UND MÖRDERISCHEM MARXISMUS EINGEKLEMMT. KEINE HOFFNUNG FÜR DIESE LÄNDER IN DER HAMMEROMARXISTISCHEN KONJUNKTUR ...

Wenn Sie die Verantwortung der am achten Tag Beschnittenen (nicht der Juden, die nur der großen Sünde des Schweigens schuldig sind, abgesehen von einigen ehrlichen Juden, die wie Professor Henri Baruk immer wieder behaupten, dass "Freud und Marx keine Juden sind"), der Liberalen und Marxisten für das von mir beschriebene weltweite Massaker kennen, dann können Sie eine Waage nehmen und auf der einen Seite das faulende Weltmagma und auf der anderen Seite die angeblich wahren *6 Millionen Gaskammern* wiegen.

WERDEN SIE DANN FESTSTELLEN, AUF WELCHE SEITE SICH DER MAXIMALE HORROR NEIGT.

Diese Synthese aus maximalen Schrecken ist auf der Ebene des Gehirns eines Durchschnittsmenschen kaum konzeptualisierbar.

Deshalb genügt es, ihm den Film "Nacht und Nebel" sowie all die anderen Ersatzstoffe zu zeigen, die periodisch hämmernd und hypnotisierend aus ihm herausspringen, um die zombifizierte Masse zu überzeugen.

Doch in diesen Filmen sieht man keine Vergasung, keine wahrscheinliche Vergasungsvorrichtung, sondern Häftlinge, die an Hunger, Elend und Typhus starben, weil, wie ich bereits sagte, die Lager nicht versorgt werden konnten, während das Dritte Reich zusammenbrach.

Aber der Zuschauer, der unglückliche Fernsehzuschauer, der nicht merkt, dass in diesen Filmen mit ihrer selbstzerstörerischen Propaganda nur jüdisches Kapital eingesetzt wird, reagiert dann wie ein Hund, dem man ein Fleischbällchen gibt, damit er eine Arsentablette verdaut. Ich wiederhole, dass jeder nicht weiß - man fragt sich übrigens warum und wie -, dass die gleichen Horrorvisionen in allen großen deutschen Städten zu sehen waren, die von den Alliierten in Schutt und Asche gelegt worden waren.

Die schreckliche Synthese, die in diesem Buch dargelegt wird, WÄRE UNMÖGLICH gewesen unter dem Dritten Reich, weil sie dessen radikale und ABSOLUTE ANTITHESE sind.

Man muss nur MEIN KAMPF IM LICHT DER AKTUALITÄT DES HALBEN JAHRHUNDERTES lesen, um davon vollkommen überzeugt zu sein.

Das ist wahrscheinlich der Grund, warum dieses Buch sehr demokratisch verboten ist.

Hitler wollte gerade VERHINDERN, dass alle, die diese tödlichen Schrecken in die Tat umsetzen und die Menschen und den Planeten in den Selbstmord treiben würden, nackt sind.

BEGINNT MAN ZU VERSTEHEN, WARUM HEIDEGGER GESCHWIEGEN HAT.

Er begann bereits 1936 zu schweigen. Der Aufstieg Hitlers gab ihm die Hoffnung zurück. Die Hoffnung zerschlug sich, ER SCHWEIGT.

Bereits 1936 sieht Heidegger die "letzte Umgarnung" der Moderne in der "Gigantomanie" eines "planenden und berechnenden Denkens" voraus, das das Sein vergisst, sich durch Technik, Wissenschaft und die moderne Wirtschaft entfaltet, seinen Willen zur Macht auf der Grundlage des cartesianischen Konzepts der Subjektivität sichert, das "das Wissen auf die menschliche Vernunft zentriert, die als universelles und systematisches Messinstrument betrachtet wird". Das rationale Tier wird technisiert, "die krebsartige Ausbreitung des Menschen und der Maschinenwirtschaft" verödet den Planeten, führt zu Vermassung, Entwurzelung, Langeweile und Monotonie, und das Subjekt, das zum Objekt seiner Herrschaft geworden ist, versucht, seine Angst zu überwinden, seine innere Leere durch "gelebte Erfahrungen" zu füllen, in der kulturellen Geschäftigkeit des Strebens nach Geschwindigkeit, Leistung und allen Formen von DROGEN".

Die Droge selbst eingeschlossen...

Fassen wir zum besseren Verständnis zusammen und wiederholen wir, wenn nötig.

Man fragt sich, wie die Menschen sich bis zu einem solchen Grad der Verblödung tragen lassen konnten.

DAS ALLES IST DOCH HELL WIE DIE SONNE. DAS ALLES STICHT EINEM IN DIE AUGEN.

Alle Beweise liegen vor uns. Eine Woche Presse, Fernsehen und Beobachtungen in der Umgebung können selbst einen Dummkopf überzeugen.

Sind die Menschen von nun an Untermenschen, Hinterhoftiere. Wenn man sieht, dass abgrundtief schlechte Filme wie LES VALSEUSES oder ORANGE MÉCANIQUE bei den Massen erfolgreich sein können, denkt man, dass alles verloren ist. Weder unter Hitler noch unter Marschall Pétain ("Ich will die Franzosen von der schändlichsten Vormundschaft, der der Finanzwelt, befreien") hätten wir die totale Versklavung des Geldes, die Waffenverkäufe an alles, was sich selbst ausrottet, die wachsende Arbeitslosigkeit in geometrischer Progression, die nicht aufhören wird zu wachsen, weil sie das Produkt des Systems ist, die systematische Chemisierung von Nahrungsmitteln und Therapien erlebt, die den Menschen auf chromosomaler Ebene betrifft, Jugendliche, die Drogen nehmen und sich zu Tausenden umbringen, Selbstbedienungsabtreibung, die pathogene und teratogene Pille (Prof. Jamain), der Handel mit Babys, die als ungeboren gelten, für Vivisektionen und Laborversuche verwendet werden und mit sieben Monaten, "wenn sie zu laufen beginnen", in Müllverbrennungsanlagen geworfen werden...

Die Pille ist nicht nur allgemein krankheitserregend, sie führt bei Teenagern auch zu Eierstockblockaden, Wachstumsstörungen, Unfruchtbarkeit, Frigidität und natürlich zu einer exponentiellen Zunahme von Geschlechtskrankheiten, die derzeit in AIDS münden, und andere Viruserkrankungen, die unwiderruflich töten werden, Freuds desintegrierenden Aboulismus, Pornografismus und Nabelschau, Kahn-Nathans Sexualenzyklopädie (unterstützt von einem Dutzend Beschnittener: Lwoff, Simon, Berge etc.), Terroristen, die übrigens symbolisch töten, das italienische Staatsoberhaupt, den Chef der deutschen Industrie, den ehemaligen Vizekönig von Indien, die marxistische Einflussnahme, die die Menschen zu ihrem eigenen Wohl ausrottet, die Massenproduktion von physikalisch-chemischen Amalgamen durch den Laizismus, die morgen für die singenden Gulags oder jeden anderen Schwindel stimmen werden, unter dem Vorwand des "Wandels", der von schwachsinnigen Politikern gepredigt wird, ein vulkanischer Anstieg von Demenzkranken, charakterlichen Straftätern,

Homosexuellen, Asexuellen, Drogenabhängige durch Chemifizierung, Vitaminmangel, Deserziehung, von TORDJMANN geförderte Masturbation (obwohl wir wissen, dass Schizophrene alle Masturbatoren sind und dass Masturbation irreversibel verblödet, was aber nicht verhindert, dass Einzelfälle Polytechniker werden), (6800 Mädchen im Alter von 13 bis 17 Jahren allein im Jahr 1978), ein 11-jähriger Junge, der ein kleines Mädchen vergewaltigt und tötet, und wie viele andere analoge Fälle, die mit der Zeit immer mehr zunehmen!

Handelt es sich um Ausnahmefälle? Das ist nicht die Realität. Es handelt sich vielmehr um das Symptom eines globalen Zustands: des erbärmlichen Zustands des jüdisch-karthagischen Westens.

Hinzu kommt, dass die berühmte Affäre um verseuchtes Blut unter dem Nationalsozialismus unmöglich gewesen wäre. (Hätte er stattgefunden, würde die Weltbeschneidung noch in 3000 Jahren davon sprechen!)

Erstens, weil Hitler die Verantwortlichen von Natur aus mit äußerster Härte bestraft hätte. Zweitens, weil die Sauberkeit des Regimes verhindert hätte, dass sie aufkeimen konnte. UNTER HITLER WÄRE TERRORISMUS, DIE PORNOGRAFISIERUNG DER GESELLSCHAFT DURCH DIE PILLE UND KONDOME NIEMALS MÖGLICH GEWESEN: ER HATTE ZU VIEL SINN FÜR DIE SCHÖNHEIT UND REINHEIT SEINER JUGEND, UM SIE AUF DIESE WEISE ZU DEGRADIEREN. Nur die am 8. Tag Beschnittenen und die dummen Goys, die ihnen folgen, konnten eine derart vollzogene Unmündigkeit umsetzen.

ALL DAS IST DER EIGENTLICHE AUSDRUCK DES LIBERALBOLSCHEWISMUS.

Die "quantitativen" Massen werden in ihrem Hausmüll versinken, der Atomkraft, der psychologischen Vermischung der Geschlechter und dem Tod der Mutterschaft (Gurgi-Eliachev, genannt Françoise Giroud und Elisabeth Badinter), dem Porno, der Medienhypnose mit ihrem Meer aus permanenten Lügen und Konditionierung, allen Filmen à la "HOLOCAUSTE", all diese Zerstörung dem Judäo-Cartesianismus entspringt.

Kein Urteilsvermögen mehr, keine Kultur, ein politisches und akademisches System, das nur Zombies rekrutieren kann, da es auf der Farce des allgemeinen Wahlrechts und der Mnemotechnik beruht...

Leider können diese unglücklichen zombifizierten Völker nicht einmal mehr begreifen, was sie zerstört, da ihnen der synthetische Geist völlig fehlt. Sie werden an ihrem AIDS sterben, auf dem Hausmüll, sich Chemie spritzen oder Drogen nehmen und dabei "Es lebe die Demokratie" schreien...

Die nationale Wirtschaft wird liquidiert, alle Länder unter die Herrschaft der Hochfinanz gestellt, die Kleinhandel, Handwerk und Bauern vernichtet hat... DAS ALLES STEHT NATÜRLICH NICHT AUF DER AGENDA VON "MEIN KAMPF".

In Ihrer Sendung "Ozeane" sagte ein Teilnehmer: "Im Nationalsozialismus von Spiritualität zu sprechen, ist von seltener Unbewusstheit".

Ich antworte dem Naivling, der diesen Unsinn von sich gegeben hat, dass es eine mamutartige Unbewusstheit ist, wenn er in diesem Regime, in dem Sauberkeit, Familie, Ehre, Arbeit und Ideale wiederhergestellt wurden, nicht DIE GRUNDLEGENDEN VORAUSSETZUNGEN EINER WAHREN SPIRITUALITÄT findet, die VÖLLIG VON ALLEN MATERIALISTISCHEN KONZEPTEN ISOLIERT IST, DIE UNS BEREITS AUSSERHALB VERLETZT HABEN.

Innerhalb des fauligen Magmas des liberalsozialistischen Materialismus, dessen abwegige, selbstmörderische Synthese ich soeben im Wesentlichen skizziert habe, kann keine Spiritualität keimen.

Hitler wusste, dass die GROSSE DOGMATIK im Respekt vor der Natur und nicht in kultischen Dogmen lag. Er aß kein Fleisch, weil er wusste, dass man nicht mit Gott spricht, wenn der Mund voller Blut ist...

Die Kirche selbst hat jeden klaren Verstand und jedes moralische Empfinden verloren. Das rein formale kanonische Recht ist genauso selbstmörderisch wie das öffentliche Recht mit seinen Sahnetortenverweisen auf die Menschenrechte, die ständig für jeden mit Füßen getreten werden, AUSSER FÜR DIE ZIRKONIS am 8.

WER WAR HITLER?

Wenn Sie diese Frage einem beliebigen Menschen stellen, unabhängig von seiner sozialen Schicht oder dem, was man in semantischer Inflation als sein kulturelles Niveau der offiziellen Bildung bezeichnet, werden Sie feststellen, dass er "Mein Kampf" NIE gelesen hat, geschweige denn, dass er den Text jemals mit den aktuellen Ereignissen der letzten sechzig Jahre des zwanzigsten Jahrhunderts konfrontiert hat.

Außerdem werden Sie feststellen, dass er wie ein Spielautomat genau die gleichen Dinge ausspuckt wie jeder andere auch, und zwar meistens in DEN GLEICHEN TERMINEN.

Man ist verblüfft, dass die Wirkung der Konditionierung durch Verlage, Medien und Bildung auf die ganze Welt eine beispiellose SUBLIMINALE WIRKUNG hat. Dies ist ein eklatantes Beispiel für die vollständige Ausrottung JEDER FREIHEIT.

IN WIRKLICHKEIT WEISS NIEMAND, WER HITLER IST.

Wir wissen, dass die beschnittenen amerikanischen Bankiers Warburg 1917 gleichzeitig die Alliierten, die Deutschen und die Bolschewistische Revolution finanzierten. Sie kamen dann 1919 als Friedensvermittler nach Europa.

Die beschnittenen Bankiers Warburg, Schiff, Löb, Sasoon und Co. finanzierten die beschnittenen politischen Teams, die die bolschewistische Revolution durchführten. Dieser Prozess der Finanzierung, Kapital und schlüsselfertige Fabriken, hat sich bis heute nahtlos fortgesetzt (siehe Artikel in LE POINT und L'EXPRESS über "LE MILLIARDAIRE ROUGE HAMMER"). Wir haben auch erwähnt, dass unter dem Stalinismus 50 jüdische Gefängnis- und KZ-Henker zig Millionen Nichtjuden ausrotteten, wie übrigens Solschenizyn in Band II von *"Der Archipel Gulag"* bezeugt.

1918 wurde Deutschland durch den Vertrag von VERSAILLES erdrosselt: Aus "diesem Projekt des Raubes", wie der englische

Minister Lloyd George es nannte, ging HITLERs ABSOLUT SINNLOSE UND ENTZÜNDETE Berufung hervor.

Ich erinnere mich an eine bezeichnende Anekdote, die mir von einem meiner Onkel, einem jüdischen Arzt, erzählt wurde.

Bevor Hitler in Nürnberg inhaftiert wurde, wo er *Mein Kampf* schrieb, hatte ihn während seines Prozesses ein Richter gefragt: "Was wollen Sie Herr Hitler, einen Ministerposten?". Daraufhin hatte Hitler geantwortet: "ICH WÜRDE MISSVERSTÄNDLICH SEIN, HERR RICHTER, WENN ICH NUR EIN MINISTERPOSITION WÜNSCHEN WÜRDE...".

Hitler wollte sein Land von der schrecklichen Armut der Weimarer Republik befreien, er wollte sein Land und die Welt von der Diktatur des Dollars befreien, dem alle MAASTRICHTs uns bis heute endgültig unterworfen haben. ER WOLLTE NICHT, dass Europa in die Knechtschaft getrieben wird und unter der Last monströser Schulden zusammenbricht. Er wollte nicht, dass diese Diktatur die nationalen Landwirtschaften zerstört, die den grundlegenden Reichtum der Länder darstellen. Hitler wurde von den beschnittenen Rothschildo-Marxisten besiegt, die ihm seit 1933 offen den Krieg erklärt hatten, wie die US-Presse unwidersprochen bezeugte.

Die amerikanische Presse berichtet seit 1933, dass sich die "Juden" im Krieg gegen Hitler befanden, dessen AUTARKES System (das einzige System, das für jedes Land gilt, das immer von dem leben können muss, was es selbst produziert. Im Übrigen haben nur Nahrungsmittel, die an dem Ort gewachsen sind, an dem eine Volksgruppe lebt, einen physiologischen Wert, eine Gesundheitsgarantie, für diese Volksgruppe. Ein weiteres Naturgesetz, das Hitler perfekt verstanden hatte) war für sie ein Albtraum. In einem bekannten Buch wurde sogar der Völkermord an den Deutschen befürwortet, auf den übrigens Lech Walesa kürzlich eine potenzielle Anspielung gemacht hat, während die HOHE INTERNATIONALE BEWUSSTSCHAFT schwieg...

(Hätte er von der Möglichkeit gesprochen, die "bösen" Juden statt der "bösen" Deutschen zu massakrieren, hätte man die sogenannte HOHE INTERNATIONALE KONSZENZ vom Nordpol bis zum Südpol heulen hören ...

Aber dort KEIN Wort von BERNARD HENRY LEVY, diesem Sänger der Menschlichkeit...

Wer kennt dieses Buch? Hinweise darauf finden sich in Faurissons Werken und insbesondere in den Annales révisionnistes.

Wir haben bereits erwähnt, dass Russen und Amerikaner während der Besetzung Europas 1945 in den deutschen Gemeinden Vergewaltigung und Massaker zur Institution erhoben haben. Wir wissen, dass es für die deutschen Truppen eine absolute Regel war, auf feindlichem Gebiet nicht zu vergewaltigen, da man sonst sofort erschossen wurde, egal ob man Soldat oder Offizier war.

DER KRIEG WURDE HITLER ERKLÄRT, WEIL ER EINE NEUE EUROPÄISCHE ORDNUNG EINFÜHREN WOLLTE, AUS DER BESCHNITTENE PARASITÄRE SPEKULATION RADIKAL VERBANNT WERDEN SOLLTE.

Der einzige Wert wäre ARBEIT und nicht GELD.

DIES IST DIE EINZIGE WAHRE URSACHE FÜR DEN KRIEG VON 1939.

Offiziell wurde ihm der Krieg erklärt, weil er Danzig, ein deutsches Gebiet, haben wollte, Posen, ein deutsches Gebiet in Polen, wo die Deutschen misshandelt oder sogar ermordet wurden, Österreich, das einen Anschluss an das Deutsche Reich wünschte und daraus nie einen Hehl machte...

Deutschland hatte keine Kolonialreiche mehr, während die USA schon lange ihre globale Hegemonie durchsetzten und England ein Kolonialreich besaß, "über dem die Sonne nie unterging", und die Länder mit deutscher Sprache und Ethnie wurden in fremde Länder integriert. Dies war der Fall bei den Sudeten in der Tschechoslowakei, deren freimaurerische Regierung ein echter, falsch platzierter Stachel im Körper des Dritten (Dritten) Reiches war. Dies war sein Verbrechen, das von jedem ehrlichen Menschen, selbst wenn er Jude war, analysiert wurde. Aber als Stalin in Ostpolen war und ALLE POLNISCHEN OFFIZIERE mit einer DEUTSCHEN (!) Kugel im Genick oder gezielt in der Antarktis versenkten Schiffen hinrichtete, schnarchte das kitzelnde internationale Gewissen, DIESE HERRSCHLICHE HURE, die ich immer nur über meine Mitmenschen jammern sah, wahrscheinlich, um das Geräusch der Kugeln nicht zu hören.

Ich habe NIE einen einzigen Präsidenten der Liga für Menschenrechte gesehen, der sich wiederholt gegen dieses Verbrechen gegen die Menschlichkeit (und wie viele andere in den letzten 50 Jahren!) auflehnte, das seinerseits keine Anfechtung des sakrosankten Mythos *der 6-Millionen-Gaskammern* duldet!

Im Übrigen ist die Arithmetik der Menschenrechte einfach: 60 MILLIONEN (NICHT BESTANDEN) AUSLÄNDER durch KAGANOWITSCH UND KONSORTE (JUDEN) sind weniger als 6 MILLIONEN (BESTANDEN) JUDEN durch HITLER.

Diese ubueske Prämisse fasst die paranoide Hysterie der letzten 50 Jahre in allen Bereichen zusammen.

Henri Bergson, ein "jüdischer" Philosoph, ermahnte 1921 die deutschen Juden.

Er sagte ihnen, dass ihre Zahl außer Verhältnis stehe, dass ihre amoralische und asynthetische Macht für sie gefährlich sei und dass sie, wenn sie ihr Verhalten nicht ändern würden, eine schreckliche Welle des Antisemitismus auslösen würden...

Dies geschah zwölf Jahre vor dem Aufkommen des Nationalsozialismus.

Professor Baruk, der jüdische Psychiater, sagte mir oft, dass "Hitler Gottes Werkzeug gewesen sei, um die Juden zu bestrafen, die keine Juden mehr waren". Wie oft hat er mir gesagt: "FREUD UND MARX SIND KEINE JÜDEN".

Er betrachtete sie zu Recht als außerdimensionale Monster, die schwer geisteskrank waren.

Ich werde mich immer daran erinnern, wie die Deutschen vor Henri Bergson, diesem "jüdischen" Philosophen während der Besatzung, die Waffen präsentierten.

Die Deutschen erkannten die Werte sogar bei den Juden und ich zweifle nicht daran, dass ich aufgrund meines Geistes der Synthese den Titel "Ehrenarier" erhalten habe ...!

UNTER DER WEIMARER REPUBLIK WAR ALLES VERFÄLLT UND DIE CIRCONCIS AM 8. TAG HANDELTEN ALLES.

DAS IST EINE TATSACHE.

HEUTE IST DAS PHÄNOMEN IDENTISCH, ABER UNENDLICH VIEL SCHLIMMER, WEIL DIE WEIMARER REPUBLIK DIE AUSMASSE DES PLANETEN HAT.

Ich kann mir nicht vorstellen, dass Louis Rougier, Gustave Thibon oder ich selbst zu dieser Sendung "Océaniques" eingeladen worden wären. Selbst Maurice Bardèche wäre nicht eingeladen worden, und doch bestand kein Risiko: Er wäre vor den Gesetzen Pléven und Marchandeau, die nun durch das völlig diktatorische, radikal rassistische und antidemokratische Gesetz Fabius-Gayssot konsolidiert wurden, zerschellt.

Dieses Gesetz enthält im Übrigen einen schwerwiegenden FORMVERSEHRTEN (siehe nebenstehenden Brief an den Präsidenten des Senats). Das Nürnberger Tribunal war nämlich nie INTERNATIONAL, sondern INTERALLIERT, was einen grundlegenden Unterschied darstellt. Ein Gericht der Sieger, das über die Besiegten urteilt!!! Was kann der objektive und moralische Wert eines solchen Gerichts sein???

Mir persönlich sind diese Gesetze gleichgültig: Es gibt meines Wissens noch kein Gesetz, das einem Juden oder Patagonier verbietet, angesichts der fulminanten Realität der TATSACHEN zu sagen, was er über die eigenen Leute denkt.

In Deutschland gab es also 6 Millionen Arbeitslose, denen Hitler Brot, Ideale und Würde zurückgab.

Wenn man die schreckliche biotypologische, bluejeane Degeneration in Frankreich, den USA (im Mai 1994 äußerte eine amerikanische Schriftstellerin "die folgende Expostulation: "Kennen Sie einen Amerikaner, der einen Orgasmus hat?"!) in Italien, Deutschland, England und Spanien, spürt man einen Stich im Herzen, wenn man feststellt, dass der EINZIGE, der es fast geschafft hatte, die Fäulnis aus seinem Land auszurotten, als VERBRECHER bezeichnet wird, 50 JAHRE SPÄTER IN DER PERSON DER ACHTZIGJÄHRIGEN, DIE IHM GEDIENT HABEN, VERFOLGT WIRD, WÄHREND DIEJENIGEN, DIE DEN MENSCHEN DURCH EINE FUNDAMENTALE IGNORANZ GEGENÜBER DEN NATURGESETZEN UND ALLEN REALITÄTEN ZU GRAUSAMEN HOMUNKULI DEGRADIERT HABEN, ALLE FÄDEN IN DER FINANZWELT, IN DEN REGIERUNGEN, IN DER JUSTIZ UND IN DEN MEDIEN IN DER HAND HALTEN...

Mir kommt der Satz von Nietzsche in den Sinn:

"*Die Geschichte Israels ist unbezahlbar und typisch in Bezug auf die Verfälschung natürlicher Werte. Die Juden haben ein vitales Interesse daran, die Menschheit krank zu machen, die Vorstellung von Gut und Böse, von Wahrheit und Lüge in einen gefährlichen und verleumderischen Sinn umzukehren...*".

Die Presse, das Fernsehen, die Medien, das Bildungswesen und das Verlagswesen in ihren Händen liefern uns jeden Tag Niagara an Beispielen für das, was Nietzsche uns sagt, wie übrigens auch Dostojewski. ("In hundert Jahren wird es nur noch die jüdische Bank und die Wüste geben")...

George Steiner, der bei dieser ozeanischen Sendung anwesend war, geht übrigens noch einen Schritt weiter. Aus diesem Grund verstehe ich seine Solidarität mit dieser Sendung nur schwer. In seinem Buch "Der Transport von A.H." (Adolphe Hitler) ist Steiner absolut klarsichtig. Das Kapitel XVII ist eine ultimative Zusammenfassung der jüdischen Tragödie und irgendwo im Buch stößt man auf diese glänzende Formel:

"SEIT 5000 JAHREN REDEN WIR ZU VIEL, WORTE DES TODES FÜR UNS UND FÜR ANDERE ..."

***

In Deutschland gab es ein Parlament, das von der Nation gewählt wurde.

Volksabstimmungen bewiesen, dass Millionen von Deutschen auf Hitlers Seite standen. Die 6 Millionen Arbeitslosen fanden ihre wahre Freiheit und ihre Menschenwürde in einer glücklichen Arbeit wieder.

NIE fand der europäische Arbeiter vor 1940 (befragen Sie die Deutschen dieser Generation, meiner Generation) bessere Lebensbedingungen vor als im Dritten Reich: anständige Wohnungen, (nicht die Volksmülltonnen der Sozialwohnungen) hervorragende Bibliotheken, hochmoderne Hygiene- und Sicherheitseinrichtungen.

Zur gleichen Zeit verdarben sich Millionen von französischen und belgischen Arbeitern in Industriehallen die Lungen und brachten ihre Familien in unhygienischen Unterkünften unter, wenn sie nicht sogar in Slums lebten. Die Fabriken im Dritten Reich hatten ihre Erholungsgärten, ihre Schwimmbäder, ihre Belegschaft war frei von der Tyrannei der Politiker und Gewerkschaften. Sie hatten mehr Sozialversicherung als irgendwo sonst und bezahlten Urlaub.

WURDE DIE DEUTSCHE FAMILIE ZU EINER ZELLE DER GESELLSCHAFT.

Sie ist in der sogenannten "demokratischen" Welt am Ende des Jahrhunderts völlig zerbrochen. Die Frau hatte das Recht, sich um ihr Heim und ihre Kinder zu kümmern. Keine Drogen, keine unmoralische säkulare marxistische Bildung, keine Kondome, kein S.I.D.A., keine Madona, kein Michael Jackson, keine Kleiderlaus, keine LEVIS-Bluejeans...

Keine dummen Ehen keine dummen Scheidungen, keine zerrissenen Kinder, die zu Schmerz, Arbeitslosigkeit, Drogen und Selbstmord verdammt sind.

Heute hat uns Professor Heuyer enthüllt, dass alle Kinder, die vor Gericht kommen, von Paaren stammen, die sich entweder durch Scheidung oder durch intensive Arbeit der Mutter außerhalb des Hauses getrennt haben.

Jeder kann dies selbst in seiner Umgebung überprüfen, selbst in finanziell nicht bedürftigen Kreisen.

DIE KINDER WAREN DARUM VOLLSTÄNDIG VOR DEM ABGRUND DER HINTERGRUNDLOSIGKEIT GEWÄHRT, IN DEN SIE SIND: DROGEN, PORNO, TERRORISMUS, SUIDIDIDE, ALKOHOL, ARBEITSLOSIGKEIT, EPAVISMUS, in den sie die Freiheit der Menschenrechte der globalistischen Beschneidungsokratie eingesperrt hat.

Ich sage nicht "Judeokratie", denn ich kann es nicht oft genug wiederholen: Die gesamte Spekulation IST VOR THORA HERITÄTISCH UND VERBRECHEND. Ich werfe den wahren Juden nichts anderes vor, als dass sie ihn NICHT anheulen.

So war es in Nazi-Deutschland eine Ehre und keine lästige Last, die Mutter vieler Kinder zu sein. Heute schwärmen afrikanische Einwanderer nach Frankreich aus und vermehren sich. Sie vergewaltigen und stehlen oft und verkaufen Drogen in der Nähe der Gymnasien, während unsere Teenager abtreiben und eine Pille nehmen, die allgemein krankheitserregend, krebserregend und teratogen im Besonderen ist.

Die deutsche Geburtenrate stieg auf 1.800.000, während die französische Geburtenrate bei 600.000 lag. Hitler hatte den Volkswagen Käfer entworfen, der zum beliebtesten Auto in Europa wurde. Wir sehen ihn heute noch überall und er wurde sogar zum Star in amerikanischen Filmen!

Der Arbeiter fühlte sich geachtet und die 6 Millionen deutschen Kommunisten wurden zu Anhängern des Führers. Die soziale und moralische Reform, die Hitler in wenigen Jahren durchführte, indem er sein Volk von allen liberal-bolschewistischen Konditionierungen befreite, ist atemberaubend.

Nur die bewusste Verleugnung der Wahrheit, nur die Konditionierung von Geistern, die unfähig zur Redlichkeit sind, kann diese offensichtliche Tatsache nicht anerkennen.

Um es richtig zu verstehen, muss man studieren, was Hitler tun wollte und was er gegen alle Widerstände getan hat. Man muss MEIN KAMPF gelesen haben, das einen heute über seine Klarheit angesichts der nationalen und internationalen Realitäten staunen lässt, man muss auch Rosenbergs MYTHOS DES 20. Jahrhunderts gelesen haben, die weltweite beschneidende Fäulnis in den 50 Jahren nach dem Krieg feststellen...

Dann denkt man an den Satz von Hitlers Minister, der sich mit seiner Frau und seinen Kindern das Leben nahm, der sagte: "Wir dürfen unsere Kinder nicht in der schrecklichen Welt leben lassen, die die Juden ihnen von nun an bereiten werden...".

Ohne dieses Wissen ist KEIN DIALOG über den Nationalsozialismus möglich.

Zu dieser elementaren Zusammenfassung von Informationen, auf die mich nichts als die Redlichkeit vorbereitet hat, muss der Großteil der Arbeiten revisionistischer Historiker hinzugefügt werden. Das Aufschlussreiche an diesen Arbeiten sind nicht einmal die Arbeiten selbst, sondern die unfassbare Hysterie, die sich aus der einfachen Verneinung der Gaskammern und der aufgeblähten Zahl von 6 Millionen ergibt. DIE BÖSGLÄUBIGKEIT, DIE HYSTERIE UND DIE KATEGORISCHE ABLEHNUNG EINES DIALOGS SIND WEITAUS ÜBERZEUGENDER ALS DIE TECHNISCHEN UND ARITHMETISCHEN DATEN, DIE KEINEN ZWEIFEL LASSEN.

Da das Hitlersche Wesentliche in der Geschichte einer Wiederaufrichtung einzigartig ist(was übrigens der Präsident des Bundestages, Jenninger, zum Ausdruck brachte, der ihn mit seinem Posten bezahlte, der sofort einer Jüdin angeboten wurde!), da alle Parameter der Beschneidung in diesen 50 Jahren zeigen, dass Hitler in allem, was wesentlich ist, Recht hatte, bleibt es den Medien und Verlegern mit beschnittenen Stiefeln vorbehalten, Hitler des Satanismus zu beschuldigen und den Pseudoholocaust in den verschiedensten und übermütigsten Formen zu trommeln. Wenn die "Juden" das Gleiche für die 60 Millionen Russen tun würden, die von Frenkel, Yagoda, Firin, Jejoff und den etwa 50 "Juden" des sowjetischen Gefängnis- und KZ-Systems vernichtet wurden, gäbe es ein Gleichgewicht und man könnte dieses obszöne "monumentale", fernseh- und filmische, "zelebrierende" usw. Geschrei ertragen.

Dies ist jedoch nicht der Fall.

In der Flut der ersten Anschuldigung kann man in der rationalistischen Konjunktur nichts beweisen. Was die zweite betrifft, so wirkt die Kraft des Geschreis hypnotisch und unterschwellig und die Konditionierung der Massen ist perfekt...

Er beginnt jedoch, teuflische Risse zu bekommen...

Im Moment wird Hitler für den Massenmenschen, zu dem vor allem Akademiker und Politiker gehören, das sein, was Schweinefleisch für den Muslim ist.

Ich erinnere mich, dass man vor dem Krieg in Deutschland sein Fahrrad ohne Schloss an einer Wand abstellen und es am Abend wieder mitnehmen konnte: Man fand es unversehrt vor. Wenn man heute versucht, sein Auto in einigen Städten, z. B. in Italien, aber auch anderswo, sogar abgeschlossen stehen zu lassen, wird man sehen, was passiert!

***

Der Papst hat den Nationalsozialismus in der Enzyklika MIT BRENNENDER SORGE verurteilt. Wie lauten die Anklagepunkte für diese Verurteilung?

Stolzer Abfall von Jesus Christus, Leugnung seiner Lehre und seines Erlösungswerkes, Anbetung der Stärke, Vergötterung von Rasse und Blut, Unterdrückung der Freiheit und der Menschenwürde.

Wie steht es wirklich um diese Anschuldigungen IN ANBETRACHT DER FAKTEN?

Hitler glaubte zwar nicht an die christliche Lehre, die ihm immer wie ein abgetriebener und pervertierter Platonismus erschien. Die ewige Moral schien ihm durch die evangelische Lehre entstellt, die den Begriff der Nächstenliebe und der Ehre verzerren würde, die Menschen der atheistischen jüdischen Spekulation ausliefern würde, der Verhätschelung von Schwachsinnigen, der Ausrottung echter Genies (Geister der Synthese und des moralischen Empfindens) im Keim zu ersticken.

Die Erlösung schien ihm der absurdeste aller Glaubenssätze zu sein, zumal die Menschen in den letzten 2000 Jahren so böse und rückschrittlich waren wie nie zuvor. Wie konnte die Tatsache, dass die Bösen die schlimmste aller Untaten vollbrachten, nämlich GOTT ZU KREUZIGEN, sie erlösen??

Im Namen Christi wurden die schlimmsten Ausrottungen begangen, die das Heidentum ignoriert hatte, ebenso wie es den rassistischen Begriff völlig ignorierte, der uns gerade von den Juden vermacht wurde, die keiner Ethnie und erst recht keiner Rasse angehören, da diese nicht existieren, wie mir die Endokrinologie unwiderlegbar bewiesen hat.

Hitler verehrte die moralische und geistige Stärke und nicht die brutale Stärke, die er verabscheute. Sein Begriff von Stärke war spiritueller Natur und nicht er sagte, als er über den Vatikan sprach, "wie viele Divisionen", sondern Stalin!

Er wollte das Konzept des ethnischen Schutzes der weißen "Rasse" (dieses Wort kann für die vier verschiedenen Hautfarben verwendet werden, darf aber keine anderen Bedeutungen haben) ausweiten. Man versteht, warum heute, wo die Rassenmischung institutionalisiert ist. Diese Vermischung wird die schrecklichsten Rassismen bestimmen, die von den Pseudo-Anti-Rassisten geschaffen werden.

Sein Rassismus war ein Abwehrreflex gegen den ungeheuren jüdischen Rassismus, der uns seit 5000 Jahren unermüdlich investiert und uns nun die Masseneinwanderung von Muslimen, Schwarzen, Asiaten usw. aufzwingt.

Was Freiheit und Würde betrifft, so hat er sie einem ganzen Volk zurückgegeben, das ihm dafür dankbar war. In den

Dokumentarfilmen aus dieser Zeit muss man den klaren Blick der jungen Deutschen sehen, die ihre Ideale, ihre Würde und ihr Ziel wiedergefunden haben.

Schaut euch unsere Unisex-Bluejeans an, verlaust, kraus, zusammengebrochen, Disco, Drogen, IHR SEHT KEINEN UNTERSCHIED???

IN WIRKLICHKEIT BETRIFFT ALLES, WAS IN DER ENZYKLIKA MIT BRENNENDER SORGE STEHT, VOLLKOMMEN DEN BOLSCHEWISMUS UND NICHT DEN NATIONALSOZIALISMUS. HITLER SAGTE: "ES WAREN DIE KIRCHE UND DIE FÜRSTEN, DIE DIE VÖLKER DEN JUDEN AUSGELIEFERT HABEN".

Er kritisierte vor allem das zweitausendjährige Christentum und nicht die RELIGION; er war kein Atheist wie die bolschewistischen Führer und Ideologen.

Detailpunkte als all dies!

Pius XII. war sich all dessen bewusst, als er sagte: "Nur Deutschland und der Vatikan können die Zivilisation retten, ersteres militärisch, letzteres spirituell". Und später: "Deutschland kämpft für seine Freunde UND für seine Feinde, denn wenn die Ostfront zusammenbricht, ist das Schicksal der Welt besiegelt".

Sie ist zusammengebrochen, und sehen Sie, in welcher liberalmarxistischen Kloake wir liegen... Was die Kirche betrifft, so hat sie Pius XII. nicht überlebt und ist 1945 zusammengebrochen.

Sie platzte auf wie ein fauler Apfel. KEIN WORT, um die letzten Ritter Europas, die sich in der L.V.F. und der Miliz des Marschalls engagiert hatten, um gegen den Bolschewismus zu kämpfen und die wesentlichen menschlichen Werte zu bewahren, vor dem Erschießungskommando zu retten. Von nun an wird dieser Geist der Kirche wie die Mopp-Politiker die Stiefel anziehen und Israel mit dem Mantel der Unschuld drapieren.

Der Papst wird das Zahnfleisch des Oberrabbiners küssen, während der Rothschildo-Marxo-Freudo-Einsteino-Picassismus die Ausrottung aller christlichen Werte zu Ende bringt, und das mit dem vatikanischen Segen...

Nur ein geistig Behinderter kann behaupten, dass Hitler im Wesentlichen nicht recht hatte. Es ist wahr, dass der

JUDOKARTESIANISMUS EINE WELT DER DÄMMER HERGESTELLT HAT...

Die Nazis haben die Menschheit in keiner Weise entehrt. ALLE GUTGLÄUBIGEN MITMENSCHEN, DIE SICH DES WELTWEITEN WIRKENS DER "JUDEN" INSBESONDERE SEIT DER FRANZÖSISCHEN REVOLUTION BEWUSST SIND, WERDEN MIR ZUSTIMMEN.

Diejenigen, die über Hitler lügen und sich dabei auf die geistige Unzulänglichkeit der meisten Menschen stützen, diese teuflische Klaviatur, auf der die "Juden" als atemberaubende Virtuosen spielen, entehren sich selbst.

Sie sind die Ursache für Millionen von Todesfällen, Entartungen und Zusammenbrüchen.

Das gegenwärtige Sterben der französischen und übrigens auch der amerikanischen Bauern steht in direktem Zusammenhang mit der jüdisch-amerikanischen Politik.

Außerdem müssen sie über die Medien ihr ewiges und widerliches Auschwitz-Gejammer wiederkäuen, um weiterhin riesige Summen aus der Bundesrepublik Deutschland herauszupressen, die die DDR nie bezahlt hat, und ihre Hegemonie auf dem Dogma der institutionalisierten Rassenmischung mit ihrem allgegenwärtigen antirassistischen Gejammer zu festigen, das ihren MEGALOMANISCHEN RASSISMUS ABSOLUT NICHT verdeckt.

Zweifellos starben Tausende von Juden in den Lagern (in Dachau gab es 70% Deutsche) und zwischen Polen und Russland, ausgelöscht von der deutschen Armee und den UKRAINERN.

Wir erfahren nicht, wie oft die Deutschen auf ihrem Marsch gegen Russland als Befreier begrüßt wurden!

Was die *6-Millionen-Gaskammern*, das Zyklon B betrifft, so werden sie die fantastischste Geschichtslüge der gesamten Geschichte bleiben.

Hinzu kommt, dass, wenn diese "6 Millionen" wahr wären, sie angesichts der extradimensionalen Verbrechen gegen die Menschlichkeit, von denen ich gerade einen kurzen Überblick gegeben habe, nur ein "Detailpunkt" wären.

Diese Verbrechen werden in ihrem Maximum gipfeln: vielfältige globale Umweltverschmutzung, Bürgerkriege, Mehrfachkriege, interethnische Massaker, exponentielle Arbeitslosigkeit, ohne einen dritten Weltkrieg auszuschließen, den Situationen wie die im ehemaligen Jugoslawien erzeugen können.

DETAILPUNKT, SICHER

Wahre Demokratie wäre eine Verständigung, eine perfekte Symbiose zwischen den Führern und der Nation.

Wie die Tatsachen belegen, war der Nationalsozialismus in dieser Hinsicht eine echte Demokratie. Hitler wurde auf völlig legale und verfassungsmäßige Weise gewählt.

Gibt es eine solche Situation im Jahr "1984" und in den Jahren danach? ALLE sozioprofessionellen Gruppen sind auf der Straße.

Bauern, Lehrer, Fluglotsen, Krankenschwestern, Studenten usw.

Außer den Finanziers und den Politikern, deren Taschen sie durch die Mystifizierung des Wahlzettels füllen, gibt es niemanden, der zufrieden ist.

Und von der wesentlichen Mehrheit der Jugendlichen wollen wir gar nicht erst reden: Ihre Zufriedenheit ist optimal: Arbeitslosigkeit, Drogen, Selbstmord, alles gebadet in den frenetischen Rhythmen einer dummen, rückschrittlichen, krankmachenden und kriminogenen "Musik"...

ES LEBE DIE DEMOKRATIE!

Heidegger schwieg, weil er wusste, dass es auf dem selbstmörderischen Weg, den die Menschheit eingeschlagen hatte, nichts mehr zu sagen gab.

Auch die ARITHMETISCHE TECHNISCHE INEPTIE der *6-Millionen-Gaskammern* war ihm nicht unbekannt.

Er wusste, dass DIE WISSENSCHAFT NICHT DENKT und wie ich hinzugefügt habe, dass "DIE FINANZ NICHT DENKT"...

Ohne eine echte geistige Elite wird die Finanzwelt zu einem Instrument des Todes für die gesamte Menschheit.

Er wusste, dass der Nationalsozialismus die letzte Chance der Menschheit gewesen war, der letzte Versuch, eine traditionelle Gesellschaft gemäß der Ordnung der Natur wieder aufleben zu lassen, aber dass die vom Judeokartesianismus vergrabenen Gehirne trotz der offensichtlichen Evidenz nichts verstehen würden... In der weltweiten Agonie nach 1945 würde man Brazillach erschießen und die "Juden" würden sich weigern, es zu verstehen.

Dennoch hatte Hitler nicht gesagt:

"Das Ziel der internationalen jüdischen Finanzwelt ist es, die nationalen Wirtschaften aufzulösen, um sie unter ihre Hegemonie zu stellen, und dann durch die Vermittlung von Pseudodemokratien alle Länder in den Marxismus zu drängen".

Und noch mehr:

"Wenn die Juden mit ihrem marxistischen Glaubensbekenntnis die Führung der Menschheit übernehmen, dann wird es bald keine Menschen mehr auf dem Planeten geben, der seinen Lauf im Äther wie vor Millionen von Jahren wieder aufnehmen wird"...

Es ist verblüffend, wie schändlich und radikal undemokratisch Professor Faurisson und all jene behandelt werden, die völlig fundierten Argumenten versuchen, eine aufgezwungene Wahrheit zu revidieren, die in keiner Weise der Wahrheit entspricht.

Was zum Teufel? Wenn die Revisionisten lügen, soll man ihnen bei konkreten Problemen widersprechen, die streng genommen in den Bereich der Arithmetik, Physik und Chemie fallen!

Aber es ist das VERHALTEN ihnen gegenüber, das beweist, dass sie Recht haben, VOR ALLEM ist die PSYCHOLOGIE typisch: WENN SIE IRREN WÜRDEN, WÜRDEN WIR NICHT DEM UNGLAUBLICHEN ZIRKUS ZUSEHEN, DER SICH VOR UNS VERSTECKT MIT DEM VERSUCH, DEN PROFESSOR FAURISSON zu ermorden!! (und systematische Verfolgung aller Revisionisten...)

Einmal mehr muss daran erinnert werden, dass Professor Faurisson ein möglichst großes Publikum und eine unbegrenzte Zahl von Widersachern fordert!!!!

Sie werden ihm verweigert! Wer hat also Unrecht und wer hat Recht? Ist man nicht schon bei der Geburt von den Anfängen dieses Problems überzeugt???

Das erinnert mich an einen Jungen, der einen Mitschüler geboxt hatte: "Warum hast du ihn geschlagen?" " Er fing an, Recht zu haben!"

Das Problem mit Faurisson ist, dass er sofort anfing, Recht zu haben! Unverzeihlich!

Die Neue Weltordnung ist in Wirklichkeit das NEUE WELTCHAOS, das von allen Realitäten völlig geschieden ist. Aber ist es nicht das Wichtigste, die Propaganda mithilfe von Filmen fortzusetzen, die als Dokumente dargestellt werden, obwohl sie nur Fiktion sind (Spielberg und Konsorten, die seit 1988, als die Sendung "Oceanic", aus der dieses Buch entstand, in Hülle und Fülle vorhanden sind)?

Die Natur ist nazistisch und BESTIMMT NICHT FREIWILLIG oder SOZIALISTISCH. BEGINNEN WIR ZU ÜBERPRÜFEN, DASS SIE NIEMALS VERGIBT.

Wer sind die Verbrecher? Die Nazis, die ihre Feinde in Lager steckten, in denen viele an Elend und Typhus starben, oder die Juden, die 6 UNMÖGLICHE Millionen und TECHNISCH UNGERECHNETE Gaskammern erfanden???

Wir sollten wissen, dass, als 1950 zahlreiche kommunistische Persönlichkeiten die Existenz der SOWjetischen GULAGS und ihrer zig Millionen Opfer leugneten, SIE NICHT VOR GERICHT gestellt wurden!!!!

Doch 1988, als ich mit diesem Buch begann, gab es noch immer GULAGS UND PSYCHIATRISCHE KRANKENHÄUSER!

Ich höre weder Historiker noch Moralisten der HOHEN INTERNATIONALEN GEWISSHEIT täglich im Fernsehen und in der Presse skandierte Schreie, wie man sie jeden Tag über ein seit 50 Jahren totes Regime hört!

Aber die überlebenden alten Männer dieses Regimes, die das Pech hatten, die Bösartigkeit unserer Mitmenschen zu verstehen, und ein Ideal hatten, dessen maximale Umsetzung Hitler in einer minimalen Zeit realisiert hatte siehe hierzu die Aussage des großen Lindbergh werden unerbittlich und ehrlos gejagt...

Aber es kommt noch schlimmer: Herr Marchais erzählt uns, dass "DER KOMMUNISMUS GLOBAL POSITIV IST"...

Dies ist für den Nationalsozialismus bewiesen, wenn die jüdisch-anglosächsische Kriegsmaschine ihn nicht zerschlagen hätte. Es gab im Nationalsozialismus UNBEDINGT eine Rückkehr zu den GESETZEN DER NATUR.

In diesem Fall wird dieser Satz von MARCHAIS von jedermann untergraben, auch von so offiziellen Historikern wie MADAME CARERRE D'ENCAUSSE, die in der Sendung "APOSTROPHES" von BERNARD PIVOT erklärt hatte, dass sie sich nicht an die Regeln halten würde:

"SELBST WENN DER KOMMUNISMUS ERFOLGREICH GEWESEN WÄRE, WAS NICHT DER FALL IST, RECHTFERTIGTE ER NICHT SO VIELE DUTZENDE MILLIONEN LEICHEN"...

Jeder weiß, dass in der Ukraine sechs bis acht Millionen Menschen ermordet wurden und dass das Land zur Zeit der Zaren die Kornkammer der Welt war. Unter dem Kommunismus kann das Land nicht einmal genug Weizen für den eigenen Verbrauch produzieren.

Es ist auch klar, dass Herr Marchais wie Herr Le Pen "Detailpunkte" betrachtet:

DIE STALINISTISCHEN SÄUBERUNGEN

DIE ZIG MILLIONEN OPFER VON BERIA, KAGANOWITSCH, FRENKEL, YAGODA UND 50 ANDEREN BESCHNITTENEN

BUDAPEST PRAG DAS K.G.B.

DIE BOAT PEOPLE AFGHANISTAN

Das ist leider nicht erschöpfend, und wir werden noch darauf zu sprechen kommen. ES GIBT NOCH VIELE WEITERE PUNKTE.

***

Als Jude erlaube ich mir, meine eigenen Leute anzugreifen, da ihre Selbstmorddynamik vorherrschend ist und man, wenn man sich dessen bewusst ist, die Erde und den Menschen nicht verschwinden lassen kann.

Ich habe irgendwo geschrieben, "dass es keine Judenfrage gibt, ABER ZUERST EINE FRAGE DER GOY-STÖDNUNG"...

Ich bin zum Beispiel auf der elementarsten ästhetischen Ebene immer noch verblüfft, wenn ich sehe, mit welcher Leichtigkeit, mit welchem Genuss die Goys diese hässliche Uniform des internationalen Schwachsinns, die LEVIS-Bluejeans, tragen. Um die Wahrheit zu sagen, wenn wir uns nicht in einem theokratischen Regime befinden, in dem die Herrscher synthetische Geister mit spiritueller Berufung sind, WARUM sollten die Juden dann verzichten, Schrott an diejenigen zu verkaufen, die sie darum bitten?

Das Problem ist das gleiche für denjenigen, der Sozialismus und Pornografie oder synthetische Chemie produziert, die von Organismen von der Erde bis zur teratogenen Therapie aufgenommen werden...

Er ist ein Goi, der für seine Leute das tun sollte, was ich für meine Leute tue.

Er wird uns sagen, wie die Gojim ihren Anteil an den verhängnisvollen jüdischen Aktivitäten liefern. Wie könnten die Juden ohne die komplizenhafte Zusammenarbeit der Gojim das tun, was sie tun?

DIE GOYS nehmen die fatalen Folgen des jüdischen Einflusses passiv in Kauf, worauf wir später noch zurückkommen werden.

Es gibt natürlich, und das habe ich bereits erwähnt, die geistige Unzulänglichkeit der unbewussten Anhänger, die ich in Freimaurer-Logen in Hunderterpackungen angetroffen habe.

Es gibt zum Beispiel die Deutschen, die einen von angeborener Naivität, die anderen von einer bewussten Komplizenschaft, die sie noch exzentrischer macht als meine KONGENERATIONEN. Betrachten Sie das Establishment der Bundesrepublik Deutschland mit ihrem Präsidenten an der Spitze, die sich mit fanatischem Eifer der Aufrechterhaltung der geistigen und moralischen Knechtschaft ihres Volkes widmen.

Die Erklärung des Bundestagspräsidenten Jenninger ist zweifellos ein Wunder, das auch an Heldentum grenzt.

beiden Kandidaten, die aufgrund ihrer Bedeutungslosigkeit von der Finanzwelt ausgewählt wurden, haben nichts anderes zu tun, als ihre bedingungslose Unterwerfung unter die zionistische Sache zu bestätigen, die mindestens 60% ihrer Wahl subventionieren wird, und sich gegenseitig zu unterwerfen, um die Wahl zu gewinnen.

Diese Welt der Perversen und notleidenden Idioten ist wirklich schmerzhaft zu betrachten...

Abschließend möchte ich sagen, dass diese jüdische Tragödie, die auf das Ende eines traditionellen Zyklus, des Dunklen Zeitalters, reagiert, die Juden mit einer analytischen, involutiven, atheistischen spekulativen Überlegenheit verflucht, die AUSSCHLIESSLICH auf die PSYCHOHORMONALEN FOLGEN DES KREISENS AM 8. Tag, dem 1. Tag der 21 Tage der Ersten PUBERTÄT, zurückzuführen ist.

Das ist den Ärzten kaum bewusst, die noch nicht einmal DIE FUNKTIONELLE ANTERORIORITÄT DES HORMONALEN SYSTEMS ZUM NERVENSYSTEM UND ZUM WESEN IM ALLGEMEINEN verstanden haben.

Ich hoffe nicht, dass diese offensichtlichen Tatsachen anerkannt werden, bevor wir nicht alle verschwunden sind. Wenn das der Fall wäre, wäre ALLES, was ich gerade geschrieben habe, gegenstandslos.

Wir befinden uns in einer Zeit der Umkehrungen. Die Justiz stellt sich in den Dienst des Verbrechens. Ich habe soeben erfahren, dass der Betrug nun gesetzlich geschützt ist. Wenn Ihnen eine Ware verkauft wird und Sie feststellen, dass Sie bestohlen wurden, und wenn Sie im Vertrauen auf Ihr Vertrauen nicht nach einer Rechnung gefragt haben, können Sie weder den Scheck einlösen noch Anzeige erstatten. Ihre Beschwerde, die zumindest dazu beitragen könnte, die Fortsetzung dieser Praxis zu verhindern, indem man diese Art von Dieben strafrechtlich verfolgt, ist nicht einmal mehr zulässig. Das war sie bis vor wenigen Jahren noch. Der Abstieg der Degeneration kennt keine Grenzen.

Ich musste dennoch auf diese Sendung und insbesondere auf die O wie naive Schlussfolgerung von Glucksman antworten, dessen intellektuelle Redlichkeit niemals über das hinausgehen wird, was die Auswirkungen der Beschneidung am achten Tag zulassen, die das festschreiben, was manche nicht ohne Grund "den Fluch Israels" nennen, der unbeugsam und unwiderruflich geworden ist, seit Moses diese falsch verstandene sexuelle Verstümmelung konsolidiert hat, deren psychohormonelle Wirkung für diejenigen klar ist, die die wissenschaftliche Realität der Vorrangstellung des Hormonsystems vor dem Nervensystem wahrgenommen haben.

Das Panorama der Geschichte und der Gegenwart bietet uns eine Hymalaya aus Laborbeweisen und Neunfachbeweisen.

Ich möchte mich von meinen Mitmenschen abgrenzen, von denen SIMONE WEIL nicht zu Unrecht sagte:

SIE HABEN NIE JENE BESCHEIDENE AUFMERKSAMKEIT, DIE WAHRER INTELLIGENZ EIGEN IST...

DIESE FÄLSCHUNG, DIE DIE WAHRHEIT SAGT

Ich hatte die Protokolle der Weisen von Zion seit 25 Jahren nicht mehr gelesen. Damals erschienen sie mir einleuchtend, ohne mich jedoch zu traumatisieren. Es gibt also ein bestimmtes Alter und eine bestimmte Reife, um ein Buch zu lesen.

Wenn man nicht über genügend Reife und Informationen verfügt, können einem kulturelle Meisterwerke vollkommen entgehen.

Einige Tage nach der Sendung "Océaniques", aus der dieses Buch entstanden war, erhielt ich die ersten paar Seiten dieses Buches. Ich war verblüfft. Auf diesen wenigen Seiten gab es ALLES.

Das kann jeder sehen, denn ich gebe sie hier in ihrer Essenz wieder. Drei Bemerkungen vorweg:

Dieser Text ist INCONTESTABLEMENT eine Fälschung. Er wurde von einem bemerkenswerten Genie geschrieben. Wenn die am 8. Tag Beschnittenen ihn geschrieben hätten, wären sie sich dessen bewusst gewesen, und wenn sie sich dessen bewusst gewesen wären, hätten sie alles getan, um zu verhindern, dass dieser selbstmörderische Plan der Menschheit verwirklicht wird.

Sie haben zu wenig SYNTHESISCHEN GEIST UND MORALISCHEN SINN, (Parameter für die Zusammensetzung des genialen Konzepts, von dem wir in einem abschließenden Kapitel sprechen werden), um es geschrieben zu haben. Alles, was ich gelesen habe, ist rigoros korrekt und setzt sich fort, während ich schreibe. In diesem Mai 1994 stellen sechs Juden eine Liste für die Europawahlen auf. Sechs "Juden", virulent, holocaustische Sänger und die Professor Faurisson nie das freie demokratische Wort überlassen haben...

Während das politisch-finanzielle System angeprangert wird, werden DIE ANGREIFENDEN IMPLIKATIONEN nicht ausgesprochen: allgemeine Verschmutzung des Planeten, der Seelen und der Körper, bestialische Regression und eine abwegige Auffassung von Freiheit, Musik, die tötet, Drogen, nationaler Ruin, globalistische Diktatur, Karteileichen der Menschheit, Iatrogenismus und Teratogenismus, Überbevölkerung, Pornografie, ISDD, 2·(und 3·) Weltkrieg, Tentakelmarxismus, ethnische Zerreißproben im Namen des Antirassismus, der ausschließlich dem jüdischen Rassismus dient, etc. Wir werden im weiteren Verlauf des Buches noch Gelegenheit haben, pädagogisch und didaktisch darauf einzugehen, da es um nichts weniger als unser unmittelbares Überleben geht.

Das bedeutet, dass die (demokratisch verbotenen!) PROTOKOLLE DER WEISEN VON ZION im Vergleich zu der bereits angeprangerten Realität, die ich noch präzisieren möchte, indem ich Simone Veil (nicht zu verwechseln mit meiner berühmten Altersgenossin Simone WEIL) antworte, die die Kühnheit besaß, die Menschen für Dummköpfe zu halten und uns zu erklären: "Man darf den Nazismus nicht banalisieren"...

Schließlich eine allgemeine Bemerkung von kosmischer Bedeutung: Alles zerfällt. Aber die Menschen haben so wenig Überblick, dass sie nicht erkennen, dass die Ätiologie des Zerfalls genau DIE KLEINE DEMOKRATIE und die falsche Auffassung von WISSENSCHAFT und FORTSCHRITT ist.

Es wird auch ständig von "Reformen" gesprochen. Ich habe zum Beispiel gesehen, wie das C.N.T.E. mehrmals seinen Namen geändert hat und jetzt zum C.N.E.D. (Lycée et université d'Enseignement à distance) geworden ist. Diese lächerliche "Änderung" hat an nichts etwas geändert. Ich habe in meinen 40 Jahren als Lehrer HUNDERT VON ÄNDERUNGEN gesehen. Sie haben nie etwas verändert und die Dinge nur noch schlimmer gemacht, in Richtung des vertikalen Falls. Alle Pseudo-Änderungen sind nur eine Kleinigkeit, die nicht verhindern werden, dass die Jugend für Spirituelles und Moralisches gesperrt bleibt, und dass Jugendarbeitslosigkeit und Selbstmord exponentiell ansteigen. Es ist das SYSTEM, das geändert werden muss, sonst wird sich nichts ändern.

Nun ist dies EVIDENT und dennoch gräbt jeder weiterhin sein kleines Termitenloch innerhalb des pseudodemokratischen Rahmens. Die Naivität und Eitelkeit von Frauen und Kindern wird dabei in Anspruch genommen. RECHT auf alles, außer darauf, wirklich informiert zu werden, außer darauf, Zugang zur elementaren Wahrheit zu erhalten.

AUCH DIE BEFÖRDERTE FRAU ZERFÄLLT ZU EINER ART EINGEBILDETEM HAMPELMANN UND DAS KIND BEGEHT SELBSTMORD...

Hier sind also einige Zitate vom Anfang dieses Buches, die jeden Leser, der mit der Geschichte und der nationalen und internationalen Situation, insbesondere nach MAASTRICHT, vertraut ist, verblüffen werden.

"Heutzutage hat die Macht des Geldes, d. h. unsere Macht, die Macht der liberalen Regierungen ersetzt.

Die Idee der Freiheit ist nicht realisierbar, weil niemand sie im richtigen Maß zu nutzen weiß: Es genügt, das Volk eine Zeit lang sich selbst regieren zu lassen, und schon verwandelt sich diese Freiheit in Lizenz. Von da an entsteht Zwietracht, die bald in soziale Kriege ausartet, in denen sich die Staaten verzehren und ihre Größe zu Asche zerfällt. Ob ein Staat sich in seinen inneren Krämpfen erschöpft oder durch Bürgerkriege äußeren Feinden ausgeliefert ist, in beiden Fällen kann er als unwiederbringlich verloren betrachtet werden: Er liegt in unserer Macht.

DER DESPOTISMUS UNSERES KAPITALS BIETET IHM EIN RETTENDES BRETT, AN DAS ER SICH ZWANGSLÄUFIG KLAMMERN MUSS, UM NICHT UNTERZUGEHEN.

Die Massen werden ausschließlich von kleinlichen Leidenschaften, Aberglauben, Bräuchen, Traditionen und sentimentalen Theorien geleitet. SIE SIND SKLAVEN DER PARTEISPALTUNG, DIE SICH STETS JEDER VERNÜNFTIGEN VERSTÄNDIGUNG WIDERSETZEN WIRD.

Wer herrschen soll, muss auf List und Heuchelei zurückgreifen. Die großen Volkseigenschaften Ehrlichkeit und Offenheit sind in der Politik Laster. Sie entthronen Herrscher besser als der geschickteste Feind. Diese Eigenschaften sollten die Attribute der nichtjüdischen Regierungen sein, die wir keinesfalls als Führer nehmen dürfen...

Im Vergleich zur derzeitigen Anfälligkeit aller Mächte ist unsere Macht UNBESIEGBAR, WEIL SIE UNSICHTBAR IST, und das wird so bleiben, bis sie einen Grad an Macht erlangt hat, der sie durch keine List mehr bedrohen kann.

EIN VOLK, DAS SICH SELBST ÜBERLASSEN IST, D. H. DEN EMPORKÖMMLINGEN AUS SEINEM UMFELD, ARBEITET

AN SEINEM EIGENEN UNTERGANG INFOLGE VON PARTEIENSTREITIGKEITEN, DIE AUS MACHTGIER UND DEN DARAUS RESULTIERENDEN EHREN UND UNRUHEN ENTSTEHEN.

Ist es den Volksmassen möglich, ruhig und ohne Streit zu argumentieren und die Staatsgeschäfte zu führen, die nie mit den EIGENEN INTERESSEN verwechselt werden dürfen.

Das ist RADIKAL UNMÖGLICH: EIN GROSSER UND KLARER PLAN KANN NUR VON EINEM EINZIGEN HÖHEREN MENSCHEN ERARBEITET WERDEN.

Er koordiniert alle Rädchen der Mechanismen der Regierungsmaschinerie. Daraus lässt sich schließen, dass es für das Wohlergehen eines Landes am besten ist, wenn die Macht in den Händen EINES EINZIGEN VERANTWORTLICHEN INDIVIDUELLEN konzentriert ist.

ZIVILISATION KANN OHNE ABSOLUTEN DESPOTISMUS NICHT EXISTIEREN, DENN SIE IST NIEMALS DAS WERK DER MASSEN, SONDERN IHRER FÜHRER, WER AUCH IMMER DIESE SEIN MÖGEN.

DIE MENGE IST BARBARISCH UND BEWEIST DIES BEI JEDER GELEGENHEIT. SOBALD SIE SICH DER PSEUDO-IDEE DER FREIHEIT BEMÄCHTIGT, VERWANDELT SIE DIESE SOFORT IN ANARCHIE, DIE DIE HÖCHSTE STUFE DER BARBAREI IST.

Sehen Sie diese alkoholisierten, betäubten Wesen, die vom Alkohol betäubt sind, von dem sie das demokratische Recht auf unbegrenzten Konsum haben, ein Recht, das den Gojim zusammen mit der FREIHEIT verliehen wurde.

Wir dürfen nicht zulassen, dass unsere eigenen Leute in diesem Ausmaß fallen.

Die Völker der Gojim sind vom Alkohol abgestumpft: Ihre Jugend ist durch die klassischen Studien und die frühen Ausschweifungen, zu denen sie unsere Agenten verleiten, verkorkst.[2]

---

[2] Ich erinnere mich, den Sexologen TORDJMAN im Fernsehen gehört zu haben, als er sagte, dass Masturbation nicht gefährlich sei und dass man Kinder

Deshalb sollten wir uns nicht davor scheuen, Korruption, Täuschung und Verrat einzusetzen, wenn sie uns helfen, unser Ziel zu erreichen. In der Politik muss man sich ohne Zögern des Eigentums anderer bemächtigen, um auf diese Weise Unterwerfung und Macht zu erlangen.

Seit der Blütezeit des antiken Griechenlands waren wir die ersten, die das Wort "Freiheit" riefen, das seitdem so oft von unbewussten Papageien wiederholt wurde, die, von allen Seiten von diesem Köder angezogen, ihn nur dazu benutzten, den Wohlstand der Welt UND DIE WAHRHAFTIGE INDIVIDUELLE FREIHEIT, die einst so gut gegen die Fesseln des Irrsinns geschützt war, zu zerstören... Männer, die sich für intelligent hielten, konnten nicht unterscheiden. SIE BEMERKTEN NICHT EINMAL, DASS ES IN DER NATUR KEINE GLEICHHEIT GIBT UND DASS ES KEINE FREIHEIT GEBEN KANN AUSSER DER, DIE DIE NATUR SELBST GESCHAFFEN HAT.

DIE NATUR HAT DIE UNGLEICHHEIT DER GEISTER, DER CHARAKTERE UND DER INTELLIGENZ FIXIERT, INDEM SIE ALLES IHREN GESETZEN UNTERWORFEN HAT.

Diese Fanatiker von Freiheit und Gleichheit, die es nicht gibt, haben nicht gesehen, dass UNSERE POLITIK SIE AUS DEM LEBEN AUSGESCHLOSSEN HAT AUF DEN PFAD, DER UNSERE HEGEMONIE ABWEHRT.

Unser Aufruf, LIBERTÉ, ÉGALITÉ, FRATERNITÉ, brachte aus allen Ecken der Welt und dank unserer blinden Agenten ganze Legionen in unsere Reihen, die unsere Banner mit Begeisterung tragen.

Doch diese Worte waren Würmer, die am Wohlstand der Gojim nagten, überall den Frieden, die Ruhe und die Solidarität zerstörten, und zwar durch die Befolgung unserer Gesetze, die die Grundfesten ihrer Staaten untergruben.

Später werden Sie sehen, dass dies zum Triumph unseres Systems der friedlichen Welteroberung beitrug. Wir konnten nun die

---

nicht daran hindern solle, zu masturbieren: Diese Praxis ist jedoch eine endokrin-neuro-psychische und physiologische Katastrophe. Sicherlich kann man masturbieren und Polytechniker oder Enarch werden: Das ist keine Referenz.

Abschaffung der Privilegien erreichen, die das Wesen der Aristokratie der Gojim ausmachten, einer Aristokratie, die das natürliche Bollwerk der Völker und Vaterländer gegen unser Handeln war.

AUF DIESEN TRÜMMERN HABEN WIR UNSERE ARISTOKRATIE ERRICHTET, DIE ARISTOKRATIE DER FINANZEN UND DER WISSENSCHAFT.

Unser Triumph wurde durch die Tatsache erleichtert, dass wir im Umgang mit den Männern, die wir brauchten, immer die empfindlichen Saiten der menschlichen Natur berührten: gierige Berechnungen, Unersättlichkeit in Bezug auf materielle Bedürfnisse. Jede dieser menschlichen Schwächen für sich genommen ist in der Lage, jede Eigeninitiative zu zerstören, indem sie die Menschen demjenigen zur Verfügung stellt, der ihre Aktivität kauft.

DAS ABSTRAKTE WORT FREIHEIT, das nie definiert wurde, ermöglichte es, die Massen davon zu überzeugen, dass ihre Regierung nur der Verwalter des Eigentümers des Landes, d. h. des Volkes, ist und dass man den Verwalter wechseln kann, wie man seine abgenutzten Handschuhe wechselt.

DIE ABSETZBARKEIT DER VOLKSVERTRETER STELLT SIE VOLLSTÄNDIG ZU UNSERER VERFÜGUNG.

Sie macht sie von UNSERER Wahl abhängig.

Die Völker haben einen tiefen Respekt vor denjenigen, die Stärke verkörpern.

Bei jedem Gewaltakt rufen sie aus: "Das ist natürlich ganz schön schurkisch und mit welch meisterhafter Dreistigkeit wurde der Trick durchgeführt!".

Wir beabsichtigen, alle Nationen unmerklich für den Aufbau eines neuen Werkes zu gewinnen, dessen Plan wir entwerfen und der die ZERSCHLICHTUNG DER BESTEHENDEN ORDNUNG beinhaltet, die wir durch unsere Ordnung und unsere Gesetze ersetzen werden.

Aus diesem Grund müssen wir uns die Hilfe dieser Kraft sichern, die der J'menfoutismus unserer Agenten ist, der modernsten aller Länder. Es ist diese Kraft, die alle Hindernisse auf unserem Weg aus dem Weg räumen wird.

Wenn wir unseren Putsch durchgeführt haben, werden wir den Völkern sagen:

"Alles war sehr schlecht für euch, ihr seid alle erschöpft vor Schmerzen. Wir werden die Ursache all eurer Qualen beseitigen: NATIONALITÄTEN, GRENZEN, UNTERSCHIEDLICHE WÄHRUNGEN. Da ihr unsere Motive nicht versteht, steht es euch frei, uns nicht den Gehorsam zu schwören.

Dann werden sie uns im Triumph auf ihren Schultern tragen, in einem einhelligen Schwung der Hoffnung.

DIE WAHL, DIE WIR ZUM INSTRUMENT UNSERES AUFSTIEGS MACHEN WERDEN, indem wir selbst die niedrigsten Menschen an sie gewöhnen (durch die Organisation von Gruppen und Vereinigungen, wo immer möglich), wird ihre Rolle spielen, indem sie uns den Dienst der Bestätigung unserer Gesetze leistet.

ABER WIR MÜSSEN DAS ALLGEMEINE WAHLRECHT OHNE UNTERSCHIED DER KLASSE ODER DES VERMÖGENS NUTZEN, UM DIE ABSOLUTE MEHRHEIT ZU ERREICHEN, DIE MAN WENIGER LEICHT ALLEIN VON DEN WOHLHABENDEN INTELLEKTUELLEN KLASSEN ERHALTEN WÜRDE.

SO WERDEN WIR DIE FAMILIENBANDE DER NICHTJUDEN ZERREISSEN, NACHDEM WIR JEDEM DIE VORSTELLUNG VON SEINER EIGENEN BEDEUTUNG EINGETRICHTERT HABEN, UND WIR WERDEN VERHINDERN, DASS WERTVOLLE MENSCHEN DURCHBRECHEN, DENN DA DIE MASSEN VON UNS REGIERT WERDEN, WERDEN SIE IHNEN NIEMALS ERLAUBEN, SICH ZU OFFENBAREN. SIE WERDEN SICH DARAN GEWÖHNEN, NUR AUF UNS ZU HÖREN, DIE WIR IHRE AUFMERKSAMKEIT UND IHREN GEHORSAM BEZAHLEN.

Dieses Mittel wird uns eine Kraft in die Hand geben, die so blind ist, dass sie sich in keine Richtung bewegen kann, wenn sie nicht von unseren Agenten geleitet wird, die klug platziert sind, um die Massen zu lenken, die wissen werden, dass von diesen Agenten ihr Lebensunterhalt, Gratifikationen und alle Arten von Vorteilen abhängen.

Wenn wir an der Macht sind, werden wir die Begriffe des liberalen Appells: "Freiheit, Gleichheit, Brüderlichkeit" durch Formeln ersetzen, die die in diesen Worten enthaltene Idee zum Ausdruck bringen. Wir werden sagen: "Das Recht auf Freiheit", "Die Pflicht der Gleichheit", "Das Ideal der Brüderlichkeit", und so werden wir dieselbe noch einmal bei den Hörnern packen.

In Wirklichkeit hat unsere Macht bereits alle anderen Mächte verdrängt. Tatsächlich stößt unsere Superregierung in der Regierung der Gojim nicht mehr auf Hindernisse.

Er befindet sich in einer ABSOLUT LEGALEN SITUATION DER DIKTATUR. ICH KANN IHNEN IN ALLER OFFENHEIT SAGEN, DASS WIR DERZEIT DIE GESETZGEBER SIND.

Wir sind auch die Richter. Wir sind wie ein Oberbefehlshaber, der an der Spitze all unserer Armeen von LIBERALEN reitet.

Wir haben unter unseren unbewussten Agenten Menschen aller Meinungen: MONARCHIEWIEDERHERSTELLER, DEMAGOGEN, SOZIALISTEN, ANARCHISTEN, KOMMUNISTEN und alle Arten von Utopisten. Wir haben sie alle an die gleiche Arbeit gesetzt: Jeder untergräbt auf seine Weise und bemüht sich, ALLES, was noch aufrecht steht, umzukippen. Alle Staaten sind von diesen Manövern genervt. Sie streben nach Frieden und sind zu jedem Opfer bereit, um ihn zu erreichen.

ABER WIR WERDEN IHNEN KEINEN FRIEDEN UND KRIEG GEWÄHREN, BIS SIE UNSERE INTERNATIONALE SUPERGUVERNATION ANERKENNEN, und zwar demonstrativ, und bis sie sich ihr unterwerfen.

DIE VÖLKER SCHREIEN, DASS ES NOTWENDIG IST, DIE SOZIALE FRAGE MIT HILFE DES INTERNATIONALISMUS ZU LÖSEN. DIE SPALTUNG DER PARTEIEN HAT SIE UNS ALLE AUSGELIEFERT, DENN UM EINEN PARTEIKAMPF ZU FÜHREN, BRAUCHT MAN GELD, UND DAS GELD HABEN WIR.

DIE BLINDE KRAFT DES VOLKES BLEIBT UNSERE STÜTZE UND WIR SIND IHRE WAHREN FÜHRER. WIR LENKEN SIE AUF UNSER ZIEL HIN UND DESHALB INFILTRIEREN UNSERE AGENTEN DAS VOLK SELBST.

Um die Institutionen der Gojim nicht vorzeitig zu zerstören, haben wir mit einer vorsichtigen, erfahrenen und meisterhaften Hand in die Hauptfedern ihres Mechanismus eingegriffen. Diese Federn funktionierten früher in einer strengen, aber rigorosen Ordnung, die wir geschickt durch eine STUPIDE, ARBITRIERENDE LIBERALE UNORDNUNG ersetzt haben.

So beeinflussten wir die Gerichtsbarkeit, die Wahlgesetze, die Presse, die persönliche Freiheit UND, WAS AM WICHTIGSTEN IST, DIE INSTRUKTION UND ERZIEHUNG, DIESE ANGULAREN STEINE DES GESELLSCHAFTLICHEN LEBENS.

IN BEZUG AUF DIE BILDUNG HABEN WIR DIE KINDHEIT UND JUGEND DER NICHTJUDEN VERBLÖDET, VERDUMMT UND KORRUMPIERT.

Was die Nichtjuden betrifft, die wir daran gewöhnt haben, die Dinge, die wir ihnen präsentieren, nur von der äußeren Seite zu betrachten, so halten sie uns für die Wohltäter und Retter der Menschheit. Wir sind bereit, auf jede Opposition, die in irgendeinem Land gegen uns aufkommt, mit einem Krieg zwischen diesem Land und seinen Nachbarn zu reagieren, und wenn mehrere Länder planen, sich gegen uns zu verbünden, würden wir einen WELTKRIEG auslösen und sie dazu bringen, daran teilzunehmen.

Wir haben schon oft nichtjüdische Regierungen mithilfe der sogenannten öffentlichen Meinung zum Krieg gezwungen, nachdem wir selbst diese Meinung im Geheimen vorbereitet hatten.

Es ist für uns unerlässlich, dass Kriege keine territorialen Vorteile bringen: JEDER Krieg wird auf das wirtschaftliche Terrain verlagert.

Dann werden die Nationen anerkennen, dass auf diesem Gebiet die Oberherrschaft von unserer Mithilfe abhängt. Das wird unsere Gegner der Gnade unserer internationalen Agentur mit ihren Millionen Augen ausliefern, die keine Nation aufhalten kann, und unsere internationalen Rechte werden alle Rechte der Nationen hinwegfegen und DIESE REGIEREN. Um mehr Einfluss auf die Institutionen zu haben, haben wir vielen Administratoren das Recht versprochen, das Land gemeinsam und ohne jegliche Kontrolle zu regieren, vorausgesetzt, sie helfen uns aktiv dabei, Vorwände für

Unzufriedenheit mit den VERFASSUNGEN selbst zu schaffen und so die Errichtung der Republik in ihrem Land vorzubereiten.

DIE REPUBLIKEN WERDEN UNS DEN THRON DER WELT GEBEN.

BISLANG HABEN WIR LEDIGLICH DEN EINFLUSS DER LIBERALEN REGIERUNGEN DURCH UNSERE MACHT ERSETZT, DIE DIE MACHT DER FINANZWELT IST.

HEUTZUTAGE KANN SICH KEIN MINISTER MEHR AN DER MACHT HALTEN, OHNE DASS WIR IHN MIT UNSERER UNTERSTÜTZUNG ODER EINER SCHEINBAREN ZUSTIMMUNG DER BEVÖLKERUNG, DIE WIR HINTER DEN KULISSEN VORBEREITEN, UNTERSTÜTZEN.

Es ist alles so unglaublich: Als ich es las, sah ich vor meinem geistigen Auge die gesamte Politik dieses Jahrhunderts. Es fehlte nichts! Und es gibt nur das Zitat einiger einleitender Seiten aus diesem Buch! Alle Ereignisse, die gesamte Presse dieses Jahrhunderts sind darin zusammengefasst!

Wer versteht Maastricht, G.A.T.T.[3] und Co. nicht, nachdem er diese Zeilen gelesen hat? Wer versteht DIE NEUE WELTORDNUNG nicht, d. h. das NEUE WELTCHAOS, in dem die versklavten Völker dem Kretinismus, den Drogen, der Pornografie, dem Sozialismus und der Arbeitslosigkeit ausgeliefert werden?

Im Folgenden werden wir die Realität betrachten, die anhand von Presseberichten und Publikationen zusammengefasst wurde, die vollständig von den Beschnittenen am achten Tag kontrolliert wurden.

Hinzu kommen lediglich die blitzartigen Enthüllungen der Revisionisten, die den arithmetisch-technischen Unsinn der 6 Millionen Gaskammern sowie die extreme Ungeschicklichkeit der "Juden" in dieser äußerst skandalösen Angelegenheit aufdecken.

Was auf diesen Seiten geschrieben steht, ist längst Wirklichkeit geworden. Leider übersteigt der weltweite Horror bei weitem alles, was in diesem Buch zu lesen ist, das die KORROLLEN IN BEZUG

---

[3] Die später zur Welthandelsorganisation wird

AUF DIE ZERSTÖRUNG VON MENSCH UND NATUR nicht zum Ausdruck bringt.

WAS WIR GERADE GELESEN HABEN, LIEGT WEIT UNTER DER WAHRHEIT IN IHREM UNERBITTLICHEN, BETÄUBTEN SCHRECKEN ...

"Wir manipulieren Kretins, die Massen lenken, die wir verrückt gemacht haben", sagt ein Öl- und Finanzmagnat in einem Film der METRO GOLDWIN MAYER...

Perfekte Formel, vollkommen offensichtlich

MAN DARF DEN NAZISMUS NICHT VERHARMLOSEN, MADAME SIMONE VEIL?

ABER WIR HABEN ES GUT BANALISIERT...

"Freud und Marx sind keine Juden" (Professor Henri Baruk)

Eine spekulative, agnostische und atheistische Sekte ist dabei, den Menschen und den Planeten mit der schlaffen Komplizenschaft anderer Menschen zu liquidieren...

Wurde das Geld nicht banalisiert und vom Spirituellen und Moralischen getrennt?

Wurden ROTHSCHILDs Könige Europas, die 1914-1918 Rohstoffe über die Schweiz nach Deutschland schmuggelten, nicht banalisiert?

Wurden die SCHIFF, LŒB, SASOON, HAMMER und Konsorten) nicht banalisiert, die zur gleichen Zeit die Alliierten, Deutschland und die bolschewistische Revolution finanzierten und dann 1919 als Unterhändler des Friedens nach Europa kamen, der zu dem ungerechten Vertrag von Versailles, einem zweiten Weltkrieg und den Verzichtserklärungen von Jalta führen sollte?

Wurde Bazille ZAHAROFF nicht banalisiert, der 30 Milliarden mit dem Verkauf von Waffen an alles, was in der Welt ausgerottet wird (Europa, Naher Osten, Afrika, Amerika), verdiente, um einer der größten Aktionäre der Banque de France, der Presse und Wohltäter der politischen Parteien insgesamt zu werden?

Wurde BLOCH, genannt Dassault, nicht per Dekret banalisiert, der sich erlaubt, unter Regierungsstandards Waffen an Sadat und Gaddafi zu verkaufen, ohne von Frau KLARSFELD als ANTISEMITISCHER KRIEGSVERBRECHER verfolgt zu werden???

Wurde das entstellte Frankreich nicht durch die "Volksmülltonnen" banalisiert, in denen alle Formen der Kriminalität und des Verbrechens gedeihen?

Wurde nicht eine materialistische, chemische Medizin banalisiert, die vom JUDEO-KARTESIANISMUS ausgeht und von einer Mehrheit beschnittener, aber die Thora ignorierender Mandarine bedient wird, die den Menschen auf der Ebene der Chromosomen erreicht und in einem monströsen Iatrogenismus und Teratogenismus gipfelt?

Die Degeneration der Jugendlichen ist spektakulär und führt zu einem sprunghaften Anstieg von Kriminalität, Kriminalität, Homosexualität, Selbstmord, Drogenmissbrauch allgemeinen Todesfällen durch Krebs und Herz-Kreislauf-Erkrankungen, die trotz der Entwicklung der Forschung exponentiell ansteigen.

Wurde der FREUDISMUS nicht banalisiert, der eindringt, pornografiert, aboulisiert, die Familie angreift, unsere heiligsten Gefühle entjungfert, den Respekt vor der Mutter, dem Kind, seiner Unschuld, und die marxistische Mentalität vorbereitet? Hat man nicht die LEVIS-Blue-Jeans banalisiert, diese Uniform des internationalen Schwachsinns, in der sich sexuell zweideutige, rauchende oder drogensüchtige Wracks herumtreiben, die perfekt von den MARX MERDIA versklavt sind, in den Händen dieser Sekte sowie durch eine säkulare FREUDO MARXISTISCHE Lehre, die VON ALLEM LEER IST, was für den MENSCHEN WESENTLICH IST.

Haben Sie, die aus Auschwitz kamen, nicht die Selbstbedienungsabtreibung banalisiert,(WOHIN DIE REIN EUGENISTISCHE ABTRITTUNG IM NÜRNBERGER PROZESS ALS VERBRECHEN DER LETZTEN HUMANITÄT GEGEN DEN NAZISMUS ERKANNT WURDE!!), die pathogene und teratogene Pille, die laut Professor Jamain, Präsident des Syndicat National des obstétriciens et gynécologues français, bei Jugendlichen Eierstockblockaden, Wachstumsstopps und Unfruchtbarkeit induziert?

Die meisten Menschen, die sich mit dem Thema Sexualität beschäftigen, haben keine Lust, sich selbst zu masturbieren.V, in der nur beschnittene Männer am 8. Tag auftraten, flankiert von einigen Verrückten, die sich selbst als Exhibitionisten bezeichneten), die die Kleinen durch ein irreversibles hormonell-europsychisches

Ungleichgewicht ins Nichts stürzen und massenhaft Charaktere und Kriminelle hervorbringen, wie den 11-jährigen Jungen, der ein 4-jähriges Mädchen vergewaltigte und tötete (seitdem gab es weitere Fälle dieser grausamen Art), ein Symbol der weltweiten Pathologie... Gab es EINEN dieser Fälle während des Nationalsozialismus? Und das alles unter der meisterhaften Leitung von FREUD, KAHN-NATHAN, TORDJMAN, COHEN, LWOFF, SIMON und anderen BERGE, unterstützt von einigen Schwuchteln in Soutanen, oder besser gesagt in Rollkragenpullovern?

Wurde der MARXISMUS nicht banalisiert, der unter verschiedenen Formen des Kommunismus und Sozialismus blüht, und das trotz all der Gulags, der 200.000.000 physischen Opfer, die seit 1917 in den kommunistischen Ländern offiziell gezählt wurden, der psychiatrischen Krankenhäuser, in denen man Sie mit chemischen Drogenspritzen sozialisiert, und der den Menschen ZUR ELEMENTAREN STATISTISCHEN EINHEIT MATRIKULARAI reduziert ...??

Wurde die Tatsache nicht banalisiert, dass trotz des Antisemitismus in marxistischen Ländern die gesamte bolschewistische Revolutionstruppe aus Leuten bestand, die am achten Tag beschnitten wurden, wie die Führer der Gefängnis- und KZ-Welt, und dass diese Leute in der UdSSR etwa 120 Millionen Gojim ausrotteten.

Für diese FRENKEL, YAGODA, ABRAMOVICI, FIRINE, APETTER, OURITSKI, SORENSON, JEJOFF, DAVIDOVITCH, BERMAN, RAPPOPORT) gibt es keinen Superprozess von Nürnberg, auch nicht posthum, ebenso wenig wie für die Geldgeber, LŒB, WARBURG, HAMMER, SCHIFF, SASOON, KISSINGER, die dieses ideale Regime der Freiheit und der Entfaltung des Menschen subventionieren...?

Hat man nicht in der Tat den Kommunismus als "Verteidiger des Arbeiters" banalisiert, obwohl jeder weiß, dass in Prag, Budapest, Ostberlin, Danzig und Warschau die Revoltierenden nur Arbeiter und Studenten waren? Hat man nicht trotz dieser offensichtlichen Tatsachen den Himalaya-Irrtum des Kommunismus als "Verteidiger der Kleinen" banalisiert, DOCH DIE KOMMUNISMEN NEHMEN ALLES VON ALLEN...??

Wurde das atomare Geplänkel der beschnittenen Einstein und Oppenheimer nicht verharmlost, und das, obwohl jeder die schrecklichen Gefahren radioaktiver Abfälle, die drohenden genetischen Schäden und die Gefahren kataklysmischer Unfälle in Atomkraftwerken (TSCHERNOBYL FAND NACH DEM VERFASSEN DIESES TEXTES statt) kennt, die große Gebiete für Jahrhunderte krebserregend machen können... Und doch sagte OPPENHEIMER nicht: "Ich habe die Arbeit des Teufels getan...".

Das hinderte SAMUEL T. COHEN nicht daran, die Arbeit mit der Neutronenbombe zu vervollständigen, die die U.S.A.-Bank von Warburg und Co. an China verkaufen will (TV-Ausstrahlung)...

Dieses Teufelswerk hätte man ihn in einer Theokratie, die von bewussten Verantwortlichen mit Moral und Verstand geführt wird, nicht tun lassen.

Hat man nicht durch Frau GURGY-ELIACHEV die psychologische Vermischung der Geschlechter seit dem Kindergarten banalisiert?

Wurde die Massengrabkunst von PICASSO nicht banalisiert, der selbst zu Papini sagte: "Ich bin nur ein öffentlicher Witzbold, der seine Zeit verstanden hat und die Eitelkeit und Gier seiner Zeitgenossen so gut wie möglich ausschöpft..."??

Wurde dieses Erbrechen des POMPIDOU-Zentrums nicht banalisiert, von dem böse Zungen behaupten, er sei der uneheliche Sohn eines ROTHSCHILD und dennoch Direktor seiner Bank gewesen?

Hat man nicht eine Presse banalisiert, die vollständig den am achten Tag Beschnittenen unterworfen ist, wie das Verlagswesen, das Fernsehen, die die Massen versklaven und verdummen, sie zwischen dieser Uniform des internationalen Schwachsinns, die die LEVIS-Bluejeans ist, der Produktion-Konsum, rothschildianisch, dem Marxismus, dem freudschen Sex, einklemmen UND DIE SIE ALLE FORMEN IHRER VERSCHWÖRUNG FÜR FREIHEIT EINSTELLEN LASSEN???

Hat man nicht den ROTHSCHILDO-MARXISTISCHEN Wirtschaftsprozess banalisiert, der den Kleinhandel völlig zerstört, die Landwirtschaft ermordet und uns unaufhaltsam mehr als eine Milliarde Arbeitslose und eine irreversible vielfältige Umweltverschmutzung beschert hat? (Club of Rome, Carter-Bericht)...

So wird der komplizenhafte und blutige Antagonismus des rothschildomarxismus sein Ziel erreicht haben: die Zerstörung des Menschen und des Planeten PERFEKT VORGESAGT VON HITLER IN MEIN KAMPF...

Hat man nicht ein universitäres und politisches System banalisiert, DAS ANDERE REKRUTATIONEN ALS DIE DER MEDIOCRES VERBIETETET, denn kein Verstand würde diese Maskeraden ernst nehmen: Die "Mnemotechnik" der offiziellen Auswahlverfahren, "das allgemeine Wahlrecht" haben nie die Rekrutierung echter Eliten ermöglicht, im Gegenteil.

Das Gedächtnis war noch nie der einzige Parameter der Intelligenz und das Volk ist PARAKTISCH UNFÄHIG, auf die Konzepte zuzugreifen, die es ihm ermöglichen würden, eine Elite zu wählen, die mit MORALISCHEM SINN UND SYNTHESISCHEM GEIST begabt ist. So werden die Auserwählten, die Polytechniciens, die Agrégés, die Enarques, die notwendigerweise zumindest im Geiste Freimaurer sind, in die SPEZIALISTISCHE MINUSKULARIE eingetaucht, unbewusst wie Marionetten und Föten vom Rothschildomarxismus bis zur Versklavung manipuliert, bis zu ihrer Verwandlung in PHYSIKALISCH-CHEMISCHE AMALGAMISCHE DOKUMENTE (Milliardär oder Drogensüchtiger, egal) KREBS-, KARDIOPATHISCHE, VON DER GEWINN-UND VERLUSTKASSE DER "DEMONCRASSIE" GESTEUERTE DOKUMENTE...

WURDE DIE AUFNAHME DER JUDENFRAGE IN DEN MYTHOS DES RASSISMUS NICHT BANALISIERT? Dabei sind diese Menschen am achten Tag beschnitten und NICHT JÜDISCH.

JUDE ZU SEIN BEDEUTET, DER THORA UND DEM ZEDAK-PRINZIP TREU ZU SEIN. Die am 8.Tag Beschnittenen sind spekulative Atheisten oder Agnostiker:

WARBURG, MARX, FREUD, OPPENHEIMER, BENEZAREFF, KAGANOVITCH, SOROS UND ANDERE SIND KRIMINELL UND KETZERISCH VOR DER THORA.

SPINOZA, der die Mystik von der Philosophie trennte und die Wege des Rationalismus und der modernen Wissenschaft vorzeichnete ("Die Lüge des Fortschritts ist Israel" Simone Weil), wurde von der Synagoge in Holland exkommuniziert. So banalisieren sie im Namen eines kriminellen "Antirassismus" die

Vermischung verschiedener Ethnien (Rasse ist ein leeres Konzept: Es gibt nur ETHNIEN, DIE DAS ERGEBNIS DER HORMONALEN ANPASSUNG AN EINE FESTE PLURISZEKULARE UMWELT SIND), die keineswegs dazu bestimmt sind, vermischt zu werden, von denen viele zu Straftätern, Dieben, Vergewaltigern, Drogenlieferanten, Alkoholikern, Tuberkulosekranken werden, die einen unvermeidlichen Rassismus hervorrufen, der umso interessanter ist, als die am achten Tag Beschnittenen einen Werbegewinn daraus ziehen, indem sie zusätzlich ein Subproletariat ausbeuten, das eine Schande für Frankreich und oft ein Horror in Südafrika ist, wo Gold und Diamanten in beschnittenen Händen sind (OPPENHEIMER, der größte Diamantenhändler der Welt, gibt an einem einzigen Empfangsabend die Kleinigkeit von 150 Millionen alten Francs aus)...

Wurde in der Abteilung von Professor DAVID nicht die künstliche Befruchtung nach der Masturbation von Schwachsinnigen, die für diesen Zweck bezahlt wurden, banalisiert? (Wie tief muss der Makel sein, um eine solche Praxis banalisieren zu können, egal ob es sich um den Masturbator oder den Arzt handelt?)...

Die Wahl mit achtzehn Jahren wurde banalisiert, während ein großer Politiker in einer Theokratie lange in einer Synthese nachdenken wird, bevor er eine Entscheidung trifft, diese Kohorten von unbewussten Bluejeaneux, denen man vorgaukeln wird, dass sie eine gültige Meinung haben, obwohl sie vollständig konditioniert sind und nur in die Bedeutungslosigkeit modulieren können, Sie werden wählen, während Rothschild-Soros, Marx, Freud, Bloch-Dassault, Warburg, Rockefeller und Konsorten sie weiterhin versklaven, manipulieren und degenerieren, indem sie sie so konditionieren, dass sie *FREI* ALLE FORMEN IHRER VERSKLAVUNG WÄHLEN können.

Hat man nicht die Mutter am Arbeitsplatz banalisiert, damit sie endgültig ihre Identität als Mutter und Ehefrau verliert, damit sie sich, wie die 18-jährigen Voter, in Kundinnen der von BLUSTEIN BLANCHET "beschnittenen" und beworbenen Supermärkte und Kaufhäuser verwandeln kann, DER PROFESSOR HEUYER HAT VOR EINIGEN JAHREN ERKLÄRT, DASS ALLE KINDER, die vor Gericht gehen, aus zerrütteten oder gespenstischen Partnerschaften stammen (Scheidung und intensive Arbeit der Mutter außerhalb des Hauses)...?

So werden Generationen von schweren Charakteren, Verbrechern, Kriminellen, Drogensüchtigen, Selbstmördern und Homosexuellen vorbereitet (Abwesenheit des Vaters, Vitamin-E-Mangel, frühe Masturbation, die gefördert wird, sind grundlegende Faktoren der Homosexualisierung), Und das, indem man Frauen dazu bringt, eine Versklavung zu lieben, die umso grausamer ist, je FREIER sie durch Konditionierung gewählt wird, dass sie aufrichtig an eine Evolution glauben, obwohl es sich um DIE BARBARSTE INVOLUTION handelt.

Sie werden nicht verstehen, dass sie als Chemotherapeutinnen, die zu Iatrogenismus und Teratogenismus führen, als Anwältinnen oder Richterinnen, die völlig ohne Moralgefühl sind und für Honorare den Zerfall von Ehen und das Elend von Kindern in Kauf nehmen, als Ministerinnen, die eine krankmachende und krebserregende Pille wie das Schlachten gesunder Neugeborener propagieren, AUF DER ANTIPODE DER KULTUR stehen. Sie können nicht einmal mehr ahnen, welch IMMENSIONALE AUTHENTISCHE KULTUR eine Frau im Kinderheim haben muss, um ihre Kinder zu WAHREN MÄNNERN und WAHREN FRAUEN zu erziehen...

HAT MAN DIE ENTBRECHUNG DIESER EINZIGARTIGEN FAKTEN NICHT ALS RASSISMUS UND ANTISEMITISMUS (leere Worte) VERBANALISIERT. SELBST WENN DAS RASSISTISCHE MYTHOS KEINERLEI WISSENSCHAFTLICHE GRUNDLAGE HAT UND ES SICH IN DIESEN TRISTISCHEN SPECULATIONEN NUR UM HORMONALE PATHOLOGIE HANDELT, DIE DIE KIRCONCISION AM 8·DIE HEGEMONIE VON SPEKULANTEN, DENEN JEGLICHER SINN FÜR MORAL UND SYNTHESE FEHLT, GIPFELT IN EINEM WAHREN INTELLEKTUALISTISCHEN TERRORISMUS, BEI DEM JEDE WAHRHEIT PER GESETZ VERBOTEN IST (DER GIPFEL DER "DEMOKRATISCHEN" MYSTIFIKATION)...?

Jede echte Elite wüsste zum Beispiel, dass die Laborchemie unter keinen Umständen ein Gesundheitsprinzip sein kann, auch wenn sie spektakuläre symptomatische Unterdrückungen bei Kranken ermöglicht, die sich seit Jahren schlecht ernähren und eine schlechte Hygiene haben. Hat man nicht DAS SACRO-SAINT MYTHOS VON 6MILLIONENSCHAMBRESAGAZ banalisiert, obwohl die Überprüfungen von Historikern wie Rassinier, der 30 Kilo wog, als er DACHAU verließ, und von Professor Faurisson, einem

Demokraten und Anti-Nazi, der das Problem 20 Jahre lang studierte, die Inflation von über 5 Millionen und die technische Unmöglichkeit von Zyklon-B-Gaskammern für 1000 oder 2000 Menschen auf einmal bewiesen haben. Dies kann jeder überprüfen, der die technischen Normen für Vergasungen kennt, und wird eines Tages durch seriöse Gutachten (LEUCHTER-Bericht) und Gegengutachten festgestellt werden. Es sei darauf hingewiesen, dass nie eine Gaskammer gesehen wurde, während die Krematorien alle vorhanden und in gutem Zustand sind.

Sie waren in Konzentrationslagern unverzichtbar, um Typhus- und Pestepidemien zu verhindern.

Wurde dieses unerhörte Gejammer nicht banalisiert, während seit dem Zweiten Weltkrieg zig Millionen Tote nichts anderes als Schweigen kennen, wie übrigens auch die zig Millionen, die von den bolschewistischen "Juden" vernichtet wurden.

Es wird banalisiert, dass diese Menschen niemanden interessieren, da sie zu "diesem gemeinen Viehbestand" gehören und keine Juden sind.

Wurde das Schweigen über den Bericht des Roten Kreuzes aus dem Jahr 1944 nicht banalisiert, in dem es nach einer gründlichen Untersuchung der deutschen Lager heißt: "TROTZ DER GERÜCHE IST NIRGENDWO DIE KLEINSTE SPUR EINER GASKAMMER VORHANDEN"?

Wurde es nicht banalisiert, dass beim Prozess gegen den Zyklon-B-Hersteller DEGESH Direktor und Chemiker behaupteten, dass Gaskammern, wie sie von der Propaganda behauptet wurden, technisch UNMÖGLICH UND UNMÖGLICH seien?

Wurde nicht banalisiert, dass der berühmte GERSTEIN-BERICHT, der sich um dieses Problem dreht, BEIM NÜRNBERGER PROZESS ABGELEHNT WURDE, weil er so dumm und karikaturistisch war?

WURDE NICHT DAS SCHWEIGEN ÜBER DIE TATSACHE, DASS HITLER DREI JAHRE VOR DEM KRIEG DEN REGIERUNGEN EINE KONVENTION VORGELEGT HATTE, NACH DER IM FALLE EINES KONFLIKTS DIE ZIVILBEVÖLKERUNG NICHT BOMBARDIERT WERDEN SOLLTE, UND VOR ALLEM DIE ABLEHNUNG DIESER

KONVENTION DURCH DIE REGIERUNGEN, DEREN WAHRE HERREN WIR ALLE KENNEN, BANALISIERT???!!!

Und doch forderte allein die Bombardierung von Dresden in einer Nacht 125.000 Opfer, die von Tokio 195.000, d. h. mehr als die Bombe von Herrn Oppenheimer auf Hiroshima...

ODER FRAU VEIL, WENN SIE MEIN KAMPF AUCH NUR DIAGONAL GELESEN UND HITLERS POLITIK IN SEINEM LAND BEOBACHTET HABEN, WERDEN SIE WISSEN, DASS ES GENAU ALL DIESE SCHRECKLICHEN DINGE SIND, DIE HITLER SEINEM LAND UND "SOGAR SEINEN FEINDEN" ERSPAREN WOLLTE, UM DAS WORT VON PIE XII ZU VERWENDEN...

Jeder, der die Fakten kennt und *"Mein Kampf"* gelesen hat, vor allem in Anbetracht der Aktualität der letzten 50 Jahre, WIRD PERFEKT ÜBERZEUGT SEIN.

Das ist wahrscheinlich der Grund, warum dieses Buch verboten ist, während der EXPRESS von GOLDSMIDT, ARON, MENDES-FRANCE, SCHREIBER, ABITTAN, GRUMBACH, PISAR, LAZLICH, KANTERS, GALLO, OTTENHEIMER usw. einen Roman bewirbt, der die käuflichen homosexuellen Abenteuer eines 13-jährigen Jungen erzählt MIT DER EMPFEHLUNG AN JUGENDLICHE IN DIESEM ALTER, DAS BUCH ZU LESEN.

Ich war mit dem Auto auf der Straße unterwegs, als ich diese Werbung hörte: Die Aufregung zwang mich zum Anhalten...

Wenn Sie die Polizei und die Justiz an Herrn LEVY übergeben, wird er nicht mehr rücksichtslos sein und auch nicht mehr verleumdet.

Sehen wir angesichts dieser offenkundigen Tatsachen nicht, dass das Naziregime "EINE SOZIOLOGISCHE REAKTION DER LEGITIMEN VERTEIDIGUNG" war, oder, wie Carrel es ausdrückte, "die normale Reaktion eines Volkes, das nicht sterben will ..."?

In den deutschen Lagern befanden sich all jene, die bewusst oder unbewusst all diese "am 8. Tag beschnittenen" Schrecken förderten: Freimaurer, Kommunisten, Priester, die nie von Pius XII. unterstützt wurden, der sagte: "Deutschland kämpft nicht nur für seine Freunde, sondern auch für seine Feinde, denn wenn die Ostfront zusammenbricht, ist das Schicksal der Welt besiegelt".

Er sagte auch: "Nur Nazi-Deutschland und der Vatikan sind in der Lage, sich der bolschewistischen Gefahr entgegenzustellen, ersteres politisch, letzteres spirituell"...
WER KANN IHRER NAMENSVETTERIN SIMONE WEIL WIDERSPRECHEN, ALS DIESE SAGTE:

"DIE JUDEN, DIESE HANDVOLL ENTWURZELTER, HABEN DIE ENTWURZELUNG DES GESAMTEN ERDBALLS VERURSACHT...".

Warum sollte man ein Regime nicht banalisieren, das zwar vorübergehend ist, aber erfolgreich versucht hat, seinem Land seine traditionelle Dimension zurückzugeben, die ROTHSCHILD, MARX, FREUD, EINSTEIN, PICASSO UND CONSORTS völlig zerstören???

Hat Solschenizyn nicht gesagt, dass das NAZI-Regime die einzige politische Kraft war, die in der Lage war, den weltweiten marxistischen Selbstmord zu überwinden?

In diesem globalen rothschildomarxistischen Spiel, das die Welt auf die totalitärste Weise regiert, werden die wirklichen Nöte des Menschen nicht berücksichtigt:

Biologisch: Schädigungen durch die Chemisierung der Erde, der Nahrungsmittel und der Therapeutika.

Ökologisch: Zerstörung der Natur und universelle Verschmutzung (50 Jahre chemischer Dünger sterilisieren den Boden vollständig) Soziologisch: monströse Arbeitslosigkeit, die in der fälschlicherweise als "demokratisch" bezeichneten Konjunktur nur exponentiell wachsen kann.
(Rückkehr der Hausfrau an den Herd zum Wert der "Arbeit" und nicht des Geldes). Das System ist dumm und sein "Fortschritt" abwegig.

Moralisch und spirituell: Missetaten des Laizismus, Marxismus und Freudianismus, die von zombifizierten Lehrern ventiliert werden.

Also Frau Simone Veil, sind Sie kriminell oder bewusstlos? Könnten Sie nicht Ihre HOMONYME Simone Weil lesen?

Ich fürchte, Sie sind bewusstlos, denn niemand würde sich den Holocaust anderer und seinen eigenen wünschen.

KÖNNEN SIE NICHT VERSTEHEN, DASS ES IN EINER ENDLICHEN WELT KEIN UNBEGRENZTES WACHSTUM GEBEN KANN?

Vor allem, wenn die verwendeten Verfahren antibiologisch, künstlich, pathogen, menschen- und planetenzerstörend sind, wie Hitler in "Mein Kampf" so schön gesehen hat. Dieser entspiritualisierende Antisektenkampf mit hypertrophem Intellekt, der einen monströsen, mörderischen und selbstmörderischen Verstand modelliert, kennt nur zwei Strategieparameter: RADIKALE AUFHEBUNG DER KIRCHENBESCHLÜSSE AM 8° TAG, dem ersten Tag der 21 Tage der ERSTEN PUBERTÄT.[4]

RÜCKKEHR ZU KLEINEN, AUTHENTISCH RELIGIÖSEN GEMEINSCHAFTEN, D. H. IN ÜBEREINSTIMMUNG MIT DEN NATURGESETZEN.

---

[4] Grundlegende Anmerkung: (siehe nächste Seite)

GRUNDLEGENDE ANMERKUNG

Die radikale Abschaffung der Beschneidung am 8. Tag 1. Tag der ersten Pubertät, die 21 Tage dauert, würde sofort die Wiederherstellung der INNEREN GENITALITÄT in ihrer ganzen Integrität bewirken.

Religiöse Geister würden sagen, dass die Bekehrung Israels durch die Abschaffung der falsch verstandenen Beschneidung erfolgt. (Ich verwende das Wort "Bekehrung" nicht als "Rückkehr zur katholischen Religion", die ihre Schwächen "und ihre Ignoranz gegenüber den Gesetzen des Lebens" Carrel oft genug gezeigt hat, sondern als Rückkehr zu den Gesetzen des Lebens und zum Respekt vor der Natur.

Außerdem würde über mehrere Generationen hinweg die Überstimulation der organischen Endokrine (Hypophyse, Schilddrüse, Nebennieren, reproduktive Genitalien) vererbt bleiben. Das bedeutet, dass jüdische Kinder zu INTERSTITUELLEN Hypophysen und Schilddrüsen wie die Pharaonen von Ägypten werden würden.

Damit würden sie eine echte Elite bilden, die vom analytischen zum synthetischen Denken, vom quantitativen zum qualitativen, vom fehlenden moralischen Empfinden zum großen moralischen Empfinden übergehen würde.

Ideen wie die des Marxismus oder dass "Mutterschaft nicht existiert" wären unmöglich. Die Warburgs, die Marx', die Freuds, die Oppenheimers, die S.T. Cohen, die Bénézareffs, die Simone Veil, die Gurgi-Eliachefs, die Gurgi-Lazarus, die Soros usw. wären unmöglich.

Wie DOMINIQUE AUBIER in einem Buch, das sie mir geschickt hat, über den Beschneidungsritus sagt:

Die Beschneidung "würde nicht Gefahr laufen, alles an der Grenze der Nationen zu zerstören"...

Jenseits des Antisemitismus

Der Schlüssel zur jüdischen Tragödie: Beschneidung am achten Tag und das dunkle Zeitalter.

"Wer hätte gedacht, dass ein Ritus so weit gehen und alles an der Grenze der Nationen zerstören könnte" (Dominique Aubier)

Eine historische Tatsache ist unbestreitbar: Der antijüdische Antisemitismus (übrigens ein unpassendes Wort, da viele echte Semiten nie Antisemitismus erlebt haben) hat sich zu allen Zeiten und auf allen Kontinenten, auf denen Juden lebten, manifestiert. Wie Bernard LAZARE in seinem Buch über den ANTISEMITISMUS erklärt, ist er daher in den Juden selbst und NICHT in den Antisemiten in ständiger Entwicklung begriffen.

Nicht alle Epochen und Breitengrade haben sich bei der Verfolgung der Juden die Klinke in die Hand gegeben. Die Warnung der Kirche vor der jüdischen Perversität betraf nur die Katholiken, eine kleine Fraktion aller Völker und Orte, die Rom nicht brauchten, um einen blutigen Antisemitismus zu praktizieren, selbst als die Juden maximale politische und finanzielle Macht besaßen.

Dieser ANTISEMITISMUS (ein Wort, das umso absurder ist, als ein Jude, dessen Abstammung seit Jahrhunderten in Polen lebt, nicht semitisch ist) ist auf ihren ständigen Partikularismus in Zeit und Raum zurückzuführen.

Die "Juden" (ein unzutreffendes Wort, wie wir sehen werden) haben beträchtliche spekulative Kräfte, aber auf Kosten des MORALISCHEN SINNES, der nicht mit der bei ihnen oft rigorosen Moral verwechselt werden darf, und des SYNTHESISCHEN GEISTES. Ihre modernen Spekulationen, die JUDÉO CARTESIENNES, bieten uns einen mörderischen Niagara von 9 Beweisen für dieses Phänomen. Dieser Partikularismus ist nicht auf die THORA, das HEILIGE JÜDISCHE BUCH, zurückzuführen, denn die Pseudojuden, die die Welt regieren, haben kaum religiösen Unterricht erhalten und sind sowohl in ihren Spekulationen als auch in ihrem Leben radikal atheistisch.

Der Geist der Synthese und die Moral, die ECHTE ELITEN kennzeichnen, fehlen in der politischen Offizialität völlig.

Die Pseudodemokratie wird sich so in eine globalistische Judäokratie verwandeln, die ihren Cäsarismus durch die unbewusste Abstimmung über den Niedergang der desintegrierten Massen durchsetzt. Die Dialektik der Freiheit des Mannes, der Frau und des Kindes ist das strategische Epizentrum dieser demagogischen Zerstörung, die mit der Naivität und Eitelkeit der Massen spielt. Die Phänomene "Michael Jackson" und "Madona" sind blitzartige Symptome des physiologischen und psychischen Zusammenbruchs der Massen.

Das Wort "Jude" ist eine Vokabel mit einer streng religiösen Bedeutung. JÜDISCH ist, wer die Gebote der THORA, des einzigen orthodoxen jüdischen heiligen Buches, befolgt, sagt uns der Experte Alexandre Weil.

WARBURG, der 1914-1918 gleichzeitig die Alliierten, die Deutschen und die bolschewistische Revolution subventionierte, um 1919 als Friedensvermittler nach Europa zu kommen (es ist bekannt, was der Vertrag von VERSAILLES war und wohin er führte), HAMMER, der 1940 allein so viel Öl besaß wie die drei Achsenmächte, MARX, KAGANOWITSCH, UND 50 jüdische KARZIVAL- UND KONZENTRATIONSBÜRGER, die DIZENTAUSENDE MILLIONEN von GOYS in die U. S. A. auslieferten.RSS. (FRENKEL, YAGODA, JEJOFF, FIRINE, APPETER, ABROMOVICI ETC.), FREUD, der mit seiner gerüchteweisen pansexualistischen Theorie, die auf nichts beruht, abouliert und pornografisiert, SIMONE VEIL, die Pillenavorteuse (die Pille ist pathogen und teratogen), BENEZAREFF, der König des pornografischen Films, mit vielen anderen ähnlicher Herkunft in den USA.A, und in Europa, ein anderer "Jude", der König des weltweiten Alkohols, des Fleisches, der Monopolisierung des Weizens, der verdummenden Seifenopern mit systematischer Propaganda, Gewalt und Sex, sind NICHT NUR JUDISCH MAIS SIND SCHWERSTE VERBRECHER DER LETZTEN MENSCHENHEIT, WIE AUCH DIE KÖNIGE DER PRESSE à la MAXWELL UND GOLDSCHMIDT, die die Massen auf einem

Ozean aus niederer, antitraditioneller Propaganda, Lügen, Irrtümern und Schrecken manipulieren.

Der einzige Vorwurf, den man den ECHTEN JUDEN machen kann, ist, dass sie zu diesen Schwerverbrechern, die sich auch noch den Titel "Juden" anmaßen, schweigen...

Wenn man den spekulativen ASYNTHETISCHEN UND AMORALISCHEN Partikularismus dieser atheistischen Sekte, die aus dem Judentum hervorgegangen ist, vollkommen verstanden hat, wenn man feststellt, dass ein Jude in Polen und ein Jude in Südamerika somatisch sehr verschieden sind und oft nur die karikaturhaften Gesichtszüge und ihre spekulativen Kräfte gemeinsam haben, dann sucht man nach einem gemeinsamen Bezeichner, der einen solchen Partikularismus erklären kann.

OR ES GIBT NUR DIE ZIRKONZEPTION am achten Tag nach der Geburt.

Dies wird deutlich, wenn man die funktionelle Vorrangigkeit des Hormonsystems vor dem Nervensystem und dem Wesen im Allgemeinen versteht (ein Werk des Endokrinologen Dr. Jean Gautier). Mit anderen Worten: Unser Drüsensystem steuert uns, das Nervensystem ist nur eine Brücke, die unsere Automatismen sicherstellt, zwischen unserer Natur, den Drüsen, und unseren Handlungen.

In meiner Doktorarbeit habe ich gezeigt, dass die romantischen Dandys (Chopin, Lamartine, Musset, Liszt, Goethe, Byron usw.) "Schilddrüsenpatienten" mit einer Tendenz zur "Hypertonie" waren. Dies erklärt ihre langgestreckte Gestalt, ihren Ästhetizismus, ihre Intuition und ihre Vorstellungskraft.

Wenn man auch noch von der Existenz der ersten Pubertät weiß, die am achten Tag beginnt und 21 Tage dauert, ist man erleuchtet.

Die Beschneidung am achten Tag ist das EINZIGE KONSTANTE PARAMETER, das einen solchen Partikularismus rechtfertigen kann, zumal es keine ethnische Zugehörigkeit gibt, da die Juden schon immer praktisch über den ganzen Planeten verteilt waren und sich nie länger als ein paar Jahrhunderte festsetzen konnten, was es unmöglich macht, eindeutige ethnische Merkmale zu erwerben. Im Übrigen könnte keine ethnische Rechtfertigung solche spekulativen Kräfte rechtfertigen, die jeglichen moralischen Sinns und jeglichen Geistes der Synthese beraubt sind.

Wenn die Juden auch nur einen Funken Verstand gehabt hätten, hätten sie schon vor langer Zeit entdeckt, dass die Beschneidung die Quelle ALLER IHRER ÜBEL ist, und sie hätten sie abgeschafft. Es scheint, dass ihr Schicksal gerade darin besteht, dass sie es NICHT entdecken DÜRFEN ...

Die Beschneidung wird am 8. Tag durchgeführt, d. h. am ersten Tag der ersten Pubertät, die 21 Tage dauert und die erheblich gestört wird. Sie wird die ganz besondere Mentalität derjenigen bestimmen, die diese Verstümmelung dauerhaft erdulden müssen.

Am 8. Tag sind alle Endokrinien in Aufruhr. Das bedeutet, dass 21 Tage lang die ERSTE PUBERTÄT stattfindet. Sie äußert sich durch genitale Zeichen und durch eine Aktivität der Brustdrüsen. Die Bedeutung dieser Pubertät für unsere allgemeine Drüsenfunktion und für alle unsere Lebensmöglichkeiten ist beträchtlich. Die Hypophyse ist in großer Aktivität und wirkt auf alle unsere anderen Drüsen ein, um sie an das neue Leben anzupassen. So kann sie das organische Milieu des Kleinkindes konstant halten und es in die Lage versetzen, äußeren Einflüssen zu widerstehen.

Wenn während dieser HORMONALEN EFFERENZ ein unvorstellbares Trauma die Stelle trifft, an der sich die Vorhaut befindet, die sich in der Nähe unserer inneren Genitalien befindet, einem endokrinen Organ von grundlegender Bedeutung, dann ist es offensichtlich, dass das GLANDULARE GLEICHGEWICHT, das sich durch die erste Pubertät einstellen sollte, gestört werden würde.

Es besteht kein Zweifel daran, dass diese Verstümmelung die Kreislauf- und Stoffwechselaktivitäten, die eigentlich für das innere Genitale (oder Interstitium) gelten sollten, zu ihrem Vorteil umlenken wird. Es ist also das Endokrinium, von dem wir seit 40 Jahren wissen, dass es bei Demenzkranken verkümmert ist, das geschädigt, frustriert und beeinträchtigt wird.

Es wird nicht das REPRODUZIERENDE Genitale sein, das noch nicht ausgebildet ist und sich erst später entwickeln wird. Aus diesem Trauma resultiert also eine HYPOFONKTION DER INNEREN GENITALE.

Dabei handelt es sich um die Drüse des Willens, der Intellektualität (die nichts mit dem INTELLECTUALISMUS der modernen Wissenschaft, des Finanzwesens, der mörderischen Ideologien wie Marxismus, Freudianismus, Anarchismus nicht in seiner realen

Bedeutung, sondern im Sinne von "Chaos" gemein hat) und des moralischen Empfindens.

Diese Hypotrophie der inneren Genitalien wird zugunsten der reproduktiven Genitalien und der anderen Endokrinien INSBESONDERE DER HYPOPHYSE erfolgen. Diese Endokrinen werden sieben- bis zehnmal leistungsfähiger sein als die der anderen Menschen, was dazu führt, dass in einer PSEUDO-DEMOKRATIE, die jeglicher geistigen Elite beraubt ist, die CIRCONCIS am 8.

Sie werden sie umso leichter annehmen, je weniger moralischer Sinn und SYNTHETISCHER GEIST in ihnen vorhanden sind.

Sie können also ohne Skrupel alle Verfahren anwenden.

Es sind also diese Endokrine, mit Ausnahme der inneren Keimdrüse, die für die Entwicklung der Genitalität sorgen werden. Infolgedessen wird das Gehirn, das durch ein übermächtiges endokrines Konzert gebildet wird, ABER OHNE JEDE WIRKSAMKEIT DER INNEREN GENITALE, das Individuum von allen widerstrebenden, gefühlsmäßigen und genuin intellektuellen Kräften befreien. (Moralischer Sinn, Synthese), die sich zum Beispiel der Nutzung der Sexualität widersetzen können, wie auch Systeme oder Entdeckungen zu entwickeln, die sich gegen den Menschen wenden werden (Freudismus, Marxismus, Atombombe, Neutronenbombe, "Befreiung" des Mannes, der Frau und des Kindes usw.).

Außerdem wird dieses automatisch gespeicherte Vorhauttrauma in den beiden anderen Pubertäten (zwischen 13 und 18 Jahren) alle genitalen Bemühungen auf die Fortpflanzungsorgane ablenken. Darüber hinaus führt die Beschneidung zu einer Narbenbildung, die eine besondere Aktivität der HYPOPHYSE erfordert. DIE FUNKTION DES ENDOKRINIUMS WIRD ALSO SCHON BEI DER GEBURT DES KINDES BEANSPRUCHT.

SIE WIRD DAHER IN DER ALLGEMEINEN HORMONWIRTSCHAFT EINE VORRANGSTELLUNG BEHALTEN. Sie wird in ihrer Aktivität beharrlich bleiben. Sie wirkt sowohl auf den somatischen als auch auf den psychischen Bereich.

NORMALERWEISE WERDEN DIE HYPOPHYSÄREN DENKPERSPEKTIVEN DURCH DIE INNERE GENITALE GEMILDERT.

Aber in diesem Fall, so sagt Jacques Bergier treffend über die spekulativ Beschnittenen, die er fälschlicherweise als "Juden" bezeichnet, "IL Y A MALADIE DE L'ULTRA RAISONNEMENT"; DAS IST fatal, weil es die HYPOPHYSE ist, die ALLEINE DIE INTELLECTUELLEN ERLEBUNGEN SICHERN WIRD.

Das Denken der am achten Tag Beschnittenen (mit Dauerhaftigkeit wird eine außergewöhnliche Beschneidung nicht all diese Konsequenzen haben) wird daher ausschließlich materialistisch, rechnerisch, abstrakt, ANALYTISCH sein; so wird das hormonell geprägte Wesen Analysen und Berechnungen erstellen, in die KEINE moralischen Erwägungen einfließen können, und auch nicht die Sorge um die synethethische GLOBALITÄT des Menschen in Zeit und Raum. DIE AUSSCHLIESSLICHKEIT DIESER ART VON HEGEMONIALER SPEKULATION WIRD DEN SELBSTMORD VON ALLEM UND JEDEM BEDEUTEN.

Die Wissenschaft wird zur schwarzen Magie, da sie ausschließlich ANALYTISCH, MIKROSKOPISCH und QUANTITATIV ist, WÄHREND DAS WISSEN, die weiße Magie, SYNTHETISCH, MACROSKOPISCH und QUALITATIV ist.

Der am 8·Tag Beschnittene ist also als kosmischer Agent für den weltweiten Zusammenbruch verantwortlich: ER IST NICHT SCHULDIG.

Er ist nicht schuldiger als der Kartoffelkäfer in Bezug auf die Kartoffel. Er hat sich die Auswirkungen der Beschneidung am achten Tag, die er nicht einmal begreifen kann, nicht ausgesucht. Er ist sich der Mentalität, die sie ihm verleiht, nicht bewusst. Als Opfer des Antisemitismus versteht er nicht, dass seine amoralischen und unmoralischen Spekulationen die Ursache dafür sind.

Wenn er dieses Bewusstsein hätte, hätte er den ZIRKUS schon vor langer Zeit abgeschafft, zumal er seltsamerweise nur diesen missverstandenen RELIGIÖSEN Ritus beibehält und die Thora ignoriert.

Moses kannte sich mit der Drüsenfrage weniger gut aus als die Priester des Horus. Daher fügte er einem ganzen Volk diese falsch verstandene Beschneidung zu und machte sie zu Drüsengestörten, indem er ihnen darüber hinaus DIE IDEE DER WELTHEGENSCHAFT zufügte.

Sie erreichten dies auf den fauligen und blutigen Ruinen der degenerierten Nationen. Es gibt also weder eine jüdische Rasse (denn die gibt es nicht) noch eine jüdische Ethnie.

(Die Ethnie ist das Ergebnis der hormonellen Anpassung an eine feste Umgebung für mindestens ein Jahrtausend). NUR die Beschneidung am 8. Tag zeigt die amoralische, synthetische, spekulative Mentalität der Beschnittenen, DIE DIE HÖCHSTPHASE DES ZEITALTERS DER TEDERNÄBER VON DEN WEISEN SEIT JAHRTAUSENDEN ANGEKÜNDIGT WURDEN.

Heute hat die Enteignung aller Menschen durch die vagabundierende beschnittene Finanzwelt einen institutionalisierten Charakter angenommen. Der Wucher, dieses von allen Zivilisationen angeprangerte ganzheitliche Verbrechen, hat sich in den hochoffiziellen Mantel des Kredits gekleidet, der zusammen mit dem Alkohol die Quelle all unserer Übel ist.

All dies kann nur durch die massive Desintegration von Individuen ertragen werden, deren biotypologische Erscheinung und Kleidung, z. B. in der Pariser Metro, etwas Grausames und Abstoßendes an sich hat.

Das parahumane Wesen, das durch Kredit, Chemifizierung von Nahrungsmitteln und Therapeutika, Freudismus, Marxismus, pathogene und kriminogene Musik versklavt wurde und zu einer Art physikalisch-chemischem Amalgam in Levis-Bluejeans geworden ist, das von der Gewinn- und Verlustkasse der Pseudodemokratien regiert wird, die in Wirklichkeit nichts anderes sind als die Diktaturen der Banken und des Marxismus.

Drogen verbreiten sich frei, GESTEUERT VON DER HOCHFINANZ, und setzen dieser Degeneration ein Ende, während die jungen, defizitären, arbeitslosen Menschen in einer gnadenlos "beschnittenen" Welt massenhaft Selbstmord begehen, während die wirklichen Eliten, die mit niemandem mehr einen Dialog führen, weinend dieses betrübliche Schauspiel beobachten. Heutzutage besitzen die Beschnittenen das, was von den Staaten übrig geblieben ist. Nur die Apokalypse wird in einer unumkehrbaren Entwicklung ihr und unser Schicksal regeln.

Ihre Hypophysenkombinationen finden sich in religiösen Reformen, Revolutionen wie 1989 und 1917, Kriegen, zombifizierender

Verblödung und Pornografie. Die Zivilisation ist unter dem Einfluss ihrer desintegrierenden Hypophyse verschwunden. Diese Tendenz ist bei ihnen natürlich, da die vier organischen Endokrine (Schilddrüse, Hypophyse, Nebennieren, reproduktive Genitalien), die viel mächtiger sind als bei anderen Menschen, sich ständig gegen die synthetischen, moralischen, göttlichen, altruistischen Werte stellen, die von einer INNEREN GENITALITÄT in perfektem Zustand verliehen werden.

Die beschnittenen Finanziers Warburg, Hammer, Rothschild, Lœb, Kuhn usw. wie auch Freud und Marx, Einstein, Oppenheimer, S.T. Cohen, sind in dieser Hinsicht beispielhaft. SPINOZA, der von der Synagoge in Holland exkommuniziert wurde, also NICHT jüdisch ist, repräsentiert die erste materialistische Konzeption der Neuzeit. Er trennte die Mystik von der Philosophie und legte den Weg für den RATIONALISMUS und die MODERNE WISSENSCHAFT, die unsere Ausrottung fast abgeschlossen hat.

FREUD, macht unsere intellektuellen Möglichkeiten von unseren sublimierten sexuellen Neigungen abhängig. Er degradiert uns auf die Ebene eines bestialischen Unbewussten und hat seine Neurose dank der Pseudodemokratie der GANZEN WELT aufgezwungen.

In der Tat führt diese Drüsenanarchie, die kaum von einer mangelhaften Zwischenzellstruktur in Schach gehalten wird, die am achten Tag Beschnittenen zu einer Psychologie des Umsturzes, der Zerstörung und der Vernichtung, um die allgemeine Führung der Welt zu errichten. Sie ignorieren die Thora und behalten nur die Beschneidung und die mosaische Ankündigung ihrer weltweiten Hegemonie. Am Ende des 20. Jahrhunderts haben sie Regierungen und Justiz vollständig ihrer Hingabe unterworfen. Die Justiz wendet nun ihre rassistischen und diktatorischen Gesetze an, die als "antirassistisch und demokratisch" getarnt sind. Auf diese Weise sichern die Beschnittenen ihre Hegemonie über die zersetzten Massen.

Nur diejenigen werden dem globalistischen Selbstmord, der sich zum Beispiel, während ich schreibe, in Südafrika durch wirtschaftlichen Ruin und stammesübergreifende Schlächtereien manifestieren wird, entkommen können, die kleine, ethnisch organisierte Gemeinschaften bilden, in denen spirituelle und moralische Werte wiederhergestellt werden. Es ist absolut sicher, dass das 21. Jahrhundert nach dem globalen Selbstmord seine hierarchische Kohärenz nur durch das, was VERBINDET, wiedererlangen wird, nämlich die Religion. Heute ist alles umgekehrt und nur die WAHRE RELIGION wird die Dinge wieder in ihre vorbestimmte Ordnung bringen.[5]

Die weltweite Hegemonie der am achten Tag Beschnittenen vollendet nur das Dunkle Zeitalter über dem Reich der Trümmer. Letztlich wird es auch um ihren eigenen Selbstmord gehen und um das Ende der falsch verstandenen Beschneidungspraxis. Die judeokartesische Psychose fügt sich bei den am achten Tag Beschnittenen, die keineswegs Juden sind, in einen absoluten Determinismus ein.

Ihre kosmische Mission ist es, einen höheren involutiven Intellektualismus (Analytismus) anzunehmen.

Das perfekte Verständnis dieses Textes setzt eine gesunde Schilddrüse und ein gesundes inneres Genitale voraus.

EIN TYPISCHES BEISPIEL AUS DEN 1990ER JAHREN FÜR DIE AUSWIRKUNGEN DER BESCHNEIDUNG AM 8. TAG: DER FINANZIER SOROS.

Wer ist Soros?

Als Spekulant und Philanthrop (es gehört zum guten Ton, nachdem man zehn Milliarden mit einer Spekulation verdient hat, die ausschließlich von diesem Regime der Gleichheit aller Menschen, der Demokratie, erlaubt wird, ein paar Millionen für gute Zwecke zu spenden) ist Soros ein ungarisch-jüdischer Emigrant. Er wurde amerikanischer Milliardär, indem er im Schlaf...

---

[5] Dr. Alexis Carrel, der von Pius XII. zum Mitglied des wissenschaftlichen Instituts des Vatikans ernannt wurde, warf der Kirche ihren doktrinären Formalismus und ihre Ignoranz gegenüber den Gesetzen des Lebens vor (Diätetik, kontrollierte Atmung, wahres Gebet, die allein das Transzendente vereinen können). Beachten Sie auch die absolute Notwendigkeit, Giftstoffe zu entfernen, die schwere Mangelerscheinungen der Schädigungen hervorrufen und die Schilddrüse stören, GLANDE DER VERSUCHUNG: Kaffee, Tabak, Alkohol, Lebensmittelchemie, Fleisch. Man spricht nicht mit Gott, wenn der Mund voller Blut ist. Schlachthäuser in der Nähe des Luxor-Tempels oder der Akropolis sind unvorstellbar...

Sein Vermögen ist so neu, dass er in dem berühmten Buch von Henri Coston: "Le veau d'or est toujours debout" (Das goldene Kalb steht noch), das 1987 erschien, nicht zu finden ist.

In einer Nacht enthüllte LE MONDE am 16. September 1992, dass sein Vermögen um eine Milliarde Dollar oder 5 Milliarden Francs oder 500 Milliarden Centimes gewachsen war. Wie jeder weiß waren solche Vermögen in monarchischen oder theokratischen Regimen solche Vermögen banal!!!!

Der Superintendent Fouquet, auf den König Ludwig XIV. eifersüchtig war, erzählt die Geschichte zu Recht oder zu Unrecht, war neben Soros ein Bettler!

Es bedurfte der Demokratie, um endlich die perfekte Égalité (+ Égalité und Fraternité!) zwischen SOROS und EINER MILLIARD WELTWEITER ARBEITSLOSER zu verwirklichen...

Er spielte gegen die europäischen Währungen, insbesondere gegen die britische Währung.

LE MONDE berichtet uns, dass er in Großbritannien "der Mann, der das Pfund zerbrochen hat" (the man who broke the pound) genannt wird...

Nach dem Sturm, der die Rezession in Europa verschärfte, hatte Soros zwei Milliarden Dollar eingesammelt. (Tausend Milliarden Cents!) Sieben Monate später machte Soros erneut auf dem Goldmarkt von sich reden. Er kaufte für 400 Millionen Dollar eine Beteiligung an einer der größten Goldminen der U.S.A. NEWMONT MINING und trieb den Preis in die Höhe.

Er ist der Typus des gerissenen, geheimnisvollen Geschäftsmannes, der neurotisch durch eine hypophysäre Überstimulation des Gehirns aufgrund der Beschneidung angeregt wird. Wie einst Rothschild handelt er allein. Allerdings verfügt er über ein Instrument, das der Gewinner des unehrlichen Börsengangs von Waterloo nicht hatte: das Telefon. Er sagt gerne, dass das Telefon ausreicht, um ihn auf dem Laufenden zu halten.

Das Telefon reicht ihm auch, um seine Börsenaufträge an der Wall Street, in der City, in Paris, Tokio und Frankfurt aufzugeben.

Er ist etwas über 60 Jahre alt, als ich dieses Buch schreibe, und er hält die Fäden eines Netzwerks in der Hand, das Banken und

Konzerne umfasst, die gezwungen sind, ihm zu gefallen und seinen Anweisungen zu gehorchen.

Muss man intelligent sein, um die Macht zu verstehen, die ein solcher Mann über die Politiker aller Länder und über die Massen haben kann. Es sind solche Leute, die über Nacht den Freudismus globalisieren, die ganze Welt dazu bringen können, Blue Jeans zu tragen, einen Krieg zu ihren Gunsten zu entfachen und morgen, wenn der geistige Verfall richtig dosiert wurde, alle dazu bringen können, einen Federstöpsel im Hintern zu tragen... Dieses groteske Beispiel ist dennoch gesünder als das weltweite Aufkommen der Pornografie im Namen der Freiheit!

Seit dem Zusammenbruch des kommunistischen Systems in Osteuropa hat der Finanzier Soros "ein neues Leben begonnen". Er ist ein großer Spekulant und im Osten ein Philanthrop, behauptet LE MONDE ohne zu lachen:

"Über ein Netzwerk von Stiftungen, die in 18 exkommunistischen Ländern gegründet wurden, beteiligt er sich am Aufbau der Demokratie, indem er versucht, die Entstehung offener Gesellschaften (d. h. von Trusts oder Finanzgruppen, die von ihm und seinen Komplizen abhängig sind) zu fördern.

Seinen Stiftungen widmet er den größten Teil seiner Zeit und 50 Millionen Dollar pro Jahr. Hinzu kommen 1992 eine Spende von 100 Millionen Dollar, um der wissenschaftlichen Forschung in Russland auf die Beine zu helfen, eine Spende von 50 Millionen Dollar für humanitäre Hilfe an Bosnien und ein Darlehen von 25 Millionen Dollar an Mazedonien.

Die Stiftungen von George Soros sind laut der Zeitung LE MONDE je nach Land unterschiedlich erfolgreich. In China gab er relativ schnell auf, nachdem er von den Sicherheitsdiensten infiltriert worden war. In Polen unternahm er einen ersten Versuch mit Intellektuellen von SOLIDARITÉ, der jedoch erfolglos blieb...

Die Geschichte seiner Stiftung in Moskau "sehr parallel zur Entwicklung der russischen Gesellschaft" beginnt, sie beginnt 1987, Sacharow lehnt Soros' Angebot zur Zusammenarbeit ab, weil er überzeugt ist, dass seine Stiftung von der K.G.B. unterwandert werden wird "Wir haben als sowjetische Organisation begonnen", sagt Soros, "es hat zwei Putsche in der Stiftung gebraucht, um den Kurs zu korrigieren, und fünf Jahre, um zu funktionieren."

Die armen Russen, sind sie der roten Herrschaft entkommen, um unter die goldene Herrschaft eines ungarischen Cousins der Gulag-Bosse zu fallen?

Soros geriet mit der bolschewistischen Clique aneinander und musste seine Arbeitsweise vor Ort ändern:

"Also", sagt er, "wurde von innen heraus geputscht wie im Kreml: Der Direktor kam als Direktor zum Treffen, er ging als Ex-Direktor. Dann übernahm derjenige, der den Putsch eingefädelt hatte, der Rechtsberater der Stiftung, die Macht. Er war "politisch korrekt", erwies sich aber als noch schlimmerer Diktator als die vorherigen. Also musste ich nach einem Jahr einen weiteren Putsch organisieren, während er in Amerika war...".

Ex-Sowjetbürger, die einen zu steifen Nacken haben, werden skrupellos gebrochen. Die neue Macht in Moskau "gibt ihm wenig Hoffnung". Er rechnet damit:

"Dem Bildungsministerium dabei helfen, den gesamten marxistisch-leninistischen Unterricht durch den geisteswissenschaftlichen zu ersetzen" (D.h. den des Kapitalismus)."

Viel hängt davon ab, beobachtet DIE WELT immer wieder, von der Auswahl der Menschen, für die sich Soros in fünf Minuten entscheiden kann, von einem Instinkt, einem Herzschlag, einer Intuition:

Manchmal haben wir den Kontakt nicht gefunden", sagt Soros, "zum Beispiel in Litauen haben wir sehr gute Arbeit geleistet, nicht in Lettland. Wenn ich "wir" sage, meine ich in Wirklichkeit mich: Am Anfang braucht man einen persönlichen Kontakt".

Wenn er sich einmal entschieden hat, vertraut er voll und ganz, auch was das Geld betrifft. Die Verwendung der Gelder wird von jeder Stiftung vor Ort entschieden und eine Kopie der Konten wird nach New York geschickt.

"Er nimmt die Menschen in Osteuropa in die Verantwortung", sagt Sandra Pralong, die die Soros-Stiftung in Rumänien leitet.

In Warschau musste er anders vorgehen. Die misstrauischeren Polen leisteten Widerstand (Soros gibt es zu). Sie hatten eine andere Auffassung. Letztendlich triumphierte der Finanzier. LE MONDE behauptet: "Die Stefan-Balory-Stiftung ist nun das Flaggschiff der Soros-Stiftungen"...

Klar denkende Amerikaner witterten den "ausbeuterischen Philanthropen", der "mit der Stiftung" "wie mit einer Schrotflinte in Form eines Regenschirms spielt".

Dieser "Philanthrop", der als Finanzanalyst begann, "sprang" 1969 "über seinen Schatten" und gründete seinen eigenen "Fonds".

Seine Geschichte lässt sich folgendermaßen zusammenfassen: Von Ungarn aus, wo George Soros während des Krieges in der Semi-Landestiniät lebte, um der Polizeikontrolle des Regenten Horthy zu entgehen, gelangte er 1947 nach London, wo er sich von der Hand in den Mund lebte. Es gelang ihm, ein Stipendium zu erhalten und einige Zeit an der LONDON SCHOOL OF ECONOMICS zu studieren. Er kehrte nicht mehr nach Budapest zurück, das die sowjetischen Panzer unter das kommunistische Joch gebeugt hatten. An der Wall Street machte er Karriere, zunächst als Finanzanalyst und ab 1969 als "Chef" seiner eigenen Firma, des QUANTUM FUND, den er vorsichtshalber im bekannten Steuerparadies Curaçao registrieren ließ.

Seitdem häuft er Milliarden an, ohne viel Aufhebens darum zu machen. Er ist ein kluger Kopf und weiß: "Um glücklich zu leben, leben wir im Verborgenen...".

Er ist nicht derjenige, der wie der erbärmliche Tapie, auf den die Fernsehkameras und die Gerichte gerichtet sind, wie eine armselige Marionette durch die Medien zappeln wird. Tapie ist im Vergleich zu Soros ein armer Schlucker.

Er dient der Regierung dazu, die Massen zu unterhalten und ihre Aufmerksamkeit auf etwas anderes als die wachsende Arbeitslosigkeit zu lenken. Dabei handelt es sich bei den Machenschaften von Soros um die schwersten Straftaten in einem NORMALEN politischen System. Diese Straftaten sind so groß, dass sie in einem traditionellen Regime NICHT einmal strafrechtlich verfolgt werden könnten...

Was Soros betrifft, so lauert er im Schatten und greift die große Politik an.

In seinem Heimatland Ungarn hat man sein Spiel durchschaut und mehrere Führer der magyarischen Rechten haben ihn in ihren Schriften an den Pranger gestellt. In der Slowakei und in Rumänien wird er heftig angeprangert. Der grimmige Spekulant wird niemals ein Bernhardiner werden. Er ist ein "demokratischer" (welch ein

Hohn!!!), gewiefter und gieriger Finanzier. Als Soros vor kurzem 10% der Aktien seines Freundes Jimmy GOLDSMITH von NEWMONT MINING übernahm, löste er einen Aufschwung auf dem Goldmarkt aus.

In "Demokratie" haben wir noch nicht das letzte Mal von ihm gehört.

Herr Emmanuelli, der sozialistische Präsident der Nationalversammlung, weigerte sich zu tagen, weil der spanische König Juan Carlos dort einen Vortrag halten wollte. Ein König aus einem sozialistischen Land, das noch verkommener ist als das unsere!

Wir können davon ausgehen, dass SOROS, wenn er zu einem Vortrag in die Versammlung kommt, dort sein wird, um diesem manipulativen Multimilliardär, der aus dem Nichts aufgetaucht ist, zu applaudieren...

Diese Marionetten der Politik sind so grotesk, dass man keine Worte findet, um sie zu beschreiben...

Gojim, wacht auf oder sterbt!

"Und die Welt wird von Ungeheuern regiert werden" (Offenbarung)

"Die Wahrheit, diese alte Hexe" (Oscar Wilde)

"Die Juden, diese Handvoll Entwurzelter, haben die Entwurzelung des gesamten Erdballs verursacht" (Simone Weil).

"Der Aufstieg des jüdischen Cäsarismus ist nur eine Frage der Zeit. Dem Judentum gehört die Weltherrschaft, die Götterdämmerung hat uns bereits erreicht. Wenn es mir erlaubt ist, ein Gebet an meine Leser zu richten, so wird es darin bestehen, dass sie das vorliegende Buch aufbewahren und es an ihre Nachkommen weitergeben. Ich maße mir nicht an, ein Prophet zu sein, aber ich bin von dem, was ich hier darlege, tief durchdrungen: VOR VIER GENERATIONEN WIRD ES ABSOLUT KEIN EINZIGES AMT IM STAAT MEHR GEBEN, OHNE AUSNAHME DER HÖCHSTEN ÄMTER, DAS NICHT IM BESITZ DER JUDEN IST."

Dieses Zitat stammt aus dem Buch von WILHELM MARR mit dem Titel: DER SPIEGEL DES JUDAISMUS.

Es wurde vor hundert Jahren geschrieben!!!

Die Ablehnung der Religion hat zu ungerechten Wirtschaftsstrukturen geführt.

Seit zwei Jahrhunderten hat man alles getan, um das Volk zu entwurzeln, zu entwürdigen und ihm alle Ideale, jede Liebe zum Beruf und jede Religion zu nehmen. Man zeugt das Proletariat und zerquetscht es.

Weltweites Vieh, das zum Schlachten freigegeben wird, Krieg von 14-18, 39-45 und die 150 Kriege dieses halben Jahrhunderts zwischen dem liberalen System und der marxistischen Ideologie...

Sie bringen den "Finanziers, die die Welt regieren", den Bazile Zaharoffs, den Bloch-Dassaults, riesige Vermögen ein...

In der Geschichte der Menschheit gibt es keine Beispiele für eine tiefere Entmenschlichung. Der Untergang des Römischen Reiches war nur ein kleines Detail im Vergleich zu diesem weltweiten Zusammenbruch, bei dem der von allen natürlichen und übernatürlichen Bindungen isolierte Mensch wie ein profitables und pornografisierbares Wrack auf Gedeih und Verderb dem universellen Wahnsinn ausgeliefert ist.

Der Mensch hat die Macht verloren, sich an die Realität anzupassen.

Die Herrschaft der am achten Tag Beschnittenen ist endgültig: Wir werden die Neue Weltordnung haben, d. h. das universelle Chaos.

Es handelt sich nicht um Juden, denn alle materialistischen Spekulationen, die die Menschheit auflösen, sind vor der THORA ketzerisch und kriminell.

Es handelt sich um spekulative Gehirne, denen durch ihre Beschneidung der moralische Sinn und der Geist der Synthese fehlt. Es handelt sich nicht um eine Rasse, weil es keine Rassen gibt, es handelt sich nicht um ein Volk oder eine Ethnie, weil die Pseudo-Juden sich nicht durch eine jahrhundertelange Zugehörigkeit zu einer festen Umgebung gebildet haben . Es handelt sich um eine Sekte von Drüsenkranken, die an chronischem Spekulantentum leidet und deren mörderische "Talente" sich im Zuge der Farce der "Demokrasie" frei entfalten.

Merkwürdige "auserwählte Rasse" (die rassistischste der Welt), die durch Finanzwesen und Marxismus die Erde und ihre naiven Bewohner in Schutt und Asche legen.

Sie haben alle Rechte. Sie stehen über den internationalen Gesetzen, nicht nur in Israel, wo sie ungestraft die Palästinenser massakrieren und ihnen ihr Land wegnehmen können, sondern in allen Ländern, in denen sie dennoch nur eine winzige Minderheit sind.

Die Gesetze lassen sie übrigens von den LICRAsseuses Mopps und Politikern aller Couleur verabschieden. Wenn die UNO den Zionismus als Rassismus stigmatisieren konnte, ist das nur ein Ausrutscher, der bald rückgängig gemacht werden wird. Wichtig ist auch, dass man einen heroischen Professor nicht über historische Studien sprechen lässt, die ihnen missfallen, zumal sie unfähig sind, vor den Tatsachen Widerspruch einzulegen, und dass die Gewissheit, dass es nie eine Gaskammer oder 6 Millionen in deutschen Lagern vergaste Juden gegeben hat, EINE SCHLECHTE NEUIGKEIT IST, die unnachgiebig von einer Justiz sanktioniert werden muss, die UNGERECHTE UND SCHLECHTE GESETZE im SERVICE anwendet...

Ihre "Demokratie" hat totalitär das Gedankenverbrechen wie in George Orwells Roman "1984" eingeführt... Antisemitismus, d. h. die Klarheit über sie, ist das unsägliche Verbrechen der Verbrechen. Er wird 50 Jahre nach der Zerschlagung Deutschlands diktatorisch und unwiderruflich verfolgt. Und das gegen Achtzigjährige, die versucht haben, Europa in dem absoluten Horror, in den es gestürzt ist, zu retten!!!!

Was den Antigermanismus betrifft, so wird er nicht nur geduldet, sondern sogar als Tugend empfohlen... HITLER UND DER NATIONALSOZIALISMUS SIND DAS ABSOLUTE BÖSE!!!!

Was macht es schon, wenn man auf dem Gebiet des Deutschen Reiches nie ein drogen- oder alkoholabhängiges Kind, einen Arbeitslosen oder einen unglücklichen Arbeiter gesehen hat? Ihr nicht existierendes Verbrechen, denn jeder weiß heute, dass der Mythos der "sechs Millionen Gaskammern" ein arithmetisch-technischer Unsinn ist, ist an Schrecken größer als die gut 100 Millionen, die in der UdSSR durch die Warburg-Lenin-Revolution und die 50 jüdischen Gefängnis- und Konzentrationslager-Henker (Frenkel, Jagoda, Firine, Apetter, Jejoff, Rappoport, Abramovici und KAGANOWITSCH, Stalins Schwager) ausgerottet wurden. Dagegen ist die Demokratie, ein Deckmantel für die absolute und weltweite beschnittene Diktatur über eine zerfallende Welt, das absolute Gut!

Was macht es schon, wenn sich die Welt in eine hässliche Fäulnis auflöst, was macht es schon, wenn das internationale Chaos, die zerstörte Familie, die unfruchtbaren Chemieböden, die 5000 biologisch toten Seen in Kanada, die 2000 toten Seen in Schweden, die herrschende Pornografie, die Perversion unserer Kinder durch die sexuelle Freizügigkeit, die von klein auf gelehrt wird, wie die Ablehnung der Autorität von Eltern und Lehrern, der Iatrogenismus, der Teratogenismus, die Massenselbstmorde unserer Kinder, die Arbeitslosigkeit und die amnestierten politischen Skandale...

All das ist nur ein Gratwanderung für das ideale politische Regime: DIE ZIRKULÄRE DEMONKRASSIE.

Der ethnische Stolz der Weißen ist ein Verbrechen, der ethnische Stolz der Farbigen, der Muslime (außer in Palästina) ist die größte aller Tugenden.

Gleichheit ist die absolute, offenbarte Wahrheit. Warburg oder Soros, deren Macht von keinem Potentaten der Geschichte je erreicht wurde, Hammer, der 1941 so viel Öl besaß wie die drei Achsenmächte, sind dem Arbeitslosen gleichgestellt, der Dorftrottel, Landru, sind Perikles oder Goethe ebenbürtig. Sie haben alle das Wahlrecht: Kriminelle oder Professoren, Drogenhändler oder Wissenschaftler, alle sind vor den Wahlurnen gleich.

Unerwünschte Minderheiten, sofern sie nicht wie die Harkis das Pech hatten, für Frankreich zu kämpfen, Degenerierte aller Art, müssen besonders unterstützt werden und Sonderrechte genießen. Das Recht der Frauen muss weit verbreitet werden, damit sie durch Arbeit und Perversion ihre weibliche Identität und ihren Zweck als Mutter und Ehefrau verlieren. Frauen sind besser als Männer. Als Richterinnen in Ehesachen zum Beispiel können sie die vollständige Abschaffung der väterlichen Autorität vollenden und psychopathische und kriminelle Mütter gegen Recht und Gerechtigkeit unterstützen.

Getrennte Ethnien sind der Albtraum der Beschneidung: Alle müssen vermischt werden (mit Ausnahme der Beschnittenen, die sich nur mit der Oberschicht und dem nichtjüdischen Adel vermischen), die Beschneidung über eine zombifizierte Welt physikalisch-chemischer Amalgame herrschen kann, die von der Gewinn- und Verlustkasse der globalistischen Demokratie regiert wird. Gott hat die Ethnien unterschiedlich gemacht, das kann nicht so bleiben: Berichtigen wir die Schöpfung: Das Konzept der Nation muss abgeschafft werden. Die künstlichen Grenzen, die durch Kolonialismus und Demokratie auferlegt wurden, sind hingegen unantastbar: Es spielt keine Rolle, ob ihre Künstlichkeit sie zu ständigen Tragödien und Ursachen für Kriege, möglicherweise weltweite Kriege, macht.

DIE VERFASSUNG IST WICHTIGER ALS DIE NATION

Die Wirtschaft ist viel wichtiger als die Ökologie! Es spielt keine Rolle, ob die universelle Hungersnot vor der Tür steht. Der Wirtschaftsliberalismus und die unbegrenzte Produktion sind unantastbare Dogmen. Man muss weltweit transportieren, zugunsten seelenloser Finanziers, die nicht wissen, dass nur Lebensmittel, die an einem bestimmten Ort angebaut werden, einen wirklichen Nährwert für die Menschen haben, die an diesem Ort leben. Daher MUSS die Selbstversorgung verboten werden (Hitlers großes Verbrechen), wo sie doch die Grundregel für die Gesundheit der Völker ist.

KONSUM UM DES KONSUMS WILLEN IST EIN WERT AN SICH

Sie muss in einer endlichen Welt unbegrenzt wachsen. Wirtschaftswachstum, Kannibalisierung der Natur, Artensterben durch Umweltvergiftung sind absolute Imperative: Egal, wie selbstmörderisch abwegig sie sind...

Das Ziel der Produktion ist nicht die Befriedigung von Bedürfnissen, sondern die Schaffung ständig neuer Bedürfnisse. Von Genügsamkeit ist abzuraten, Hedonismus ist zu empfehlen (Herz-Kreislauf-Erkrankungen, Krebs, AIDS, kleine demokratische Grausamkeiten...) Die reichen Nationen müssen den armen Nationen helfen, auch wenn diese die Arbeit verweigern und für ihr Elend verantwortlich sind. Jeder kann ein gesundes Baby im Mutterleib töten, aber wenn es degeneriert, geistig oder körperlich verkrüppelt geboren wird, muss es um jeden Preis überleben, während man zulässt, dass sich Nationen zu Hunderttausenden in Europa oder Afrika abschlachten und die ganze Welt wegen eines Ölgeschäfts über Nacht mobilisiert wird! (Jugoslawien, Ruanda etc. und Kuwait)...

DER EINZIGE HERRSCHENDE WERT IST DER DES GELDES

Drogen verbreiten sich überall mithilfe der internationalen Finanzwelt (T.V.-Sendung: "Die neue Weltordnung"-1994). Sie sind Ausdruck des biologischen und psychischen Elends derjenigen, die sich für diese selbstmörderische Notlösung entscheiden. WENN SIE EIN ENTSCHLOSSENER ANHÄNGER DER IMMERWÄHRENDEN ANBETUNG DIESES GANZEN DEMONCRASTISCHEN WAHNSINNS SIND, WERDEN SIE IM LEBEN ERFOLG HABEN. Wenn Sie zum Beispiel eines Tages Waffen an alles verkaufen, was sich auf dem Planeten ausrottet, wie Bloch sagt Dassault, werden Sie zusammen mit irgendeiner Hure oder einem Film-Invertierten mit der Ehrenlegion ausgezeichnet.

In dieser schönen Demokratie, die bei weitem das schlimmste aller Regime ist, da sie als einzige EINE INTEGRALE POLLUTION DER MENSCHEN UND DES PLANETEN bewirkt, sind die großen amerikanischen Städte die Hölle auf Erden. Dort wird gemordet, vergewaltigt, gestohlen, geplündert, erpresst und mit Drogen gehandelt: Beruhigt euch, französische Goys, ihr Dummköpfe, seht euch 1994 den Zustand der Vorstädte an. Das Paradies wird bald bei uns sein, wie in den USA.

Wie können die Zombies des Planeten in ihren Levis-Bluejeans und ihren zoomorphischen Gewändern reagieren? Sind sie jetzt nur noch der Humus, auf dem die Wiedergeburt keimen wird, nachdem die umweltverschmutzende Finanzwelt von Rothschild bis Soros den Planeten fast vollständig ausgelöscht hat: der Vernichtungsmarxismus, der Sozialismus, der unwiderruflich ruiniert, der aboulierende und pornographierende Freudismus, die Atomkraft und ihr instockbarer Abfall von Einstein, die Atombombe von Oppenheimer, die Neutronenbombe von S.T.. Cohen.

Diese globalistische Herde von Homunculi kriecht nun unter der totalitären Fuchtel der globalistischen, rassistischen, größenwahnsinnigen, LETZE-HUMANITÄT-MAKROKRIMINELLEN Beschneidungsokratie, die posthum vor einem Nürnberger Supergericht erscheinen wird, das seinerseits authentisch INTERNATIONAL UND NICHT INTERALLIERT sein wird...

DIE WAHRHEIT ÜBER RASSEN UND RASSISMUS

DER RASSISMUS DES PSEUDO-ANTIRASSISMUS

Seit Jahrzehnten werden wir belogen. Wir werden absichtlich in Bezug auf das Problem des Rassismus und der Rassen in die Irre geführt.

Es ist von größter Wichtigkeit, die Wahrheit über dieses grundlegende Thema zu erfahren. Zunächst muss man wissen, dass es möglich ist, ähnliche Ethnien wie Franzosen, Deutsche, Russen, Spanier usw. zu verschmelzen, aber es ist KRIMINELL, zu versuchen, sehr unterschiedliche Ethnien wie Franzosen, Schwarzafrikaner oder Maghrebiner zu mischen. Im zweiten Fall erzeugt man innerlich zerrissene, instabile, neurotische Wesen, die aufgrund der anarchischen Faktoren, aus denen sie bestehen, ideale revolutionäre Massen bilden können.

Zunächst einmal muss man wissen, dass es RASSEN NICHT gibt.

GIBT ES NUR ETHNIEN, DIE DAS ERGEBNIS EINER HORMONELLEN ANPASSUNG AN EINE FESTE UMGEBUNG OHNE KONTINUITÄT ÜBER EINEN ZEITRAUM VON ETWA TAUSEND JAHREN SIND.

Das bedeutet zum Beispiel, dass ein Eskimopaar, das durch Kälte und polare Nahrung bestimmt wird, seinen "hypothyreoten" Biotyp nicht beibehält, wenn es jahrhundertelang in einer anderen geographischen Position als der seinen lebt. Ebenso wird ein Schwarzer aus der Nähe des Äquators seine Eigenschaften als "Hypophyse mit akromegalischen Manifestationen" nur dann beibehalten, wenn er in seiner konstitutiven Umgebung verbleibt, die die starke Wirkung der Sonnenstrahlen auf den Mittellappen der Hypophyse ermöglicht.

Ein CHOPIN, der an der Schilddrüse leidet, wird niemals in einem Land am Äquator geboren. Das besondere Aussehen der Inder bildet und bewahrt sich nur in der Besonderheit Indiens, die sowohl klimatisch als auch ernährungstechnisch bedingt ist.

Die Pygmäen, die ebenfalls "hypothyreot" sind, entsprechen bestimmten Mangelerscheinungen, die sich auf ein bestimmtes Klima und eine bestimmte Umwelt beziehen.

Diese Tatsache wird in Extremfällen wie bei bestimmten Menschengruppen mit Zwergenwuchs spektakulär demonstriert, da der Jodmangel eine normale Schilddrüsenfunktion nicht zulässt.

Der einzig wahre Antirassismus, und es gibt keinen anderen, besteht darin, verdienstvolle und fleißige Ethnien an dem geografischen Ort, der sie gebildet hat, zu unterstützen und ihnen zu helfen. Die institutionalisierte Rassenmischung ist daher ein schwerwiegendes Verbrechen gegen die Menschlichkeit.

Ein Züchter von Rassehunden und -pferden, weiß genau, dass seine Tiere ein spezielles Futter bekommen müssen und dass ihre Vermischung nur tröpfchenweise und nach strengen Normen möglich ist.

WARUM sollten Tiere eine Vorzugsbehandlung genießen, die den Menschen im Namen eines angeblichen Antirassismus verwehrt wird, der nichts anderes ist als die Orchestrierung der Degeneration und des Selbstmords der menschlichen Rasse?

Was für Tiere getan wird, muss für Menschen noch strenger gehandhabt werden. Ethnische Vermischungen erzeugen automatisch jeden Rassismus.

Ethnische Gruppen wurden nie geschaffen, um vermischt zu werden. Die heiligen Bücher aller Religionen besagen, dass "der Mensch nicht vermischen soll, was Gott getrennt hat". Die elementarste Empirie beweist, wie weise diese Regel ist, und wird zu einer einfachen Aussage des gesunden Menschenverstandes. Die Psychologie und Physiologie verschiedener Ethnien sind unterschiedlich, und es ist normal, dass sie aufeinander wie Fremdkörper reagieren, die notfalls mit Gewalt zurückgewiesen werden müssen. DAS IST ES, WAS UNS WELTWEIT VON DEN PSEUDO-ANTIRASSISTEN VORBEREITET WIRD.

Zwei verschiedene Ethnien können nur dann nebeneinander existieren, wenn sie einen fortgeschrittenen Grad der Entkulturalisierung und Degeneration erreicht haben. Dieser äußert sich in allgemeiner Vulgarität, dem Fehlen moralischer Regeln, körperlicher und kleidungstechnischer Auszehrung, asymmetrischen Gesichtszügen, Disproportionen und der Vorliebe für regressive und bestialische Musik.

Bei diesem Grad des Zusammenbruchs spielt die Rassenmischung keine Rolle mehr: Da die Ethnie verschwunden ist, gibt es nichts mehr zu bewahren.

In Bezug auf "die Juden" ist das Problem radikal anders.

DIE BEZEICHNUNG "JÜDISCH" HAT KEINE ANDERE ALS EINE RELIGIÖSE BEDEUTUNG. Sie beinhaltet die Treue zu den Lehren der THORA und zu einer theokratischen Tradition, in deren Rahmen alle amoralischen und asynthetischen Behauptungen, wie die von Warburg, HAMMER, ROTHSCHILD, MARX, FREUD, EINSTEIN, OPPENHEIMER, S. B., vererbbar und verbrecherisch sind.T.COHEN, PICASSO, MEYER-LANSKI, FLATO-SHARON, KAGANOVITCH, FRENKEL, YAGODA und Konsorten, die über einen Planeten herrschen, dem es an providentiellen spirituellen Eliten mangelt.

Es gibt also weder eine jüdische Rasse noch eine jüdische ETHNIE. Zum einen, weil es keine Rassen gibt, und zum anderen, weil KEIN JÜDISCHES VOLK DURCH EINE MINDESTENS MILLIONENJÄHRIGE ZUGEHÖRIGKEIT ZU EINER FESTEN UMWELT GESTALTET WURDE.

Die Lehre der Nazis, dass die Juden aus Negermischungen oder anderen Kombinationen hervorgegangen seien, ist Unsinn, weil die Nazi-Wissenschaftler nicht an die Beschneidung denken konnten, weil sie nichts über den hormonellen Menschen wussten und insbesondere nichts über die funktionelle Vorrangstellung des Hormonsystems vor dem Nervensystem und dem Wesen im Allgemeinen.

Übrigens sind ein "Jude" aus Polen und ein "Jude" aus Südamerika in Bezug auf ihre somatischen Merkmale völlig unterschiedlich.

Sie mögen karikaturistische Züge des historischen Spotts gemeinsam haben, ebenso wie unvergleichliche spekulative Möglichkeiten, wie die der staatenlosen Finanzwelt, der Physik, der allopathischen Medizin, des Freudismus und des materialistischen Marxismus, aber dies ist AUSSCHLIESSLICH auf eine hormonelle

Störung zurückzuführen, die durch die Beschneidung an Tag 8, 1ᵉʳ Tag der 21 Tage der ersten Pubertät, ausgelöst wurde.

Es ist sehr leicht zu verstehen, dass die Untaten der Rothschild-Soros-Finanzwelt, die die ganze Welt versklavt und die Erde verseucht, von Marx und den 50 Gefängnis- und KZ-Henkern, die in der Sowjetunion etwa 100 Millionen Gojim auslöschten, von Oppenheimers Atombombe, S.T.'s Neutronenbombe und S.T.'s Cohen-Bild, die die ganze Welt versklavten und die Erde verschmutzten. Cohen, Picassos Normalisierung der Hässlichkeit sowie Meyer Lanskis und Flato-Sharons Gangstertum, SIND DIE ANTIPODE ZU DEN LEHREN DER THORA.

Es handelt sich also um eine INTERNATIONALE SEKTE, die durch eine Pseudodemokratie, aus der sie alle FICELLES herausziehen, es geschafft hat, alle Formen von Schwerverbrechen, die im Liberalsozialismus verankert sind, zur Norm zu machen.

Die apokalyptische liberale Finanz- und marxistische Spekulation beherrscht die ganze Welt in einer perfekten Symbiose, die nicht durch den angeblichen und mörderischen Antagonismus zwischen dem von den Warburgs und Hammers beherrschten liberalen Kapitalismus und dem gerade in der UdSSR zusammengebrochenen Staatskapitalismus, der von Marx-Warburg-Hammer finanziert und beherrscht wurde, verdeckt wird.

Es ist bemerkenswert, dass diese Sekte der am achten Tag Beschnittenen, die all unsere Zusammenbrüche orchestriert, die keineswegs jüdisch ist, sondern makrokriminelle Menschenschinderei betreibt, einerseits größenwahnsinnigen Rassismus betreibt und andererseits im Namen des Anti-Rassismus ALLEN Rassismus begünstigt, indem sie die INSTITUTIONALISIERTE METZISAGE, die JEDE KULTUR ZERSTÖRT, aufdrängt und verteidigt.

All diese klaren Daten ermöglichen es, einerseits die Nichtexistenz von Rassen und andererseits den weit verbreiteten Rassismus IM NAMEN DES ANTIRAKISMUS zu verstehen, der in Kürze Länder wie Frankreich und Deutschland in Libanon verwandeln wird.

Der berühmte Kampf gegen die Apartheid in Südafrika führte zu einem Sieg, der das Land in wirtschaftliches Elend stürzte und zu entsetzlichen Massakern zwischen den ethnischen Gruppen und zum Verschwinden der Weißen führte.

Was in Südafrika getan werden musste, war schlicht und einfach, die Lage der Schwarzen zu verbessern. Man muss übrigens glauben, dass sie nicht mehr so schlecht war, da alle Schwarzen in Afrika, einschließlich derjenigen in Mosambik, die an der Grenze auf Minen springen, versuchen, sich ihren ethnischen Brüdern in Südafrika anzuschließen, um deren Zustand sie sie beneiden...

Es ist daher von grundlegender Bedeutung, jeglichen sexuellen Missbrauch zu unterdrücken, wie es das neue Strafgesetzbuch vorsieht, und insbesondere den Missbrauch in der ersten Pubertät, d. h. in den ersten Tagen nach der Geburt, zu unterbinden.

Diese Maßnahme und eine natürliche Rückkehr zur Theokratie wird die liberale Herrschaft von Spekulationen verhindern, die für die Menschen und den Planeten selbstmörderisch sind und keine Chance haben, dem anhaltenden JUDÉO CARTÉSIANISMUS zu entkommen.

Eine Rückkehr zu lebenswichtigen Normen kann nur durch Diktaturen erreicht werden, die sich an der Tradition orientieren, denn wie Dr. Alexis Carrel sagte, der in der politischen Fäulnis, in der wir leben, nicht im Geruch der Heiligkeit stehen kann: "DIKTATUR IST DIE NORMALE REAKTION EINES VÖLKERS, DER NICHT STERBEN WILL"...

Genau in dem Moment, in dem ich diesen Teil meines Buches beende, teilt mir meine Haushälterin mit, dass ein 20-jähriger Junge Selbstmord begangen hat...

Zu seiner Mutter hatte er einige Tage zuvor gesagt: "Es gibt keine Hoffnung, es gibt keine Arbeit...".

DER MARSCHALL IM "JAHR 1984"

Dieser Aufsatz wurde vor zehn Jahren geschrieben, denn wir befinden uns, während ich diese Zeilen schreibe, im Jahr 1994. Die hier dargelegten Wahrheiten werden durch diese weiteren zehn Jahre der Selbstmordbeschleunigung noch stärker hervorgehoben. Vor zehn Jahren war der Selbstmord von Kindern und Jugendlichen, für den ich soeben ein weiteres Beispiel aus meinem Bekanntenkreis erhalten habe, nicht auf den Titelseiten der Nachrichten, ebenso wenig wie die Kataklysmen von Maastricht und GATT,[6] , Jugoslawien, Ruanda, die explosive Ausbreitung der Mafia, der Drogen, des Marxismus...

"ICH WILL DIE FRANZOSEN VON DER SCHÄNDLICHSTEN BEVORMUNDUNG BEFREIEN, DER BEVORMUNDUNG DURCH DIE FINANZWELT".

Dieser Satz, der die GANZE Politik des Marschalls zusammenfasst, würde ihm allein schon alle Absolutionen einbringen, wenn es nötig wäre.

Befinden wir uns in den 1984er Jahren nicht in einer viel schlimmeren Situation als der, die Orwell in seinem Roman "1984" vorhergesagt hat? " Ausgewählte Lügen wurden zur permanenten Wahrheit ". Das "Gedankenverbrechen" zeigte sich vollends in der Faurisson-Affäre, die den arithmetisch-technischen Unsinn des sakrosankten *6-Millionen-Gaskammern-Dogmas* entlarvte. Im gleichen Atemzug und zum ersten Mal in der Geschichte der Menschheit wurde eine Doktorarbeit annulliert, über die ein sozialistischer Minister, ein französischer Historiker und Akademiker, viel Gutes gesagt und ihre Seriosität bescheinigt hatte (Fall Roques).

Ein Oberst, der Leiter des historischen Dienstes der Armee, wird abgesetzt, nur weil er sich falsch über die Dreyfus-Affäre geäußert hat!

---

[6] Die später zur Welthandelsorganisation wird

Seine Äußerungen waren zweideutig! Er hatte die Gewissheit von Dreyfus' Unschuld nicht deutlich genug zum Ausdruck gebracht!

UBU BESCHNITTENER KÖNIG!

Keine Gedankenfreiheit und schon gar keine VERFÜHRUNGSFREIHEIT außerhalb des dämmrigen, hypnotischen Universums, das uns von den Wahnsinnigen, die uns regieren, sorgfältig zusammengebastelt wird.

Zitieren wir einige Passagen aus "1984", die eine Beschreibung unserer liberal-bolschewistischen Gegenwart sind: "An der Geschichte wurde so oft gekratzt, wie es nötig war. Es gab eine ganze Reihe von Sonderabteilungen, die sich um die Erholung der Proletarier kümmerten. Es wurden dumme Zeitungen produziert, die über Sport, Verbrechen, Gewalt und mechanisch komponierte Lieder berichteten. Es gab eine Unterabteilung namens "pornosex", die damit beschäftigt war, die niedrigste Art von Pornografie zu produzieren.

"Die Realität ist schlimmer: regressive und bestialische Rock- und Post-Rock-Musik, bei der verletzt, getötet und getrampelt wird, wie in Vancouver, Melbourne, Altamont, Cincinnati und Los Angeles, wo 650 Jugendliche bei einem Rockfestival ums Leben kamen. Diese regressiven Klänge mit ihren wiederholten Beats und ihren vielfältigen pathogenen Auswirkungen auf Körper und Geist regen die physiologische Adrenalinproduktion an, was zu einem kriminogenen aggressiven Zustand führt, und erhöhen den Endorphinspiegel im Gehirn, was zu einem betäubenden Zustand führt, in dem man sich zu Hunderten bei Fußballspielen umbringt. 1984 ist überholt!

So kann man "die eklatantesten Verstöße gegen die Realität akzeptieren, weil niemand die Ungeheuerlichkeit dessen, was verlangt wird, begreift", weil die GENERALE SUBLIMINIERUNG stattfindet. In Orwells 1984 entluden die Menschen ihren Hass auf den Fernsehbildschirmen vor einem Kopf, der den "faschistischen Feind", die "Bestie", symbolisierte. Wir werden unser Symbol haben und wahrscheinlich im Fernsehen mit der Farce des Barbie-Prozesses, während die Henker nie ein Wort über die 150 Millionen physischen Opfer des Bolschewismus verlieren werden, der von der jüdischen Bank USA finanziert wurde. Und unterdessen gleicht der Irak-Iran-Krieg mit einer

Million Toten die Budgets der USA, Frankreichs, Israels aus, die Waffen an alle Kriegsparteien liefern, zum größten Nutzen von Notre Dame, der Finanzwelt, und unserem Vater, dem Marxismus... 150 völlig KAPITALOMARXISTISCHE Kriege in den letzten 50 Jahren haben das Vertrauen in alle politischen Parteien nicht verändert: Die hartnäckigen Wähler sind benommen. Sie schlucken natürlich alles, nur nicht die Wahrheit, wenn man auf die verrückte Idee käme, sie ihnen zu servieren. Mit kalkuliertem Zynismus wird ihnen die Wahrheit in kleinen Stücken serviert. Dieses teuflische Zugeständnis mag eine gewisse Freiheit vorgaukeln: Es ist nicht gefährlich und stellt das System nicht in Frage. Anfang 1994 informierte uns das Fernsehen darüber, dass "Die Hochfinanz von Drogen profitiert und sie verwaltet"....

Hat diese Ungeheuerlichkeit den Stimmenproduzenten und - konsumenten aus seinem Koma gerissen? Nein!" Man konnte dem Volk Freiheit gewähren, weil es völlig ohne Intelligenz war: Zeitungen und Fernsehen genügten ihm...".

Ist die ATHELEVYSION für die zombifizierten Bevölkerungen in der Tat nicht ausreichend? "Der leitende Geisteszustand muss der leitende Wahnsinn sein...".

"Man hatte ihnen die Fähigkeit eingetrichtert, ANALOGEN NICHT zu erfassen, Fehler in der elementarsten Logik nicht zu erkennen und die einfachsten Argumente nicht zu verstehen. Sie wurden durch audiovisuelle Medien dazu erzogen, Langeweile und Abscheu gegenüber allem zu empfinden, was nicht der offiziellen ORTHODOXIE entsprach.

Aber "1984" ist weniger tragisch als 1994. Nirgendwo sind die krankmachende Musik und die weltweiten Drogen vorgesehen. Wenn Pornografie vorgesehen ist, wird sie nicht auf den Straßen ausgebreitet wie die Plakate in Bénézareffs Filmen zwischen Montparnasse und dem Gare de l'Est in Paris: "Salopes à enfiler" und "Plein le cul"...

Wenn es zwei antagonistische Blöcke gibt, dann sind sie vielfältig. Der erste Block hat nicht seine roten Milliardäre Hammer, Oppenheimer, Rockefeller und Konsorten, um die schlimmste Form der Tyrannei, die die Geschichte je gesehen hat, zu subventionieren. Es wird auch nicht über die massive Zersetzung von Paaren, die in geometrischen Progressionen zunimmt, über die paranoide

Sinnlosigkeit und den Tod der Liebe gesprochen. Eine rechtmäßig korrigierte Frau verlässt ihren Mann, der fortan am Rande des Selbstmords leben wird, und heiratet den Erstbesten, ein zweiundsechzigjähriger Mann verlässt seine sechzigjährige Frau, die sich daraufhin das Leben nimmt... Solche Beispiele gibt es international zuhauf...

In "1984" hatte Orwell das Rheinsterben, Tschernobyl, 6 Millionen Einwanderer aus Afrika und Asien, eine monströse Arbeitslosigkeit, die laut dem Club of Rome in Kürze die Milliardengrenze überschreiten wird, nicht vorhergesehen. Die unglaubliche Zunahme von Geschlechtskrankheiten und das Auftreten von HIV/AIDS. "1984" sah auch nicht das Aufkommen von Iatrogenismus und Teratogenismus voraus (Krankheiten, die durch chemische Medikamente, systematische Impfungen und genetische Beeinträchtigungen verursacht werden). Er hat auch nicht den Handel mit Genen und Chromosomen vorhergesehen, ebenso wenig wie die Monstrosität der "Leihmütter", die in Gehirnen, die völlig ohne moralischen und ästhetischen Sinn sind, zur Norm geworden sind. Im Jahr 1984 "DER INTELLIGENTERE IST DER WENIGSTE NORMALE"...

Das ist in der Tat alles, und Orwells Roman ist eine Schnulze VON DER FAKTISCHEN REALITÄT IN FRANKREICH UND DER WELT...

Was das Bildungswesen betrifft, diese Brutstätte von Stimmenkonsumenten, Analphabeten, Diskokunden, Delinquenten, bunten Kartoffelsäcken und totalen Hirnlosen, so steht es "1984" in nichts nach.

Unter der unerschütterlichen Maske der Neutralität (diesem Fanatismus des Nichts) hat er längst alle Ausgänge zum Spirituellen verbarrikadiert, die Träume der Kindheit dem Zombismus, dem messianisch-revolutionären Fanatismus ausgeliefert...

Es gibt KEINE NEUTRALITÄT bei den Lehrern, die wie gefügige Roboter das heilige Evangelium von Karl Marx verbreiten, einschließlich des freien Unterrichts.

UND ALLE ZOMBIFIZIERTEN POLITISCHEN PARTEIEN, DIE VON WARBURG-MARX MANIPULIERT WURDEN, SIND FÜR DIESEN GEPLANTEN UND GEWOLLTEN ZUSAMMENBRUCH VERANTWORTLICH.

Alle sogenannten demokratischen Verfassungen erlauben keine andere Freiheit als die des Welt-Suizids, der mit den ORIPULEN DES GROSSEN KUTTORS LIBERTÉ-EGALITÉ-FRATERNITÉ bekleidet ist; eine schöne Freiheit, die FAURISSON, NOTIN, ROQUES, ZUNDEL, COLONEL GAUJAC usw. gewährt wurde.

Schöne Gleichheit, die der rote Milliardär Hammer und der Finanzier Soros haben, und die des Arbeitslosen! Schöne Brüderlichkeit wie heute Ruanda und Jugoslawien, der kapitalistische Hunger in der Dritten und nunmehr in der Vierten Welt, der immer größer werden wird, die 150 kapitomarxistischen Kriege dieses halben Jahrhunderts!

UND DER MARSCHALL? Was TATE er, was WOLLTE er tun?

HAT SEINE POLITIK UNS ZU DIESEN SCHRECKEN GEFÜHRT???

Für ihn war die Arbeit der Franzosen die höchste Ressource des Vaterlandes. Sie musste heilig sein. Der Kapitalismus und der internationale Sozialismus, die sie ausgebeutet und degradiert hatten, waren Teil der Vorkriegszeit. Sie waren umso verhängnisvoller, als sie sich zwar scheinbar gegenseitig bekämpften, sich aber insgeheim schonten.

"Er sagte: "WIR WERDEN NICHT MEHR UNTER IHRER TENNERBRECHENDEN ALLIANZ LEIDEN. Wir werden die Zwietracht in der Stadt beseitigen und sie in unseren Fabriken und auf unseren Farmen nicht zulassen. Wir werden weder auf den mächtigen Motor des Profits noch auf die Reserven verzichten, die das Sparen anhäuft.

GELD SOLL NUR DER LOHN FÜR DIE ANSTRENGUNG SEIN. ES DARF NICHT SEIN, DASS EINE HERRENRASSE DIE ARBEITENDEN ZU EINER SKLAVENRASSE MACHT.

Wir werden dazu angehalten werden, die Tradition des Handwerks wiederherzustellen und den französischen Menschen wieder in der Erde Frankreichs zu verwurzeln.

DER KLASSENKAMPF, DER ALS DIE GROSSE TRIEBFEDER DES UNIVERSELLEN FORTSCHRITTS ANGESEHEN WIRD, IST EINE ABSURDE VORSTELLUNG, DIE DIE VÖLKER ZU ZERFALL UND TOD FÜHRT...

Ein neuer Status sollte den Beziehungen zwischen Kapital und Arbeit vorangehen, der jedem Würde und Gerechtigkeit zusichern würde. Nie zuvor in der französischen Geschichte war der Staat mehr versklavt worden als in den Jahrzehnten vor dem Krieg, versklavt gleichzeitig von Koalitionen wirtschaftlicher Interessen und von politischen und gewerkschaftlichen Teams, die trügerisch vorgaben, die Arbeiterklasse zu vertreten. Das Regime des Maréchal sollte eine soziale Hierarchie sein und nicht mehr auf der falschen Vorstellung von der natürlichen Gleichheit der Menschen beruhen, sondern auf der notwendigen Chancengleichheit, die allen Franzosen gegeben wurde, um ihre Diensttauglichkeit zu beweisen. Das Wirtschaftssystem der Vorkriegszeit wies dieselben Mängel auf wie das politische System: SCHEINLICHER LIBERALISMUS, IN WIRKLICHKEIT TOTALE VERSCHWÖRUNG AN DIE GELDMÄCHTE.

Der freie Wettbewerb war die Triebfeder und der Regulator des liberalen Regimes; an dem Tag, an dem Koalitionen und Trusts diesen wesentlichen Mechanismus zerbrachen, waren Produktion und Preise schutzlos der Spekulation ausgeliefert.

Es war der Anblick von Millionen von Menschen, denen es am Nötigsten fehlte und die vor unverkauften Lagerbeständen standen, die sogar, was das größte Verbrechen war, vernichtet wurden, NUR um den Rohstoffpreis zu stützen.

"Ich werde", sagte der Marschall, "gegen den egoistischen und blinden Kapitalismus den Kampf wieder aufnehmen, den die Herrscher Frankreichs gegen den Feudalismus aufgenommen und gewonnen haben. ICH WILL, DASS MEIN LAND NICHT DURCH DEN MARXISMUS UND DEN WIRTSCHAFTSLIBERALISMUS AUSGELÖSCHT WIRD".

Da ausnahmslos alle politischen Parteien Komplizen der einen und der anderen Partei sind, wie kann man da hoffen, dass der Marschall vom ROTHSCHILDO-MARXO-FREUDO-EINSTEINO-PICASSISMUS rehabilitiert werden könnte?

Für diejenigen, die der Meinung sind, dass der Marschall nicht rehabilitiert werden muss.

Was die anderen betrifft, so verlangt man von den Henkern nicht, dass sie ihre Opfer rehabilitieren!

All dies ist von eklatanter Aktualität. Wir befinden uns in einer unendlich schlimmeren "Scheiße" als der vom Marschall beschriebenen, denn obwohl sie qualitativ gleich ist (mit ihren Verschärfungen: die Frau wird als Ehefrau und Mutter völlig zerstört), hat sie quantitativ aufgeblähte Ausmaße angenommen, mit einer exponentiellen Beschleunigung in Richtung des Schlimmsten.

Welche Mittel gibt es? DIE DES MARSCHALS, d. h. der gesunde Menschenverstand. Das Dilemma ist einfach: Entweder das oder der Tod...

NACH DEM MORDVERSUCH AN PROFESSOR FAURISSON

DIE *6-MILLIONEN-GASKAMMERN* MYTHOS UND DOGMA ODER REALITÄT? PROF. FAURISSON STAATSFEIND NR. 1 ODER INTERNATIONALER HELD DES XX JAHRHUNDERTS?

WICHTIGE PSYCHOLOGISCHE ARGUMENTE

Die *6-Millionen-Gaskammern* sind ein ebenso betoniertes Dogma wie das Dogma der Erlösung. Wer würde sich mit einem Professor anlegen, der uns enthüllt, dass Pol Pot (dem kein einziger Prozess wegen eines Verbrechens gegen die Menschlichkeit gemacht wurde!!) 2 Millionen Menschen ermordet hat, statt 4 Millionen, wie es offiziell heißt? Wer würde sich empören, wenn man erführe, dass die jüdischen Gefängnis- und KZ-Henker (Kaganovitch, Frenkel, Yagoda, Firine, Rappaport, Abramovici usw.) in der UdSSR 30 Millionen Menschen massakrierten, statt der 60 Millionen, die ihnen zugeschrieben werden??? NIEMAND.

Warum um alles in der Welt sollte die Bekanntgabe der HERVORRAGENDEN NACHRICHT, dass es keine 6 Millionen jüdische Opfer gab und keine Gaskammern, um 1000 Menschen auf zu vernichten, eine SCHLECHTE NACHRICHT SEIN, die vom Gericht sanktioniert werden muss???

In 5000 Jahren Geschichte ist der Fall einzigartig: Er illustriert auf fulminante Weise das wohlbekannte jüdische Phänomen der Jammerei. Alle, die Beweise für diesen Schwindel liefern, werden angeklagt, auch derjenige, der an den Folgen seines Aufenthalts in den deutschen Lagern starb: PAUL RASSINIER, sozialistischer Abgeordneter und Geschichtsprofessor, der jahrelang in deutschen Lagern interniert war, mit 30 kg Gewicht herauskam und an den Folgen seiner Internierung starb, wurde wegen der Bücher, die er schrieb, um die Wahrheit zu verkünden, strafrechtlich verfolgt. Seit seinem Tod sind seine Veröffentlichungen in eine Verschwörung des Schweigens eingetaucht, wahrscheinlich im Namen der demokratischen Meinungsfreiheit...

DER PROFESSOR FAURISSON, der das Problem 20 Jahre lang studierte, wurde verurteilt, obwohl die Geschworen "DIE ERNSTHAFTLICHKEIT SEINER ARBEIT, MIT SPEZIALISTEN UND DER ÖFFENTLICHKEIT ZU BESTÄTIGEN, NICHT BESTANDEN HAT"... (Urteilsbegründung).

HENRI ROQUES, dessen Dissertation über den Gerstein-Bericht zum ersten Mal in der Geschichte für ungültig erklärt wurde, obwohl der wichtigste Medienhistoriker, Alain Decaux, der sozialistischer Minister wurde, öffentlich die Exzellenz dieser Dissertation bescheinigte. Diese Dissertation hätte übrigens überflüssig sein sollen, da sie bei den Nürnberger Prozessen abgelehnt wurde!

ERNST ZUNDEL in Kanada, dessen Prozess großes Aufsehen erregte. Er zerstörte nicht nur den Mythos des Holocaust, sondern der US-Vergasungsingenieur F. LEUCHTER bewies, dass es in Auschwitz nicht die geringste Vergasung von Menschen mit CYCLON B gegeben haben kann. Darüber hinaus stellte der Prozess unmissverständlich fest, dass es eine internationale Verschwörung zwischen zionistischen Bankiers und dem Bolschewismus gibt...

Trotz des beträchtlichen Aufsehens, das dieser Prozess in Kanada erregte, werden KEINE Informationen in die Medien übertragen, über die sich eine totalitäre Faust legt.

Auf dem Kolloquium, das 1980 gegen Faurisson abgehalten wurde (UND ZU DEM ER NICHT SEHR DEMOKRATISCH EINGELADEN WURDE: "WIR SPRECHEN ÜBER REVISIONISTEN, ABER NICHT MIT IHNEN", sagt, ohne sich zu schämen, ein in INTELLECTUELLER PROBITÄT UND DEMOKRATISCHER AUSDRUCKFREIHEIT BEFREUNDETER Exterminationist!!!!),

Raymond Aron gab zu, dass es keine Art von konkreten Beweisen, keine Schriftstücke gab, die die unbestreitbare Existenz der mörderischen Gaskammern belegten...

Die ANNALES RÉVISIONNISTES werden beschlagnahmt, immer im Namen der demokratischen Meinungsfreiheit. Kein Recht auf Antwort für Professor Faurisson, der in der Polac-Sendung grob beleidigt wurde. Am selben Tag ziehen 70.000 zombifizierte

Jugendliche ihre Unterhosen aus, um einen kleinen Dummschwätzer zu imitieren, der ignorante Texte skandiert. Pornografie und Drogen verbreiten sich sehr demokratisch, ebenso wie regressive und krankmachende Musik.

Ich habe die Frage gestellt, warum die Demokratie nicht die freie Meinungsäußerung, die Antwort und die Beweise, die eine mögliche Lüge entkräften, zulässt.

Faurisson fleht, bettelt darum, dass man ihn vor einem möglichst großen Publikum mit mehreren Widersachern konfrontiert!!!!

MAN MÖGE MIR IN 5000 JAHREN JUDENCHRISTENTUM EINEN EINZIGEN LÜGNER ZEIGEN, DER DAS GLEICHE GETAN HAT!

Der schlechte Glaube, die allgemeine Schärfe, das Tränengas, die Körperverletzungen und die Mordversuche beweisen unwiderlegbar, dass FAURISSON RECHT hat, noch bevor er die ARITHMETISCHEN UND TECHNISCHEN BEZIEHUNGEN ZU DIESEM PROBLEM untersucht hat...

Außerdem wird er als "Nazi" bezeichnet, wie jeder, der dieses sakrosankte Problem anspricht, das nichts anderes als PERPETUELLE ANHÖRUNG ist.

Dennoch weiß jeder, dass Faurisson Demokrat, Anti-Nazi und Mitglied der Liga der Atheisten ist. Beiläufig sei angemerkt, dass diese Liga, die ihren demokratischen Epizentrismus herausschreit, Faurisson aufgrund der Natur seiner Forschungen und Entdeckungen nicht als Mitglied behalten wollte. Wenn Herr Lévy im 20. Jahrhundert nicht mehr lächerlich ist, dann ist es Herr Homais auch nicht!!!!

Es bleiben keine Zweifel.

Die dem *6-Millionen-Gaskammern-Dogma* verliehene tausendneunhundertvierundzwanzigvierundzwanzigste Absolutheit ist der eklatante psychologische Beweis für seinen Schwindel.

Wenn Faurisson Unrecht hätte, hätte man es ihm schon vor langer Zeit vor einem möglichst großen Publikum bewiesen, was der herrschenden Judenheit ein Leichtes war...

ARITHMETISCHE UND TECHNISCHE BEWEISE

6 Millionen und sogar 4 Millionen (unter der Annahme, dass 2 Millionen durch Kriegshandlungen gestorben sind, was nicht zutrifft), stehen für ein Land wie die Schweiz. Sie sollen 1943/44 in sieben Konzentrationslagern vernichtet worden sein.

Die genaue Anzahl der Krematorien, die individuelle und die Gesamtdauer der Einäscherung sind bekannt. IN DER TAT wurden die perfektionierten Krematoriumsöfen erst Ende 1943 installiert (Georges Wellers bestätigt dies in seinem Buch zugunsten der Gaskammern selbst!). Das bedeutet, dass die Einäscherung erst ab der Installation dieser Öfen technisch perfekt wurde. Frühere globale Massenverbrennungen hätten nicht erschöpfend sein können. Sie hätten Typhus-Epidemien in ganz Europa ausgelöst.

WENN MAN DIE KREMATORIEN NACH DER BEKANNTEN DAUER DER HOLOCAUSTISCHEN EINÄSCHERUNG VON WENIGER ALS 2 JAHREN UND DER BEKANNTEN INDIVIDUELLEN DAUER BETREIBT, IST DAS ERGEBNIS, DASS DIE ÖFEN BIS ZUM JAHR 2020 WEITERLAUFEN!!!

ALLE Krematorien, die zur Vermeidung von Typhus absolut notwendig sind, sind in Ordnung. Wir wissen genau, wie sie funktionieren.

ES GIBT KEINE GASKAMMERN, DIE MIT ZYKLON B BETRIEBEN WERDEN. Dieses Mittel wird in Deutschland seit 1921 von den Gesundheitsämtern verwendet.

In diesem Zusammenhang ist es unterhaltsam, die Gaskammer von Struthoff im Elsass zu besichtigen, wo die Blausäure nach der Vergasung EINEN HUNDERTTAUSEND METER VON DER RESIDENZ DES KOMMANDANTEN durch einen Schornstein entwichen sein soll...!!!

"Nach der Vergasung öffneten wir die Tür: Die noch atmenden Opfer fielen uns in die Arme. Fünf Minuten später räumten wir die Leichen weg".

Dies ist ein Unsinn, da man für eine solche Operation 20 Stunden lang beatmen und Gasmasken tragen muss...

Jeder kann sich über die Gaskammer informieren, die in den USA für EINEN (maximal zwei) zum Tode Verurteilten verwendet wird. IHRE UNERHÖRTE KOMPLEXITÄT ZEIGT UNWIDERLEGBAR, DASS DIE VERGASUNG VON 2000

MENSCHEN AUF EINMAL MIT BLAUSÄURE EINE TECHNISCHE UNMÖGLICHKEIT IST.

Dass man 40 Jahre lang das winzige Reduit auf dem Struthof für eine Gaskammer halten konnte, wird ein denkwürdiges historisches Beispiel für die Naivität der Massen bleiben. Dasselbe gilt übrigens für diese ganze Angelegenheit, die nicht einmal ein paar Minuten arithmetisch-technischer Überlegungen auf dem Niveau des Grundschulzeugnisses standhält. Wenn man einem Fünftklässler das Problem der *6-Millionen-Gaskammern* stellt und er es gemäß den offiziellen Propaganda-Behauptungen löst, würde er sicher eine Null in seiner Kopie haben.

1949, also nicht erst seit gestern, haben der Geschäftsführer der Firma, Dr. Heli, und der Erfinder des Zyklon B, Dr. Ra, im Prozess gegen die DEGESH, die das Zyklon B herstellt, behauptet, dass die Vergasung unter den beschriebenen Bedingungen unmöglich und unumgänglich sei. NIEMAND ERZÄHLT UNS VON DIESEM PROZESS, GENAUSO WENIG WIE UNS JEMAND ERZÄHLT, DASS DER GERSTEIN-BERICHT, AUF DEN SICH DIE JUDEOKRATIE SEIT 50 JAHREN BERUFT, IM NÜRNBERGER PROZESS ABGELEHNT WURDE.

Eine berühmte amerikanische Zeitung, der AMERICAN JEWISH YEAR B00K, erklärt uns in Nr. 43 auf Seite 666, DASS IN DEM 1941 von den Deutschen besetzten Europa 3.300.000 JUDEN lebten!

Das Gewissen, die Logik und den guten Glauben der Vernichter kann man in folgendem Auszug aus LE MONDE vom 21. NOVEMBRE 1979 bewundern: "Chacun est libre d'imaginer ou de rêver que ces faits monstrueux n'ont pas eu lieu. Sie haben leider stattgefunden, und niemand kann ihre Existenz leugnen, ohne die Wahrheit zu schmähen. Man sollte sich nicht fragen, wie ein solcher Massenmord technisch möglich war: ER WAR TECHNISCH MÖGLICH, WEIL ER GESTANDEN IST.

SO LAUTET DER AUSGANGSPUNKT JEDER HISTORISCHEN UNTERSUCHUNG ZU DIESEM THEMA.

Es ist unsere Aufgabe, es einfach in Erinnerung zu rufen: Es gibt keine Debatten über Gaskammern, es darf keine Debatten über Gaskammern geben...".

Das Unglück ist, dass FAURISSON genau auf dem oben genannten und hervorgehobenen Ausgangspunkt seine Arbeiten begonnen hat, um seinen Studenten den Zusammenhang zwischen den Gaskammern und den 6 Millionen zu demonstrieren. Das Unglück ist, dass es diese "Realität" war, die ihn zur Aufdeckung des größten Betrugs der Geschichte führte.

Auf jeden Fall zu der verblüffenden paranoiden und dogmatischen Behauptung, die vorausgeht und deren Irrsinn in den Augen eines jeden sichtbar wird (welche Note könnten wir einem Studenten geben, der einen Aufsatz nach einer solchen Logik verlaufen lässt?!). Eine Professorin und Journalistin aus der Schweiz, Frau Paschoud (die inzwischen DIE SCHLECHTESTEN PERSPEKTIVEN erlitten hat), sagte uns: "Die Gaskammern haben existiert, so sei es! Ich möchte, dass man mir erklärt, warum man sich seit mehr als 20 Jahren bemüht, die Revisionisten in ihrem beruflichen und privaten Leben zu treffen, wo es doch einfach wäre, sie endgültig zum Schweigen zu bringen, indem man EINEN EINZIGEN dieser unzähligen unwiderlegbaren Beweise produziert, von denen man behauptet, dass sie ohne Unterlass verbreitet werden können..."?

Wer könnte sagen, dass diese beiden Sätze nicht endgültig auf den vorhergehenden irren Text antworten?

Aber hier ist der Nagel, den die Sowjets schmieden: "DIE VERÖFFENTLICHUNG DER RUSSISCHEN AUSCHWITZER ARCHIVE ERHÖHT DIE ZAHL DER AUSCHWITZER OPFER WÄHREND DER DAUER DES HITLERISMUS AUF 75.000...".

FAURISSON BEZIFFERT DIE GESAMTZAHL DER OPFER VON AUSCHWITZ AUF ETWA 150.000.

DIE SCHLUSSFOLGERUNG IST KLAR: EGAL, WIE MAN DAS PROBLEM BETRACHTET, DAS BETONIERTE DOGMA DER 6-MILLIONEN-GASKAMMERN IST UNSINN:

PSYCHOLOGISCH ARITHMETISCH TECHNISCH

FAURISSON IST ALSO EIN HELD, DER SEIN LEBEN GEGEN DIE GRÖSSTE, EINZIGARTIGSTE, UNGEWÖHNLICHSTE UND NUTZLOSESTE LÜGE DER GESCHICHTE RISKIERT.[7]

Die stalinistischen, Orwellschen, verfassungswidrigen Gesetze der "Gedankenverbrechen" sind nun der Beweis für den Schwindel durch neun: Jeder hat es verstanden...

Man braucht keine diktatorischen Gesetze, um die WAHRHEIT durchzusetzen...

---

[7] Wenn wir "unnötig" sagen, meinen wir nicht diesen groben und schändlichen Aspekt der politisch-finanziellen Ausbeutung dieses Gejammers. Die verfassungswidrigen stalinistischen "Gedankenverbrechens"-Gesetze sind nun der NEUNTE BEWEIS für den Betrug: Man braucht keine diktatorischen Gesetze, um die Wahrheit durchzusetzen.

DER MYTHOS DER UNBEGRENZTEN PRODUKTION UND DIE KANNIBALISIERUNG DER NATUR

Der Humanismus hat den Menschen zum Nabel des Universums gemacht, und das Ergebnis ist die Agonie des Menschen und der Natur: Der Humanismus ist also verpönt.

Trotz einer leichten Verlangsamung des Wirtschaftswachstums besteht der Mythos verankert und absolut fort. Wir bestehen darauf, höher zu poetisieren, als wir die Laute haben. Einige wie Cousteau erkennen, dass wir über das Totenbett der Natur wachen. Unser Planet hat einen Durchmesser von 10.000 km. Er ist zu 3/4 mit Wasser und zu 2/5 mit Land bedeckt. Wenn wir die Polarregionen, Wüsten und andere unwirtliche Orte abziehen, stellen wir fest, dass sich unser lebensfähiger Raum auf einen schmalen Streifen um den 50. Ein dünner und schmaler Raum, gewiss.

Die Industrieländer, die genau in diesem lebensfähigen Raum liegen, haben jedoch nach und nach viel fruchtbares Land investiert, das folglich nichts mehr produziert, weil sie diesen Schatz für Straßen, Häuser und vor allem INDUSTRIEKOMPLEXE benötigen. Wie jeder Neurotiker glauben wir fest daran, dass dies für unser Wirtschaftswachstum unerlässlich ist, für unser Wohlergehen lebenswichtig UND eine SINE QUA NON CONDITION FÜR PROGRESS.

Wir haben uns an das gute Leben gewöhnt. Wir rennen wegen jeder Kleinigkeit in die Drogerie oder zum Allopathen und glauben, dass die hochqualifizierte moderne Medizin, die leider pathogen und teratogen ist, aber wer weiß das schon? uns heilen und beruhigen wird und dass wir so ein gutes langes Leben führen werden, natürlich in einem großen Komfort. Wir erlauben uns Freiheiten, von denen keine frühere Generation je geträumt hat. Dank der Wunder der technischen Errungenschaften sind Zeit und Raum geschrumpft. Wir sehen das Ungeheuerliche groß und können das

Ungeheuerliche klein erkennen. Diese hyperanalytische Perspektive des Geistes nutzen wir nicht nur, um das zu fördern, was irrtümlich "Bildung" genannt wird, sondern auch, um die Räder der Industrialisierung und der Massenproduktion am Laufen zu halten. Das Ergebnis dieser hektischen Produktion ist eine Form der Hysterie, die sich durch ein Symptom auszeichnet: DIE PRODUKTION HÖRT AUF, UNSEREN BEDÜRFNISSEN ZU ENTSPRECHEN, UM IN DIE VESANIE DER PRODUKTION UM DER PRODUKTION, DES VERBRAUCHS UM DES VERBRAUCHS ZU ENTSPRECHEN.

Unser Wissen und unsere Ressourcen werden nur noch für einen Zweck verwendet: den exklusiven Prozess der Ermordung der Natur. In der liberalen Wirtschaft nennt man das "Wirtschaftswachstum", und die kommunistische Wirtschaft hat lediglich das kapitalistische Verbrechen der unumkehrbaren Verstümmelung unserer Umwelt auf der Erde unerbittlich reproduziert. ÖKOLOGISCH ZU DENKEN UND ZU HANDELN HAT EINEN SINN.

Leider waren sich die sogenannten "PAIENER" (das Wort bedeutet "Bauer") dieser Bedeutung bewusst, während diejenigen, die sich selbst als "Umweltschützer" bezeichnen, sehr weit davon entfernt sind zu wissen, was diese Bedeutung ist.

Er ist klar.

Man muss verstehen, dass die tiefere Realität von allem ist: Alles auf dieser Welt ist voneinander abhängig und man kann sich nicht über die Natur lustig machen, denn *SIE VERGIBT NIE*.

Infolgedessen muss unsere gesamte Zivilisation eine andere Richtung einschlagen als die selbstmörderische jüdisch-kartesische Strategie: Sie wird VERNÜNFTIG und kurzfristig unrentabel und PARALOGISCH sein.

Unsere Wirtschaft verbraucht unendlich wertvolle Energie und Rohstoffe, DIE ÜBER JAHRTAUSENDE aufgebaut wurden.

Es handelt sich um einen Konsumprozess, auf den wir keinen Grund haben, stolz zu sein, trotz all der kleinen Spielereien, die er uns liefert und die wir mit großen Augen und der Naivität eines Fünfjährigen, der gerade eine elektrische Eisenbahn geschenkt bekommen hat, bewundern. Wir wissen, dass unsere Gesellschaft Dinge produziert, die in 100 Jahren nicht mehr gebraucht werden.

DAS ERSCHRECKENDSTE IST DIE EXPONENTIELLE GESCHWINDIGKEIT, MIT DER WIR ROHSTOFFE UND ENERGIE VERBRAUCHEN:

VERDOPPELT SIE SICH ALLE 40 JAHRE. Wir können also abschätzen, wie viel Zeit uns noch bleibt, um EISEN, ALUMINIUM, KUPFER, KARBON, ÖL, URANIUM ... zu erschöpfen.

Das "Big Business" zermartert sich fieberhaft die Köpfe, um Wege zu finden, das Unvermeidliche abzuwenden, bevor wir den letzten Tropfen des kostbaren Erdöls auf der Erde ausgebeutet haben. Es ist völlig absurd zu glauben, dass neue Entdeckungen von Reserven es uns erlauben würden, unsere Plünderung der Natur zu verlängern.

DIE ZEIT, IN DER ALLES ZU ENDE GEHT, UM EIN WINZIGES BISSCHEN VERLÄNGERT WERDEN. Das ist alles, worauf wir hoffen können.

In der Zwischenzeit stottern wir weiterhin wie Roboter schwachsinnige Slogans zu Ehren des "wunderbaren Fortschritts".

THEORETISCH könnten wir diese Psychose der endlosen Ausbeutung für einen ehrlosen Profit heilen und zu einer "Naturwirtschaft" zurückkehren. Seit Menschenaltern haben wir Energiequellen genutzt, die sich regenerieren, wie Wasser und Holz.

In der Realität ist dies leider praktisch schwierig oder sogar unmöglich.

Es ist nicht ersichtlich, wie der Verbrauch von Rohstoffen und Energie verringert werden kann, denn auf unserem kleinen Planeten müssen über 4 Billionen Menschen leben, davon 3 Milliarden in Ländern, die von einem schwarzen Komiker als "Entwicklungsländer" bezeichnet werden... Diese Länder sind nämlich RADIKAL unfähig, ihre Bürger zu ernähren, und lehnen die Anstrengungen ab, die notwendig sind, um die Geburtenrate ihrer hungernden Bürger zu begrenzen.

Von Zeit zu Zeit erreichen uns visuelle, schriftliche oder gesprochene Dokumente, die den erschütternden Horror von unterernährten Kindern schildern, die um Hilfe bitten. Sicherlich würden DIE GIGANTISCHEN SUMMEN, die in die weltweite Aufrüstung der Nationen investiert werden, für eine gewisse Zeit die Not aller lindern und die Umwelt ein wenig entlasten, da die

Industrie, die per Definition umweltschädlich ist, keine Waffen mehr herstellen würde. Diese wohltätige Sichtweise wäre nur eine vorübergehende Notlösung. Die Hilfe würde auch dazu dienen, den Anteil der Geburten zu erhöhen, die an Familien gehen, und daher würden die Anforderungen an die Hilfe regelmäßig EXPONENTIELL erhöht werden...

Wir wissen, dass die meisten Kinder in diesen Ländern an Hunger sterben werden.

Allerdings konzentrieren sich die Geburtenrate und der Zyklus des Pauperismus in immer engeren Knotenpunkten.

Dennoch betrachten unsere Geschäftsleute diese Länder weiterhin als Märkte für ihre Massenartikel, die so überproduziert sind, dass sie in den Ländern, in denen sie hergestellt wurden, keine Absatzmärkte finden. Es stimmt, dass, wenn diese Länder zahlungsunfähig sind, die Finanzwelt ihren verdeckten Totalitarismus der multinationalen Konzerne nicht ausüben kann und die entsprechenden Länder im Namen des Selbstbestimmungsrechts der Völker dem EXTERMINATORISCHEN MARXISMUS übergibt. Uns wird immer wieder gesagt, dass wir durch die Unterstützung dieser armen Länder unsere Arbeitsplätze sichern und unseren Lebensstandard erhöhen. Lohnt es sich für 4 Milliarden Menschen auf einem überbevölkerten Planeten, Fernseher, Kühlschränke, Autos und Urlaubsreisen zu kaufen?

Es lohnt sich nicht, denn es wird 40 Jahre dauern, wenn wir noch Rohstoffe haben, um diesen Genuss 4 Milliarden Menschen zu gewähren, die nach Ablauf dieser 40 Jahre 7 Milliarden sein werden.

Außerdem werden die gelieferten Artikel längst abgenutzt oder veraltet sein.

Wir werden also von paralogetischen Küchlein geleitet, mit denen ein synethethischer Dialog unmöglich ist und die, selbst wenn sie klar denken, aufgrund des absoluten TOTALITARISMUS DER JÜDISCHEN FINANZ nichts tun können...

DIE ÜBERBEVÖLKERUNG DER DRITTEN WELT IST EINE KATASTROPHE

Man hätte einen Rückgang der Bevölkerung in der Dritten Welt fördern müssen, aber viele Politiker in diesen betroffenen Ländern betrachten die Geburtenkontrolle als Euphemismus, hinter dem sich der Wille zur Ausrottung der NICHT-Weißen verbirgt. Sie haben sogar ein Geburtenprogramm eingeführt...

Es steht also fest, dass die Hilfe für unterentwickelte Länder, nicht "Entwicklungsländer", für uns EINE ZUSÄTZLICHE FORM VON SUICIDE UND NICHT VON AUTHENTISCHER CHARITÄT ist.

Eine mögliche Hilfe wird als Bumerang in Form einer riesigen, hungernden Armee auf uns zurückkommen, die immer mehr Hilfe fordert.

Die Hilfe für schwangere Frauen bedeutet, dass morgen Kinder verhungern werden. Es gibt keine Illusionen.

Es werden Niagaras von erbärmlichen Flüchtlingen sein, die Tag für Tag zu uns marschieren. All dies geschieht in einem ubuesken Kontext, denn WELCHE HILFE KÖNNEN WIR UNS ANBIETEN, WENN UNSERE ROHSTOFFE VIRTUELL VERWENDET WERDEN?

Kürzlich las ich im "CARTER-BERICHT" unter einem Meer von Sackgassen, dass Katalonien zum Beispiel gegen Ende des 21. Jahrhunderts eine Wüste sein wird ...

In 60 Jahren wird es 12 Milliarden Menschen auf dem Planeten geben, wenn unsere jüdisch-kartesianische Zivilisation, die logische Schlussfolgerung des Judenchristentums, nicht völlig zusammengebrochen ist.

SEHR WENIGE von uns verstehen, dass der Prozess der Ausrottung, der als Wirtschaftswachstum bezeichnet wird, exponentiell mit dem Bevölkerungswachstum in der Dritten Welt verbunden ist. Die Geschwindigkeit, mit der wir die Rohstoffe des Planeten und seine Energie verbrauchen, verdoppelt sich mit der Bevölkerungszahl, und das, OBWOHL die weißen Bevölkerungsgruppen in besorgniserregenden Proportionen schrumpfen.

Angeführt werden sie von inkompetenten Demagogen, die ihre Diäten der "demokratischen Diktatur der Finanzwelt" verdanken und die wie ihre Meister völlig unfähig sind, einen synthetischen Geist zu entwickeln.

Wir werden gezwungen zu glauben, dass das Wirtschaftswachstum wichtiger ist als die Zukunft unserer Kinder.

Daher ist WACHSTUM der Fetisch dieser Demagogen.

Es ist eine offensichtliche Tatsache, dass Politiker, Priester, verschiedene Pastoren und andere Marionetten oder Clowns (DENKEN wir daran, dass ABBÉ PIERRE MAASTRICHT wählen ließ!!!) uns zur ständigen Anbetung des WIRTSCHAFTSWACHSTUMS drängen Dogma, das so sakrosankt ist wie das der HOLOCAUSTE.

Wir werden dafür mit unserem Leben und DEM LEBEN UNSERER KINDER bezahlen.

Das Wirtschaftswachstum ist eine prächtige Seerose, die wir anbetend betrachten, während sie wächst und wächst und wächst, bis sie die gesamte Oberfläche des Sees bedeckt und ihn so mit der gleichen Fata Morgana erstickt, die uns blendet.

Schließlich haben wir die Meister und Mythen, die wir verdienen...

UNO-Statistiken

Sie sind erschreckend: 1,5 Milliarden Menschen leben in absoluter Armut. Eine Milliarde an der Armutsgrenze.

800 Millionen Menschen sind unterernährt. Eine Milliarde Analphabeten.

Und jeder fragt sich jeden Tag, wie das 21. Jahrhundert aussehen wird. Die Menschheit geht zurück, der materielle Fortschritt ist ein allgemeiner Rückschritt und die Armut für die Mehrheit...

DER MYTHOS DES FORTSCHRITTS

"Die Lüge des Fortschritts ist Israel" (Simone Weil)

"Ihr Essay über den Fortschritt ist perfekt" (Gustave Thibon).

Kein Begriff ist überstrapazierter als dieser: "Es lebe der Fortschritt", "Man kann den Fortschritt nicht aufhalten" und andere Slogans, die der leichtfertige Volksmund unbewusst von sich gibt.

Dieses zweideutige Wort deckt nur einen Aspekt des Fortschritts ab, nämlich den MATERIELLEN und TECHNISCHEN Fortschritt und seine unerwarteten Begleiterscheinungen.

Natürlich wissen wir, dass der Mensch Maschinen, Autos, Flugzeuge, Raketen, Computer, Kühlschränke, Radios, Fernseher, thermonukleare Kraftwerke mit ihrem Tschernobyl und der Möglichkeit, die Orte, an denen sie stehen, für Jahrtausende in radioaktive Wüsten zu verwandeln, geschaffen hat...

Aber ist dieser Fortschritt eine tiefe Realität oder ist er nicht Teil der tragischen Hirngespinste, die in der östlichen Metaphysik als "MAYA" bezeichnet werden, was so viel wie "Illusion" bedeutet ...?

Es gibt in der Tat zahlreiche betrübliche Kehrseiten der Medaille des Fortschritts: die Zerstörung des ökologischen Gleichgewichts, das Aussterben von Tier- und Pflanzenarten in exponentieller Geschwindigkeit, den geistigen, moralischen und biologischen

Zusammenbruch des Menschen durch chemisch behandelte industrielle Nahrung, die RADIKAL UNSPEZIFISCH FÜR DEN BIOTYP MENSCH ist, eine pathogene und teratogene Behandlungsweise, die Existenz von praktisch unzerstörbarem und instabilen radioaktiven Abfall, der Einfluss monströser Inversionen wie Marxismus und Freudismus, kurz gesagt, DIE UNIVERSALE VERGIFTUNG DER PLANETE, DER SEELEN UND DER KÖRPER...
Dies ist der düstere Preis des Fortschritts.

ECHTER FORTSCHRITT MUSS DIE PERFEKTE SYMBIOSE VON VIER PERSPEKTIVEN SEIN:

Material:

Aber ohne negative Folgen. Wenn im Alten Ägypten ein Wissenschaftler eine Entdeckung gemacht hatte, die dem synthetischen Menschen, d. h. dem Menschen, der als Ganzes in der Natur betrachtet wird, schaden könnte, zwang ihn die SACERDOTALE KASTEN, den PAPYRUS, auf dem sie ausgestellt war, symbolisch zu schlucken. Ein Instrument oder ein System, das die Arbeit eines Handwerkers verbessert, sollte niemals abgelehnt werden. Aber wie Simone Weil sagte: "Jeder materielle Fortschritt, der zum konzentrativen System der Fabriken führt, muss verbannt werden". Dieser "Fortschritt" kann nur zur Diktatur der Finanzwelt, zur Überproduktion, zum Überkonsum, zu giftigen und seelenlosen Produkten, zur Herrschaft des Wuchers (offizialisierter Kredit), zu wirtschaftlichen und internationalen Kriegen sowie zu allen Formen konkreter und abstrakter Umweltverschmutzung führen.

Aus diesem Grund war der deutsche Vorkriegsversuch (1939), zur AUTARKISCHEN Tradition zurückzukehren, zum Scheitern verurteilt, und zwar aufgrund der absoluten Diktatur der Finanzwelt, die eines Tages zum Globalismus führen muss, einer verschmutzten und degenerierten Welt.

Das entfremdete Proletariat, das vom Kapitalismus ausgebeutet wird, eine leichte Beute für selbstmörderische Ideologien extremer Roboterisierung ist und "zu ihrem Besten" zig Millionen Menschen vernichtet, ist ebenfalls ein Produkt dieses betrügerischen und umweltschädlichen Fortschritts...

Spirituell:

Und zwar GRUNDSÄTZLICH, bevor man überhaupt materiell ist. Aber die Spiritualität ist so weit verschwunden, dass die Mehrheit der Untermenschen auf dem Planeten nicht einmal mehr weiß, was das Wort bedeutet. Die Menschen sind zu "unbewussten" Atheisten geworden, wie der primitivste Mensch. Seltsamerweise markiert der militante Atheismus noch einen Rest von Spiritualität. Die Menschen hassen oder ignorieren einander, Nationen und Individuen bekämpfen sich aus lächerlichen Gründen, weil die Psyche nicht mehr den elementaren Sinn für Strenge, Wahrheit, Gerechtigkeit und Liebe erreicht. Alle Formen von geistigen Anomalien oder Straftaten blühen, nehmen zu, werden banalisiert und normativ, wie zum Beispiel die Homosexualität. Spiritualität ist so wenig das Privileg der heutigen Staatsmänner, dass der Atheismus in der Politik wie auch anderswo in fast allen Teilen einer sterbenden Welt herrscht, und das zum ersten Mal in der Geschichte der bewussten Menschheit.

Moral:

Es beinhaltet ein immer stärkeres Bewusstsein von Gut und Böse.

Dieses Bewusstsein wird dem Wesen durch seine Seele verliehen und nicht durch abstrakte intellektualistische Definitionen. HEUTE ERLEBEN WIR DIE VERFLÜSSIGUNG DES MORALISCHEN EMPFINDENS...

Die Folgen sind offensichtlich: Kriege und Revolutionen, die auf kortikalen, von der Finanzwelt ferngesteuerten Forderungen beruhen, und nicht auf der einzig legitimen Forderung nach einer echten Elite, die diesen Namen auch verdient.

In einer Welt, in der SYNTHESE GEIST VOLLSTÄNDIG VERWEIGERT ist, nehmen regressive, skandierte, pathogene und kriminogene Musik, Drogen, Homosexualität (deren Ätiologie insbesondere auf Vitaminmangel und frühzeitiger Masturbation beruht, die von TORDJMAN und Co. gefördert werden) geometrisch zu, wie übrigens auch alle Formen der Kriminalität, von denen die Jugendkriminalität die tragischste ist.

Im Jahr 1991 gab es in den USA, wo die Todesstrafe praktisch abgeschafft ist, mehr als 20.000 gewaltsame Todesfälle!

Ästhetik:

Er beinhaltet die Entfaltung des Sinns für Schönheit.

Und keine abstrakte Malerei, die durch den Schwanz eines Esels oder die Beine eines Vogels entsteht

Heutzutage verwässert die Hässlichkeit die Menschlichkeit: SIE IST WIE DIE VERRÜCKTHEIT, DIE BESTIMMUNG, DER ATHESISMUS, DIE HOMOSEXUALITÄT, DIE ZUR NORMATIVE GEWORDEN IST. Die Untermenschen in ihrer sexuellen Ambiguität, eingehüllt in ihre unisex Blue Jeans Levis, haben in ihrem biotypologischen Erscheinungsbild nichts mehr mit einem Handwerker des Mittelalters oder einem Adligen der Renaissance. Die Kunst der Malerei verliert sich nach den Worten Picassos selbst, der dem Schriftsteller Papini eine Beichte ablegte, in dem Horror, "die menschliche Dummheit und Gier so gut wie möglich auszunutzen"...

Die Architektur bewegt sich zwischen den hässlichen Wolkenkratzern, dem Centre Pompidou und den "Volksmülltonnen" der modernen Großsiedlungen, die an der Ätiologie der Jugendkriminalität nicht unbeteiligt sind.

DIE STRAFE IST NICHT VORHANDEN ODER GESETZLICH UNTER STRAFE GESTELLT. Sie kann denjenigen ins Gefängnis bringen, der die Kühnheit besitzt, sie zu äußern, wenn er die Kryptodiktatur (immer weniger Krypto), die uns regiert, zum Scheitern bringt.

Die Literatur geht verloren und ertrinkt in der Bedeutungslosigkeit, in infantilen Formalismen, die nichts anderes sind als der Mantel völliger Leere. Die Psychologie verschwindet und wird durch Freuds libidinöse Höllen ersetzt, die auf keinerlei wissenschaftlicher Realität beruhen.

Dieser Pansexualismus, diese Dämonie der marxistischen Wirtschaft, verbünden sich, um den Menschen VON INNEN UND AUSSEN zu zerstören.

ES GIBT ALSO KEINEN WIRKLICHEN FORTSCHRITT.

Wäre der Fortschritt echt gewesen, hätte er die Dritte Welt nicht auf den Hunger reduziert, die westliche Welt nicht auf die Vierte Welt, nicht auf die Machenschaften der Politiker und nicht auf alle Formen von Verbrechen und Umweltverschmutzung.

Der Fortschritt, den wir kennen, ist eine Illusion, da er zur Zerstörung der menschlichen Spezies und ihrer Umwelt führt. Das Mittelmeer und der Rhein sterben an der Verklappung von Industrieabfällen. In Schweden sind 2000 Seen und in Kanada 5000 Seen biologisch tot. Die Wälder verschwinden nicht nur wegen des übermäßigen Papierverbrauchs, sondern auch durch giftige Gase aus Fabriken und Autos wie Schwefelsäure.

Dieser Pseudofortschritt bedeutet lediglich einen Vorsprung in der mathematisch-analytischen Annäherung an den Geist.

ER IGNORIERT DIE REALITÄT.

Er hat also die gleiche Pathologie wie die Geisteskrankheiten, die dieses Symptom anklagen: Er zerstört sich selbst und alles, was er berührt.

Wir befinden uns in einem tragischen Rückschritt und nicht "im Fortschritt". Dieser Rückschritt kann uns zu einem kollektiven Selbstmord führen und nicht zu echtem Fortschritt.

Ein mathematisch starker Primat mit Badezimmer, Maschinengewehr, Lotto, einer pathogenen und teratogenen Pille für seine Partnerin, dem Express, einem infantilen und subliminalen Fernsehen ist nicht weiter als sein Vorfahre, der nur eine Schleuder und den Fluss zum Baden hatte.

Er riskierte nicht, seine Mitmenschen und die Natur zu zerstören oder sich selbst zu töten, nachdem er von WARBURG, MARX, FREUD und letztlich von OPPENHEIMERS ATOMBOMBE, die durch S.T. COHENs NEUTRONENBOMBE perfektioniert wurde, vernichtet worden war...

DER GLOBALE SELBSTMORD JÜDISCH-KARTESIANISCH

In diesem analytisch-spekulativen Universum, das der Intelligenz, d. h. dem Geist der Synthese und des moralischen Empfindens, völlig beraubt ist, haben wir erkannt:

Chemifizierung des Bodens, wodurch dieser unfruchtbar wird. (50 Jahre chemischer Dünger machen den Boden endgültig unproduktiv)

Die Chemisierung von Lebensmitteln (Farbstoffe, Konservierungsmittel) und Therapeutika führt zu einer Degeneration der menschlichen Rasse und zu Krankheiten wie erblichen Chromosomenschäden (Teratogenismus).

Das Verschwinden der QUALITATIVEN Menschlichkeit, des moralischen Empfindens, des synthetischen Geistes und des ästhetischen Sinns. Jede skandierte Musik oder formlose Malerei wird von den zombifizierten Massen geschätzt.

Das exponentielle Wachstum einer rein quantitativen Bevölkerung.

Viruserkrankungen werden in geometrischer Progression zunehmen. Das AIDS wird nur so lange enorme Ausmaße annehmen, wie die Treue des Paares nicht bestätigt wird. Obwohl S.I.D.A. noch in den Kinderschuhen steckt, muss diese elementare Wahrheit nicht mehr bewiesen werden: Sie ist evident...

Atombomben, Atomkraftwerke und versenkte Atom-U-Boote können jedes Tschernobyl erzeugen.

Instabiler und nicht neutralisierbarer Atommüll kann eine wahre Katastrophe auslösen.

Hausmüll, der exponentiell produziert wird, ohne ausreichende Zeit, um ihn zu vernichten, kann uns mit Typhus, Pest und Cholera überfallen.

Insbesondere das Verschwinden der Wälder für Werbung und den Wahlzettel wird kataklysmische ökologische Folgen haben.

Tier- und Pflanzenarten verschwinden mit erschreckender Geschwindigkeit und vollenden ein unumkehrbares ökologisches Ungleichgewicht.

DAS VERSCHWINDEN DER BAUERNKLASSE, DIE ALLEIN EIN AUTARKES NATIONALES LEBEN GEWÄHRLEISTET, KANN EIN LAND ÜBER NACHT DURCH EINE EINFACHE, VON DER FINANZWELT ARRANGIERTE POLITISCH-FINANZIELLE UNORDNUNG IN EINE HUNGERSNOT STÜRZEN.

Die institutionalisierte Rassenmischung, die ein wahres VERBRECHEN GEGEN DIE MENSCHHEIT ist, schafft einen PERMANENTEN UND UNVERBINDLICHEN Rassismus. Er wird in die LIBANISIERUNG DER LÄNDER UND in BÜRGERKRIEGE ausarten.

DIE PSEUDO FREIHEIT DER FRAU vermännlicht sie und nimmt ihr die Qualitäten einer Mutter und Ehefrau, die für DAS GLEICHGEWICHT DER KINDER absolut notwendig sind. Scheidungen und mütterlicher Mangel werden eine weltweite Jugendkriminalität, Selbstmorde von Jugendlichen und eine Konvergenz zu Michael Jackson und Madona und zu Drogen hervorbringen... DIE MENSCHHEIT WIRD SO PRAKTISCH IHRES WERDENS BERAUBT.

EINE MONSTRUSIVE ARBEITSLOSIGKEIT wird bald zwei Milliarden Menschen erreichen. Unter diesen werden die Älteren kompetent sein, aber es wird eine formlose Masse geben, die keine Ausbildung hat, Analphabetin oder Analphabet ist.

Die Megastädte werden mit Autos und schädlichen Gasen überfüllt sein. Die Versorgung mit Lebensmitteln wird unmöglich werden. Wälder, die bereits zerstört sind, werden durch Autoabgase korrodieren, wie es in Deutschland der Fall ist.

Die Ozonschicht wird unmerklich verschwinden, wodurch die Menschen tödlicher Strahlung ausgesetzt sind.

Es ist anzumerken, dass selbst wenn man die Schädlichkeit einiger der oben genannten Parameter aufheben würde, EINE einzige davon ausreicht, um unsere Zerstörung zu gewährleisten (Atommüll, weltweite Überbevölkerung, Müttersterben...).

Was würde ein König, d. h. ein vorsehungsgemäß geborenes Wesen mit einem Geist der Synthese, in einer solchen Situation tun? NICHTS.

Man müsste bereits alle für das Leben ungeeigneten Menschen eliminieren, indem man die natürliche Selektion arbeiten lässt. Man müsste alle Formen der Chemisierung von Nahrungsmitteln und Therapien abschaffen, einschließlich der systematischen Impfung, die das Immunsystem zerstört. Die Herrschaft des Geldes sollte vollständig abgeschafft und durch den Wert der Arbeit ersetzt werden. Die menschliche Hierarchie sollte sich entsprechend der spirituellen Dichte jedes Einzelnen, die UNSERE HÖCHSTE UNGLEICHHEIT (aber unsere Gleichheit vor Gott!) ist, neu konstituieren dürfen.

Das war die uralte Realität der Kasten, die der degenerierte Westen nicht mehr versteht.

Trotz der gesellschaftlichen Abschaffung des Kastensystems kann es PSYCHOLOGISCH NICHT abgeschafft werden: WIR HABEN FREUNDE UND TIEFE NUR MIT DENENEN AUS UNSERERER KASTE.

EIN BRAHMANE IST HEUTE ZU VÖLLIGEM UNVERSTÄNDNIS UND EINSAMKEIT VERURTEILT.

DER MARXISMUS, DER GETÖTET HAT, TÖTET UND WIRD WIEDER TÖTEN

In George Orwells "1984" hat die sozialistische Gesellschaft ihre Dogmen in jeder Perspektive und es ist unter Androhung schwerster Strafen verboten, sie in Frage zu stellen.

An diesem Punkt sind wir am Ende des zwanzigsten Jahrhunderts angelangt. NIEMAND würde es wagen, die Demokratie in Frage zu stellen, obwohl sie das schlimmste aller Regime ist, da sie nach und nach eine radikale konkrete und abstrakte Zerstörung betreibt, den abstoßenden und "befreienden" Freudismus, die Medizin und den chemischen Dünger, die systematischen Impfungen, die das Immunsystem zersetzen usw.

Dieser totalitäre Dogmatismus hat sich spektakulär in der erwähnten Faurisson-Affäre manifestiert.

Er durfte sich nie frei in offiziellen Zeitungen und Verlagen äußern. Er wurde zu einer Geldstrafe von 300.000.000 Centimes verurteilt, die er nie bezahlen konnte. Es wurde jedoch festgestellt, dass die Ernsthaftigkeit seiner Arbeit nicht in Frage gestellt wurde. Er forderte Kontrollkommissionen, die SICHERER waren als die von KATYN (!!!!), ohne sie jemals zu erhalten.

DIE LICRA GREIFT DIE BEHANDLUNG DES PROFESSORS AUF, UM DAS URTEIL ZU VERÖFFENTLICHEN, UND *LÄSST DEN ABSCHNITT ÜBER DIE ERNSTHAFTIGKEIT SEINER ARBEIT, DIE MIT FACHLEUTEN UND DER ÖFFENTLICHKEIT ZU DISKUTIEREN IST, VÖLLIG AUS!!!!*

Jüdische Ehrlichkeit!

Aber es vergeht kein Tag, an dem nicht überall, selbst in populären Filmen, der kapitalistisch-marxistische "Big Brother" die unterschwellige, hypnotische Knüppelhatz der "*6-Millionen-Gaskammern*" auf uns abfeuert, von der am Ende jeder den Brechreiz bekommt ...

Es entstand das absolute und grausame Verbot, das Dogma zu diskutieren. Dem Unvorsichtigen wird der Scheiterhaufen versprochen, wie er im Mittelalter den Hexen zugefügt wurde! Und doch lässt die objektive Untersuchung dieses Problems keinen Zweifel.

Betrachten wir objektiv die kommunistischen Realitäten ... Diese Realitäten wurden von Solschenizyn, Pascalini und von Chruschtschow selbst angeprangert. Man kann von etwa 150.000.000 Toten sprechen... Es ist wahr, dass sie keine Juden waren, dass sie von Juden ausgerottet wurden, und dass in diesem Fall 150 Millionen echte viel weniger sind als 6 Millionen falsche! Dies ist die Buchführung bezüglich "dieses gemeinen Viehsamens"...

Das kommunistische Regime setzte auf totalitäre Weise folgende Maßnahmen durch: Es löste die Verfassungsgebende Versammlung auf und führte die Praxis der Schnellhinrichtungen ein. Es schlug Streiks nieder und als sich die enteigneten Bauern auflehnten, vernichtete es sie auf grausamste Weise. Er zerschlug die Kirche und ließ 20 Provinzen verhungern.

Es war die schreckliche Wolga-Hungersnot von 1921. Schließlich, nachdem er Russland durch den Bürgerkrieg ruiniert hatte, rief er Amerika zu Hilfe. Dieses Amerika, das bereits die Revolution durch seine jüdischen Finanziers, Warburg, Löb, Schiff, Sasoon, Hammer usw., finanziert hatte, kam also. Aber man löschte die Rettung von Millionen von Leben durch die AMERICAN RELIEF ADMINISTRATION aus dem Gedächtnis des Volkes.

Es ist zu beachten, dass sozialistische Regime jeglicher Schattierung nur durch den Kapitalismus leben, dessen Feind und Ausfluss sie zugleich sind...

Die ersten Konzentrationslager, in denen riesige Mengen an Menschen zusammengetrieben wurden, wurden vom bolschewistischen Regime errichtet (die Briten errichteten auch grausame Lager in Südafrika für die Buren, aber auch wenn sie mörderisch waren, hatten sie nie das Ausmaß dieser Schlachthäuser für Millionen von Menschen).

In den 80 Jahren vor der Bolschewistischen Revolution gab es 17 Hinrichtungen pro Jahr, und das trotz der wiederholten Anschläge auf das Leben der TSARS.

Die Tscheka richtete jedoch mehr als 1000 Menschen pro Monat hin und in den Jahren 1937 unter dem STALINISCHEN TERROR gab es 40.000 Hinrichtungen pro Monat...

SEIT 1941 IST ES VÖLLIG KLAR, DASS DER LIBERALE KAPITALISMUS RUSSLAND IMMER WIEDER GEHOLFEN HAT, SEIN HYPERTOTALITÄRES REGIME ZU STÄRKEN.

(Zweifellos im Namen der elementaren Menschen- und Bürgerrechte!)

In YALTA erkannten die liberalen Demokratien ohne erkennbare Notwendigkeit die sowjetische Besetzung der Mongolei, Estlands, Lettlands und Litauens an, woraufhin 7 oder 8 europäische Länder an die UdSSR ausgeliefert wurden.

Danach folgte drei Jahrzehnte lang ein Abbruch nach dem anderen.

In Afrika gibt es immer mehr Satellitenstaaten, die sich in einer betrüblichen Lage befinden... Fast ganz Asien ist in den Händen der Kommunisten.

Portugal und Spanien sind trotz einiger krampfhafter Ablehnungen in den marxistischen Abgrund gestürzt.

30 JAHRE LANG HABEN DIE WESTLICHEN LÄNDER DEM TOTALITÄREN KOMMUNISMUS MEHR NACHGEGEBEN ALS JE EIN BESIEGTER SEINEM SIEGER NACHGEGEBEN HAT.

Wir haben Vietnam und Nordkorea abgetreten, und morgen werden es Japan, Formosa, Malaysia, die Philippinen, Thailand und zehn afrikanische Länder und mehr sein...

Warum nicht, denn ein westlicher Politiker, Willie Brand, sagte: "Ich würde Entspannung sogar mit Stalin akzeptieren...".

SELBST ALS ER 40.000 MENSCHEN PRO MONAT HINRICHTETE, ZWEIFELLOS ...

Und man wagt es, uns von Hitler zu erzählen, der lediglich seine langjährigen Feinde, die die Wiedergeburt Deutschlands verhinderten, in Lager steckte ("nicht schlimmer als die sowjetischen Lager", wie uns Bloch-Dassault selbst sagte)...

Wie äußerte sich die Entspannung in der UdSSR?

Diejenigen, die versuchten, die Mauer der Schande zu überwinden, um in den Westen zu flüchten und dem sowjetischen Paradies zu entfliehen, wurden im Namen der demokratischen Freiheit gnadenlos niedergeschlagen.

Trotz der bekannten Gefahren, denen sie sich aussetzten, zogen es einige vor, auf dieser heldenhaften Flucht den Tod zu finden.

Wie äußerte sich diese Entspannung noch? Allein die Tatsache, dass man sich mit einem Amerikaner an einen Tisch setzte, war ein Vergehen, das zehn Jahre Gefängnis kostete.

In den Zeitungen war zu lesen: "Blutrünstige US-Imperialisten wollen die Welt versklaven".

Das stimmt sogar durch den Kommunismus, denn die bedeutenden Milliardäre, die den Bolschewismus finanzierten, waren kommunistische Beschneider (Hammer gründete die Kommunistische Partei der USA und wurde während des Mac Carthysm nie behelligt!) ABER IST DAS EINE SCHÖNE SCHLAGZEILE ZUR ENTSPANNUNG?

Nur die Partei regiert, UND zwar UNBEDINGT TOTALITÄRER ALS DIE TZARS.

In 40 Jahren hat es nur lächerliche Scheinwahlen gegeben. Das Volk hat ABSOLUT KEINEN EINFLUSS. Weder die Presse noch die Justiz haben auch nur die geringste Unabhängigkeit und Freiheit. JEDER GEDANKE, DER NICHT DER DES STAATES IST, WIRD IM KEIM ERSTICKT.

Seit der Faurisson-Affäre befinden wir uns auf diesem Weg...

Unter diesem schrecklichen Regime kommen die MOLOTOW und andere Schlächter, die Millionen von Menschen ermordet haben, vor kein Gericht und ziehen sich mit bequemen Pensionen zurück.

DIE VERFASSUNG NICHT EINEN EINZIGEN TAG LANG ANGEWANDT WURDE.

Alle Entscheidungen werden im Geheimen von einer kleinen Gruppe verantwortungsloser Menschen gereift und schlagen wie ein Blitz auf das Volk ein.

Tausende von Menschen werden in psychiatrischen Krankenhäusern "Sonderdiäten" unterzogen, und durch Injektionen von Chemikalien wird ein Teil ihrer Gehirnzellen zerstört.

Es gibt Tausende und Abertausende politische Gefangene.

Wenn das Regime einen Menschen verurteilt hat, findet er weder eine Wohnung noch eine Arbeit. Die Jugendlichen glauben nicht mehr an die völlig reduktionistische und propagandistische Höhere Bildung. Sie ziehen es vor, nicht an die Universität zu gehen.

Solschenizyn versteht nicht, dass die Demokratien ein solches, weitaus schlimmeres Regime als den Nationalsozialismus benutzt haben, obwohl der Nationalsozialismus die einzige politische Kraft war, die den Bolschewismus überwinden konnte...

(Er hat Mein Kampf nicht gelesen, der ihm das sehr gut erklären würde!).

"Man hätte danach gesehen", sagte Solschenizyn.

"Wir haben das falsche Schwein geschlachtet", sagte Churchill...

Wäre das Endziel der Dollar-Hegemonie nicht ein amerikanisch-marxistisches Kondominium, wie es von George Orwell in "1984" angekündigt wurde, ein Kondominium, dessen Vorläufer Jalta wäre?

Die Köstlichkeiten des chinesischen Kommunismus sind nicht besser: 60 MILLIONEN CHINESISCHE BAUERN wurden exhumiert, weil sie nicht auf dem Bett des BOLCHESCHISCHEN PROCUSTES liegen wollten.

DIE CHINESISCHE REGIERUNG, DIE DEN KOMMUNISMUS IN CHINA VERHINDERN WOLLTE, WURDE JEDOCH DURCH DAS UNERBITTLICHE EINGREIFEN DER US-REGIERUNG DARAN GEHINDERT...

Es ist nicht unnütz, nebenbei festzustellen, dass die Kader des kommunistischen Chinas von den Amerikanern und den Jesuiten ausgebildet wurden... (Vortrag von Marc Blancpain).

In der UdSSR wurden zwischen 1932 und 1939 60 Millionen Menschen vernichtet, ganz zu schweigen von den Millionen Opfern, die während der von jüdischen Bankiers aus den USA finanzierten Revolution umkamen. Diese Tatsache wurde von den Kommunisten selbst in der Sendung "APOSTROPHES" von BERNARD PIVOT angeprangert.

Wie bereits erwähnt, waren die meisten Henker am 8. Tag beschnittene Männer wie FRENKEL und YAGODA, die allein für Tausende von Toten verantwortlich sind.

Die 6-Millionen-Gaskammern werden jeden Tag in den Medien trotz der arithmetisch-technischen Unmöglichkeit, die von RASSINIER und FAURISSON angeprangert wurde, aufgefächert und gehämmert. Man fragt sich, ob es EINE ETHNIE auf der Welt gibt, die Prozesse mit anschließenden unerbittlichen Verurteilungen durchführen würde, nur weil sie die Zahl ihrer Opfer in einem Krieg, der 50 Jahre zuvor stattgefunden hat und in dem der Feind vollständig besiegt wurde, zu Recht oder zu Unrecht heruntergespielt?

DIE EINZIGE PSYCHOLOGISCHE TATSACHE BEWEIST DIE TÄUSCHUNG DER HOLOCAUSTE. Aus diesem Grund können nur TOTALITÄRE MASSNAHMEN das MYTHOS künstlich aufrechterhalten.

Eine historische Tatsache ist gut belegt: Seit der Errichtung des bolschewistischen Regimes im Jahr 1918, also 15 Jahre vor Hitlers K.Z., wurden Konzentrationslager für die Feinde des Regimes eingerichtet: Monarchisten, Sozialdemokraten, Anarchisten. Es waren jüdische Henker, die die Lager verwalteten. Dem Volkskommissariat für innere Angelegenheiten unterstanden die Gepeu, die Miliz und die Verwaltung der Konzentrationslager.

Der finstere YAGODA war Chef der N.K.V.D. OURITSKI, SORENSON, JEJOFF waren seine Mitarbeiter.

Unter ihrer Kontrolle stand die Hauptleitung der Lager: Dawidowitsch und Berman waren die Leiter der Lager, während KOGAN, Semen, Firine und APETTER für verschiedene Regionen oder Sektoren zuständig waren. APETTER war für die GENERALLEITUNG DER GEFÄNGNISSE zuständig.

Wie kann man es wagen, uns von den 6-Millionen-Gaskammern zu erzählen, DIE AUCH WAHR sind, wenn man mit Sicherheit weiß, dass das Universum Konzentrationslager, in dem zig Millionen

Russen gefoltert wurden, von 50 BÜRGERMEISTERN JÜDISCHER HERKUNFT ERSCHAFFEN UND UNTERHALTEN WURDE???

Braucht es nicht noch mehr als EIN MONSTER KULOT???

Erinnern wir uns auch daran, dass der Ideologe MARX wie auch LENIN (ein kleiner adoptierter Jude) wie auch die Mitglieder der Revolutionsregierung jüdischer Abstammung waren und dass ihre Opfer so zahlreich waren, dass sich die Historiker nicht einmal auf Dutzende Millionen einigen können...

Wer war glücklich unter diesem Regime, in dem QUARANTE MILLIONEN EINZELNER mit Alkohol getränkt sind? Man isst vielleicht ein bisschen, aber nur, wenn man die Millionen Mäuler, die arbeitslos wären, durch organisierte Hungersnöte oder Gulags auslöscht.

Wie soll dieses Regime das Land ernähren, wenn man bedenkt, dass die Ukraine, die unter den Zaren die Kornkammer der ganzen Welt war,- nicht einmal mehr in der Lage ist, Weizen allein für die Ukraine zu liefern????!!!

Wer hat in Prag, Ostberlin, Budapest, Danzig und Warschau rebelliert, wenn nicht DIE ARBEITER UND DIE BAUERN?

Der Kommunismus hat weder erstere noch letztere jemals verteidigt, denn DER KOMMUNISMUS, wie übrigens alle Formen des Sozialismus, NIMMT ALLES VON ALLEN.

Die Liste der Menschengruppen, die von diesem abscheulichen Regime ausgerottet wurden, ließe sich endlos fortsetzen. 1,5 Millionen Muslime wurden deportiert oder massakriert:

DIE MUSLIME AUF DER KRIM DIE BLAKARLEN

DIE KARATSCHAIS

DIE TSCHETSCHENEN DIE INGUSCHEN

In einer Sendung von Bernard Pivot sagte Frau Carrère d'Encausse eine sehr offizielle Historikerin, Folgendes:

"Selbst wenn das kommunistische Experiment erfolgreich gewesen wäre, was keineswegs der Fall ist, war es einen so erschreckenden Preis an Menschenleben nicht wert"...

Ein jüdischer Schriftsteller, der kürzlich von Jacques Chancel interviewt wurde, sagte nach der Erwähnung dieses Panoramas:

"WIE KANN ES EINEN EINZIGEN KOMMUNISTEN AUF DER WELT GIBT"?

Diese Frage zu stellen kommt der Formulierung einer psychiatrischen Diagnose gleich.

Es ist auf jeden Fall sicher, dass es in der SOWIETISCHEN RUSSLAND KEINEN einzigen außerhalb der "NOMENKLATURA" gab...

TOLERANZ, TOLERANZ!

"Im Jahr 1984 wird der Klügste der am wenigsten Normale sein". George Orwell.

Es gibt Toleranz:

Für den Marxismus, der Millionen von Menschen auf der ganzen Welt auslöscht.

Für Pornografie und sexuelle Freizügigkeit, die den Menschen in seinem Wesen degradieren und bestialisch machen.

Für Gewalt- und Sexfilme.

Für Homosexuelle, die selbst Opfer der Toleranz sind,

Für chemisch behandeltes Essen. Für die Ermutigung zur Masturbation (ein Faktor der Homosexualisierung) und zur moralischen und körperlichen Verschlechterung.

Für Mörder von fünf Menschen oder Vergewaltiger von kleinen Mädchen. Für eine krankmachende, krebserregende und teratogene Pille.

Für Selbstbedienungsabtreibung.

Für den Handel mit Föten und Kindern, die als ungeboren gelten und nach Laborversuchen, WENN SIE ZU LAUFEN BEGINNEN, WERDEN SIE IN VERBRENNUNGSMASCHINEN GEWORFEN (Buch: "Babys im Feuer"). (Während die Abtreibung aus eugenischen Gründen ALS VERBRECHEN DER LETZTEN HUMANITÄT GEGEN DEN NAZISMUS IM NÜRNBERGER PROZESS ERHALTEN WURDE!!!!)

Für Umweltverschmutzer aller Art, die Seen und Meere unfruchtbar machen, Tier- und Pflanzenarten ausrotten...

KEINE TOLERANZ FÜR DIE WAHRHEIT:

Für Professor FAURISSON, DER UNS DIE ERHOLENDE NACHRICHT VON DEM FEHLER DER 6 MILLIONEN GASKAMMERN BEKENNEN WOLLTE!
KEINE TOLERANZ FÜR ALLES, WAS SAUBER, AUTHENTISCH UND FREI IST.
ES GIBT KEINE TOLERANZ AUSSER FÜR DAS INTOLERIERBARE.
ES GIBT NUR TOLERANZ GEGENÜBER DEM, WAS UNS AUSLÖSCHT.
Es gibt Toleranz für "DIE MUSIK, DIE TÖTET"... [8]

---

[8] MEYERLANSKI, am achten Tag beschnitten, Pate der U.S.A. MAFFIA, hielt das FBI durch ein Erpressungsdossier, das er über HOOVER, den Chef des FBI, hatte, an der kurzen Leine. Kein Kampf gegen die MAFFIA war möglich, solange Hoover lebte, nicht einmal durch den guten Willen von Robert Kennedy, den die Maffia ermordete. (Canal+18/6/94).

Musik, die tötet

Das naive Publikum glaubt, dass Rock 'n' Roll, Rapp und die Pseudomusik dieser Jahrzehnte harmlose Formen der Unterhaltung und eine vorübergehende Begeisterung einer exaltierten Jugend sind. DAS IST ABSOLUT FALSCH.

Die Beatles hatten übrigens keinen Fehler gemacht, als sie erklärten: "UNSERE MUSIK IST IN DER LAGE, EMOTIONALE INSTABILITÄT, PATHOLOGISCHES VERHALTEN, JA SOGAR REVOLTE UND REVOLUTION ZU VERURSACHEN. DER ROCK'N ROLL IST DAS ENERGETISCHE ZENTRUM EINER WELTREVOLUTION ...".

Es scheint, dass diese Aussage keine Zweideutigkeiten enthält, und wir werden dies zeigen. Wäre es möglich, dass ein solch regressiver rhythmischer Ausbruch keinerlei PHYSIKALISCHE, PSYCHOLOGISCHE, MENTALISCHE, MORALISCHE, SPIRITUELLE Auswirkungen auf den Einzelnen und die Massen hätte?

Nur ein geistig Zurückgebliebener könnte die Harmlosigkeit dieses menschenverachtenden Megakrimis behaupten, aus dem Finanzunternehmen mit eindeutiger Identität immense Profite ziehen.

Leider kann man solche Idioten heute in Hülle und Fülle finden, DENN DER ZWECK DIESER "MUSIK" IST GENAU DIE PRODUKTION EINER EXPONENTIELLEN ANZAHL VON LÜGENDEN DÄMMERN AUF DER GESAMTEN PLANETTE ...

Betrachten wir die Auswirkungen dieser Pseudomusik vom Konkreten zum Abstrakten.

Sehen wir uns zunächst die Massenhysterien, Aufstände und Schlägereien an, die bei Festivals mit diesen grausamen Geräuschen ausbrechen:

In Vancouver dauerte es während einer Beatles-Show nur 30 Minuten, bis 100 Menschen niedergetrampelt, überfallen und schwer verletzt wurden...

In Melbourne erlitten mehr als 1000 Menschen bei einem Rockfestival schwere Verletzungen.

In Beirut konnte eine hysterische Menge von Teilnehmern nur mithilfe von fünf hydraulischen Lanzen auseinandergetrieben werden.

In Altamont, USA, fand 1969 ein Festival der Rolling Stones mit 300.000 Besuchern statt. Mehrere Jugendliche erstickten und drei starben an Überdosierungen.

1975 wurden im River Front Coliseum in Cincinnati (USA) elf Jugendliche von 18.000 Zuschauern zu Tode getrampelt, die die Absperrungen durchbrochen hatten, um auf das Festivalgelände zu gelangen. Die Band "the Who" begann ihre Show, als ob nichts geschehen wäre...

Am Ende der Aufführung stürmten die frenetischen Zuschauer die Bühne, was dazu führte, dass mehrere andere Zuschauer erstickten.

Während eines Rockwochenendes in Los Angeles fanden 650 JUGENDLICHE den Tod. Die Kühlschränke im Leichenschauhaus waren bereits bis zum Rand gefüllt, die Leichen wurden in den Gängen entlang der Wände auf beiden Seiten abgelegt. Ein schrecklicher Todesgeruch erfüllte das Gebäude. Die Leichen konnten nicht identifiziert werden. Bei den Opfern handelte es sich um junge Leute, die ihr Elternhaus verlassen hatten.

Fassen wir bereits zusammen, indem wir "the big beat" von FRANCK GARLOCK zitieren.

"Die Anhänger von Chaos und Unordnung hätten kein perfekteres Vehikel finden können, um ihre Ideen und ihre "Philosophie" in der jungen Generation in allen Ländern der Welt zu verbreiten und einzuführen. Nun ist in den Ländern, in denen Rockmusik am populärsten ist U.S.A. und England, nicht nur die höchste Jugendkriminalitätsrate der Welt zu verzeichnen, sondern auch der schnellste Anstieg von Jugendkriminalität, unehelichen Geburten, Gewalttaten, Mord und Selbstmord...".

Diese offensichtlichsten Tatsachen zeigen folglich, dass die Revolution der Pseudomusik wie Rock n Roll usw. die perfekteste Perversion der Jugend verursacht hat, die die Welt je gesehen hat.

"Pervertiere die Jugend, du wirst die Nation besiegen", habe ich in der linken Literatur gehört. Das geht weiter als der Satz von CRÉMIEUX: "Possédez la presse, vous posséderez l'opinion" (Besitzen Sie die Presse, Sie werden die Meinung besitzen)...

Was sind die Effekte, physisch, organisch, dieser Pseudomusik?

Sie sind tragisch. Die wichtigste ist die fortschreitende Hypotrophie der inneren , die, wie der Endokrinologe Dr. Jean Gautier nachgewiesen hat, das Organ des MORALISCHEN SINNES, der Gottesliebe, des Willens, der willentlichen Aufmerksamkeit und der edelsten menschlichen Eigenschaften ist.

DIE UNGENÜGENHEIT DIESER GLANDE FÜHRT AUTOMATISCH ZU MENTALER VERREDUZIERUNG, ATHESISMUS und einem Mangel an MORALISCHEM SINN. Wir wissen seit 40 Jahren, dass diese Drüse bei Demenzkranken verkümmert ist.

Je nach Temperament wurden die unterschiedlichsten Beobachtungen zu den pathologischen Auswirkungen dieser repetitiven, skandierten Musik mit ihren ignoranten Texten gemacht.

Ich muss sagen, dass ich, wenn ich zufällig diese Art von "Musik" höre, in der Achse meines Körpers schmerzhafte und unerträgliche Schläge spüre. Das Außergewöhnlichste ist, dass ich selbst dann, wenn ich mir die Ohren zuhalte, diese Erschütterung meines ganzen Wesens immer noch körperlich spüre. Es ist also offensichtlich, dass man bereits desintegriert sein muss, um Gefallen an solchen Scans zu finden. Man nimmt sie dann auf wie eine Droge, von der der Süchtige nicht genug bekommen kann. Sie bleiben unerträglich für denjenigen, der seinen Körper und seine Seele gesund erhalten hat.

Klinisch wurden eine Reihe von Wirkungen festgestellt: Veränderung des Herzrhythmus und der Atmung. Vermehrte Sekretionen der endokrinen Drüsen, insbesondere der Hypophyse, die der automatische Dirigent des Organismus ist. (Der willentliche Dirigent ist die innere Genitale). Wenn sich die Tonfolge verschärft, zieht sich der Kehlkopf zusammen, wenn die Musik "absinkt", entspannt er sich. Der Grundstoffwechsel und der Blutzuckerspiegel verändern sich während des Hörens.

Man kann sich also vorstellen, auf dem menschlichen Organismus wie auf einem Instrument zu "spielen", und tatsächlich manipulieren einige Komponisten elektronischer Musik das Gehirn, indem sie die BEWUSSTSEINSFÄHIGKEITEN KURZZIRKULIEREN, GLEICH WIE DROGEN...

Der in Rock und Pop vorherrschende Rhythmus konditioniert den Körper und stimuliert die hormonellen Funktionen.

Die Lautstärke verstärkt die Wirkung: Bei mehr als 80 Dezibel ist die Wirkung unangenehm und bei mehr als 90 Dezibel wird sie schädlich. Bei Rockkonzerten werden 106-108 Dezibel in der Mitte des Saals und 120 Dezibel in der Nähe des Orchesters gemessen.

Daher entdecken Ohrenärzte bei jungen Menschen Hörprobleme, die normalerweise nur bei älteren Menschen auftreten.

Außerdem ist ein Anstieg von Herz-Kreislauf-Erkrankungen und Gleichgewichtsstörungen zu verzeichnen.

Leider werden die "auditiven" Missetaten durch "visuelle" Effekte ergänzt, die in ihrer Negativität den auditiven in nichts nachstehen.

Auf der visuellen Ebene kann die Intensität von Spezialbeleuchtungen und die Verwendung von Laserstrahlen bei manchen Menschen zu irreversiblen Augenschäden führen. Wenn der Strahl in das Auge eindringt, kann es zu einer Netzhautverbrennung kommen, bei der ein bleibender blinder Fleck entsteht.

Außerdem führen die hellen Lichtblitze, die im Rhythmus der Musik aufblitzen, manchmal zu Schwindelgefühlen und halluzinatorischen Phänomenen.

DIE BRITISCHE REGIERUNG HAT ÜBRIGENS EINEN WARNHINWEIS ZU DIESEM THEMA HERAUSGEGEBEN UND IN DEN SCHULEN VERBREITET. Der bekannte Musiktherapeut ADAM KNIESTE sagt dazu:

"Das zentrale Problem, das durch Rockmusik bei den Patienten, die ich behandelt habe, verursacht wird, ergibt sich eindeutig aus der Intensität des Lärms, der Feindseligkeit, Erschöpfung, Narzissmus, Panik, Verdauungsstörungen, Bluthochdruck und eine seltsame

Narkose hervorruft. ROCKMUSIK IST KEIN HARMLOSER ZEITVERTREIB, SONDERN EINE DROGE, DIE TÖDLICHER ALS HEROIN IST UND DAS LEBEN UNSERER JUGENDLICHEN VERGIFTET...".

Auf sexueller Ebene haben die niederfrequenten Vibrationen, die durch die Verstärkung von Bassgitarren und den repetitiven Effekt des "Beats" (skandierter Schlag) verursacht werden, einen erheblichen Einfluss auf die Gehirn-Rückenmarks-Flüssigkeit.

Diese Flüssigkeit wirkt sich wiederum direkt auf die Hypophyse aus, die die Hormonausschüttung steuert. Das Gesamtergebnis ist ein DISQUALIFIZIEREN DER SEXUELLEN UND SURRENALEN HORMONEN SOWIE EINE RADIKALE VERÄNDERUNG DES INSULINSPIEGELS BLUT, so dass die verschiedenen Funktionen zur Kontrolle der STILLHALTUNGEN VÖLLIG NEUTRALISIERT sind.

Die psychologischen Auswirkungen sind nicht weniger gravierend: Der ENTPERSONALISIERENDE Einfluss ist extrem. Man erleidet tiefe psychoemotionale Traumata.

Hier die offensichtlichen Feststellungen:

Veränderungen der emotionalen Reaktionen, die von Frustration bis hin zu unkontrollierbarer Gewalt reichen. Verlust der bewussten und reflexartigen Kontrolle und der Konzentrationsfähigkeit.

Erhebliche Verminderung der Kontrolle von Intelligenz und Willen über unterbewusste Impulse.

Neurosensorische Überreizung, die Euphorie, Suggestibilität, Hysterie und in einigen Fällen Halluzinationen hervorruft.

Ernsthafte Störungen des Gedächtnisses, der Gehirnfunktionen und der neuromuskulären Koordination.

Depressive Zustände bis hin zu Neurosen und Psychosen, vor allem wenn Musik und Drogen kombiniert werden.

Hypnotischer oder kataleptischer Zustand, der die Person zu einer Art Zombie oder Roboter macht. SUICIDIDAIRE UND HOMICIDE TENDENZEN, die durch das tägliche und lange Hören dieser Art von Musik erheblich gesteigert werden.

Selbstverstümmelung, Selbstverbrennung, Selbstbestrafung vor allem bei großen Menschenansammlungen. Unwiderstehliche

Impulse von Zerstörung, Vandalismus und Krawallen nach Konzerten oder Rockfestivals...

Die MORALISCHEN Effekte ergeben sich automatisch aus dieser klinischen Tragödie: Sex, Drogen, Revolte, schwarze Magie, Satanismus, aus einer anderen Zeit...

Zu dem Horror der Geräusche und Lichteffekte muss man noch die subliminale Aggression hinzufügen. Letztere besteht darin, in Texte suggestive Elemente einzubauen, die vom Bewusstsein nachgebildet werden und das Opfer, d. h. alle Jugendlichen auf der ganzen Welt, beeinflussen.

Es ist nicht nötig, diesen sehr realen Effekt zu betonen, da die Texte selbst sehr wohl zynisch beeinflussen können, ganz ohne Bedarf an subliminalen Effekten.

Hier ist der Text eines leider berühmten Liedes, das einen Aspekt dieses ungeheuerlichen Verbrechens gegen die Menschlichkeit, das diese Pseudomusik darstellt, deutlich illustrieren wird:

"Gott hat mir gesagt, ich soll dich lebendig häuten.
Ich töte Kinder

Ich liebe es, sie sterben zu sehen
Ich töte Kinder

Ich bringe die Mütter zum Weinen
Ich zerquetsche sie unter meinem Auto
Ich will sie schreien hören

Ihnen vergiftete Süßigkeiten zu essen geben
Und ihr Halloween verwöhnen...".

Man fragt sich, warum die Politik und die Justiz nicht eingreifen, um solche Verbrechen, bei denen sich Perversität mit Infantilität verbindet, vorbildlich zu bestrafen...

Wenn man im Album KILLERS (Mörder) der Band Queen die Musik rückwärts abspielt, erhält man die Aussage: "Beginnt Marihuana zu rauchen".

In dem Lied "when electricity came to Arkansas" gibt es einen unverständlichen Abschnitt, der rückwärts gespielt ergibt: "Satan, Satan, Satan, er ist Gott, er ist Gott, er ist Gott", und die Botschaft endet in einem irren Lachen.

Man könnte ein Buch schreiben, um die unterschwelligen Effekte zu nennen, die satanischen Charakter haben, blasphemisch sind oder zu Drogen oder bestialischer Sexualität anregen.

ES IST ALSO KLAR, DASS DIE INTELLIGENZ, DER WILLE, DER FREIE WILLE UND DAS MORALISCHE BEWUSSTSEIN ÜBER ALLE SINNE SO STARK ANGEGRIFFEN WERDEN, DASS IHRE UNTERSCHEIDUNGS- UND WIDERSTANDSFÄHIGKEIT VERMINDERT ODER GANZ EINFACH AUSGESCHALTET WIRD.

In diesem Zustand geistiger und moralischer Verwirrung ist der Weg für die heftigsten Ausbrüche unterdrückter Triebe, Hass, Wut, Eifersucht, Rache und Sexualität VÖLLIG offen. Rockstars werden trotz ihrer tief sitzenden Verwirrung zu IDOLEN, die es zu verehren gilt.

ES HANDELT SICH UM EINEN ERSATZ FÜR RELIGIÖSE GEFÜHLE, DIE IN RICHTUNG BESTIALITÄT UND NEUTRALISIERUNG DES SEINS PERVERTIERT WERDEN.

Diese Verzauberung hat makabre Folgen: die der "Groupiez" oder Mädchen, die das "Idol" begleiten, sich allen seinen Launen hingeben, um bei der nächsten Tournee durch andere Mädchen ersetzt zu werden. Es gibt Selbstmorde, die durch den Tod des "Stars" ausgelöst werden, "Morde" wie den an John Lennon.

Nichts kann der unausweichlichen Erosion des Bewusstseins, des Herzens und des Geistes bei denen, die diesen entsetzlichen rhythmischen musikalischen Rückschritten zuhören, mehr widerstehen, vor denen man die eigenen Kinder nur durch das AUTORITÄTSPRINZIP und die Erklärung all dessen, wenn die Intelligenz des Jugendlichen ausreichend entwickelt ist, schützen kann. IN DER ZWISCHENZEIT IST DER ABSOLUTE IMPERATIV DES VERBOTS FÜR JEDEN, DER SEINE KINDER RETTEN WILL, UNERLÄSSLICH, DENN WENN SIE ALT GENUG SIND, UM ZU VERSTEHEN, WERDEN SIE SCHON LANGE VERDORBEN SEIN...

Der Geist dieser Subversion findet sich in dem Text des Anarchisten JERRY RUBIN:

"Elvis weckte unsere Körper auf und veränderte sie von Grund auf. Der tierische Hardrock, der sein Geheimnis im ENERGISCHEN BEAT hat, drang heiß in unsere Körper ein: Der treibende

Rhythmus brachte alle Leidenschaften zum Vorschein, die unterdrückt und zurückgehalten wurden. Der Rücksitz eines Autos war der Schauplatz der sexuellen Revolution, während das Autoradio als Medium für diese Subversion diente. The Rock markierte den Beginn der Revolution. Wir verschmolzen ein neues politisches Leben mit einem PSYCHEDELISCHEN Lebensstil. Unsere Lebensweise, unsere Säure, unsere freakige Kleidung, unsere Rockmusik - das ist DIE WAHRE REVOLUTION...".

ALL DAS IST ALSO VÖLLIG KLAR.

WER FINANZIERT?

Das ist der Globalismus. Um sicherzugehen, dass er die Jugend erreicht, die politischen Reden und Strategien gleichgültig gegenübersteht, beauftragte er die Agentur WICCA mit der Einrichtung von Rockproduktionsstudios, um die weltweite Verbreitung der Werke der aggressivsten und dümmsten Bands zu gewährleisten. Zu den bekanntesten Produktionsstudios gehören:

Zodiac Productions, Atlantic Productions, Capitol Records Inc. Mercury, Inter global music, aristo records, etc.

Jerry RUBIN lässt keinen Zweifel an seiner ursprünglichen Identität.

Ein gewisser GURGY LAZARUS kassiert bequeme Milliarden aus diesem riesigen Verbrechen gegen die Menschlichkeit. Ich habe ihn einmal im Fernsehen gesehen.

Sein Aussehen ist so ekelhaft, dass man sich an der Spitze der Hölle nichts Schlimmeres vorstellen könnte ...

Schrecklicher Symbolismus: "WIR HABEN DAS GESICHT UNSERER SEELE", sagte Carrel...

All dies ist also ein integraler Bestandteil der globalistischen Verschwörung mit dem Ziel, die Jugend in den INTERNATIONALISMUS zu führen, der mit dem Aufkommen EINER EINZIGEN WELTREGIERUNG korrespondiert.

Der sukzessive Bruch der Bindungen an die Familie, die Religion, die Nationalität und die kulturelle Ethnie führt dazu, dass die jungen Menschen den Sinn für ihre Zugehörigkeit zu einer bestimmten Gruppe oder einem bestimmten Land verlieren, aber das Gefühl haben, WELTBÜRGER zu sein; Der globalistische Bürger, atonisch, verblödet, drogenabhängig, unfähig zu anderen Überzeugungen als denen, die er durch die Subliminierung der Massenmedien erlitten hat, ohne Glauben und Gesetz, ohne Verpflichtungen gegenüber Eltern, Gott, Vaterland und Meister, ganz ergeben wie ein Zombie, der als Produzent und Konsument für die Immondes arbeitet, die ihn verdeckt manipulieren und ihm die blutige Fahne der psychedelischen Freiheit in die Hand drücken...

Gibt es eine EINZIGE politische Partei, die wiederholt aufgestanden ist, wie sie es alle bei dem arithmetisch-technischen Unsinn der *6-Millionen-Gaskammern* tun, um diese Desintegration unserer Weltjugend anzuprangern?

Welche Partei schreit jeden Tag gegen Musik, die tötet, und Drogen, die "von der jüdischen Hochfinanz profitiert und verwaltet wird"???

KEINE

ÜBER DR. A. CARREL UND DIE MANIE, STRAßEN, DIE SEINEN NAMEN TRAGEN, UMZUBENENNEN

Wie könnte die beschnittene Spekulation, die Völker in blutige Zerreißproben und eine in der Geschichte einzigartige Degeneration führt, ohne Hysterie die Existenz eines wahren Genies akzeptieren, dessen Bewusstsein alle Bewusstseinsparameter lieferte, die für eine glückliche und ausgeglichene Menschheit notwendig sind?

Das ist nicht möglich. Daher lassen sich die verschlafenen Stadtverwaltungen widerstandslos von der Zirkumzisokratie unter Druck setzen, Carrel-Straßen umzubenennen; man spricht von 16 Städten. Ich konnte nicht allen Bürgermeistern schreiben, aber ich habe mich zumindest bemüht, mich bei den Bürgermeistern von Straßburg, Béziers und Limoges zu äußern.

Sehr geehrte Herren Bürgermeister und Stadträte, ich habe aus der Presse erfahren, dass man Sie gezwungen hat, darüber nachzudenken, ob es sinnvoll ist, den Namen ALEXIS CARREL aus der nach ihm benannten Straße in Ihrer Stadt zu streichen.

Ich möchte Ihre Aufmerksamkeit auf diesen grotesken Vorfall lenken, der zur Groteske unserer "Syphilisierung" (Baudelaire) hinzugefügt wurde.

Carrel ist der größte Geist, den ich seit den Griechen kenne. Seine chirurgischen Fähigkeiten werden von seiner Klarheit als Denker weit übertroffen, und seit 1934, als "DER MENSCH DIESES UNBEKANNTE" erschien, beweist alles, dass er mit allem Recht hatte und dass der Zustand der eitrigen Zersetzung, in dem wir uns befinden, weit über seine Prognosen hinausgeht, die nicht pessimistisch sind, ganz bestimmt nicht, sondern realistisch.

ALLE GROSSEN KULTUREN WAREN EUGENISTISCH und keine hat die exponentielle Vermehrung von motorischen und psychischen Spinnern, Straftätern und verhätschelten Kriminellen akzeptiert. KEINE hat die GIGANTISCHE HOLOCAUSTE von

Hunderten von Millionen normaler Kinder im Mutterleib akzeptiert...

ABSOLUT KEINE.

Wir werden von der jüdischen Hochfinanz und dem jüdischen Marxismus regiert.

Ich bin selbst Jude und schäme mich sehr dafür, wenn ich sehe, welche Rolle meine Mitmenschen dabei spielen, die Menschheit zu ruinieren und in den Selbstmord zu treiben, unterstützt von den politischen Kasperle-Theatern.

Beide haben nicht die geringste intellektuelle Autorität, um Sie dazu zu bringen, den Namen Carrel aus Ihren Städten zu entfernen, der an der Spitze des Staates sicherlich nicht vom jüdischen Liberalismus und Marxismus erzeugt worden wäre:

Eine monströse Arbeitslosigkeit, die exponentiell wächst. Die Chemisierung des Bodens und seine Sterilisierung.

Das Verschwinden einer qualitativen Menschheit

Die Rückkehr zur Barbarei wie in den amerikanischen Städten, den französischen Vorstädten und den Massakern zwischen den Ethnien.

Viruserkrankungen wie SIDA, die durch das gewollte Verschwinden jeglicher Moral und die Ausbreitung der Pornografie erzeugt werden.

Atom- und Neutronenbomben, das vergangene und das kommende Tschernobyl die Invasion extrem gefährlicher nuklearer Abfälle

Die Invasion des Hausmülls mit Typhus, Pest und Cholera wahrscheinlich das Verschwinden der Wälder, die Ermordung der Landwirtschaft und der Bauern.

Das Verschwinden der Mittelschicht und der KMUs.

Institutionalisierte ethnische Mischungen mit Libanisierung der Länder und endemischem Rassismus, geschaffen und gewollt von den Pseudo-"Antirassisten" , für die der Antirassismus nur ein Vorwand für ihre Hegemonie, ihre absolute Diktatur, insbesondere über die Massenmedien, ist.

Die Pseudofreiheit der Frau, die ihr die Qualität einer Mutter und Ehefrau nimmt und die Kinder den Drogen und der Kriminalität ausliefert.

Musik, die tötet, ist sowohl geistig als auch somatisch pathogen, und kriminogen sind die mit Autos und schädlichen Gasen gesättigten Megastädte, die bald unauffindbar sein werden.

Das exponentielle Verschwinden von Tier- und Pflanzenarten verstärkt das ökologische Ungleichgewicht.

Das Verschwinden der Ozonschicht, wodurch Mensch und Natur einer tödlichen Strahlung ausgesetzt sind.

Sie können sicher sein, dass eine Staatsführung, die Carrels Gewissen folgt, NIEMALS einen solchen Selbstmord begangen hätte, wie ihn der JUDÉO CARTÉSIANISME UNS unbarmherzig zusichert.

Die Lektüre von L'HOMME CET INCONNU wird Sie davon überzeugen, und ich schließe mit einem Zitat aus diesem Buch, das diesen Brief perfekt zusammenfasst:

"DIE SCHWERVERBRECHER SITZEN NICHT IN DEN GEFÄNGNISSEN, SONDERN AN DER SPITZE DER LIBERALEN GESELLSCHAFT"...

Fügen Sie sich vor der Geschichte nicht die Lächerlichkeit zu, eine Straße umzubenennen, die nach einer wahren Elite benannt ist, die für ein gesundes Überleben der Menschheit gesorgt hätte, wenn sie die Macht dazu gehabt hätte.

Das Institut sur l'Homme, das Carrel dank Marschall Pétain gegründet hatte, war eine vernünftige und notwendige Einrichtung, um die Menschheit vor denen zu schützen, die mit immensen Makeln ausgestattet waren und sie zerstörten...

Glauben Sie, meine Herren, an meine herzlichen Gefühle.

DER VERBLÜFFENDE CHURCHILL

Es müssen alle Straßen, die seinen Namen tragen, umbenannt werden!!!!

Ein ehemaliger Beamter sagte in einem Artikel im Toronto Star vom 20. Juni 1992, dass Churchill wollte, dass 100.000 Unterlegene sterilisiert oder in Lager gesteckt werden sollten! Er enthüllte, dass kürzlich freigegebene geheime Regierungspapiere enthüllten, dass Churchill, nachdem er 1910 zum Innenminister ernannt worden war, von der Tatsache des moralischen Zusammenbruchs beunruhigt war und dass Menschen mit niedriger Intelligenz mehr Kinder bekamen als die gebildeten Schichten. Er war der Meinung, dass dies zum Niedergang der britischen Rasse führen würde.

Er hatte hinzugefügt: "Ich glaube, dass die Quelle, die den Strom des Wahnsinns nährt, ausgetrocknet und versiegelt werden muss, bevor das Jahr vergeht...".

In einem Artikel von 1920 (Fotokopie anbei) veröffentlichte er eine sehr intelligente und klare Reflexion über die jüdische Frage und drückte unmissverständlich die Gefahren des spekulativen internationalen Judentums aus...

Entschieden: Keine Straße mehr für Churchill!!!

Wie aus dem Artikel von 1920 (siehe Übersetzung) hervorgeht, war Churchills Klarheit über die Gefahr des globalen Selbstmords, den wir durch das internationale Judentum erleben, vollkommen, ebenso wie seine Bereitschaft, Eugenik zu praktizieren, wie jedes vernünftige Land.

Ein Beweis-Niagara von 9 zeigt, dass er angesichts der allgemeinen jüdisch-kartesischen Zersetzung der Menschheit in allem Recht hatte.

Leider unterlag Churchill. Er ließ sich von der internationalen Judenschaft beschlagnahmen. Er ließ sich von den Finanziers investieren und wir erinnern uns daran, wie der Finanzier BARUCH Churchill beeinflusste, der Oberst Beck wie einen Pfannkuchen umdrehte. Er hatte mit Hitler ein volles Abkommen getroffen, das gebrochen wurde; dies zwang Hitler, in Polen einzumarschieren...

Wahrscheinlich war es diese Versklavung gegen sein Gewissen, die ihn dem Alkohol überantwortete. Er wurde buchstäblich von der Judenschaft gekauft, die seine beträchtlichen Schulden tilgte.

Trotz seines klaren Verstandes ließ er sich auf einen totalen Krieg gegen Deutschland ein, das heldenhaft versuchte, den Menschen zu retten und ihn von der grausamen Diktatur des Dollars zu befreien, die uns heute ausrottet...

1920 soll er sich mit Hitler verbündet haben, um den Bolschewismus zu bekämpfen, dessen "beschnittene" Trieb- und Ideologiekräfte er wie Solschenizyn kannte.

Indem er sich mit Stalin verbündete, schwächte er die gesamte Menschheit.

Als Hitler den "Friedensverbrecher" RUDOLPH HESS zu ihm schickte, um zu versuchen, den Frieden in einer Allianz gegen die bolschewistischen Kräfte zu erreichen, sperrte er ihn ein, ohne ihn zu empfangen, denn er durfte vor allem nicht auf ihn hören, da die amerikanische Judenheit ABSOLUT den Krieg wollte, in den sie die Vereinigten Staaten trotz aller Bemühungen von echten Eliten wie LINDBERG hineinzog.

Dennoch war er klar im Kopf, denn 1945 sprach er vor dem Botschafter der Vereinigten Staaten das historische Wort aus:

"Wir haben das falsche Schwein getötet"...

ZIONISMUS GEGEN BOLSCHEWISMUS, EIN KAMPF UM DIE SEELE DES JÜDISCHEN VOLKES VON RT, HON. WINSTON CHURCHILL

(Auszug aus dem "*Illustrated Sunday Herald*" vom 8. Februar 1920)

"Manche Menschen lieben die Juden und manche mögen sie nicht; aber kein vernünftiger Mensch kann an der Tatsache zweifeln, dass sie unbestreitbar die großartigste und bemerkenswerteste Rasse sind, die je auf der Oberfläche der Erde erschienen ist. Disraeli, der jüdische Premierminister Englands und Führer der Konservativen Partei, war seiner Rasse immer treu und stolz auf seine Herkunft. Er sagte anlässlich eines bekannten Anlasses: "Der Herr behandelt die Nationen so, wie die Nationen die Juden behandeln.

"Gewiss, wenn wir den elenden Zustand Russlands betrachten, das von allen Ländern der Welt die Juden am grausamsten behandelt hat, und im Gegensatz dazu die Chancen unseres Landes feststellen, das von den schrecklichen Gefahren jener Zeit verschont geblieben zu sein scheint, müssen wir zugeben, dass nichts, was seitdem in der Weltgeschichte geschehen ist, die Wahrheit von Disraelis zuversichtlicher Behauptung entkräften konnte.

GUTE UND SCHLECHTE JUDEN

Der unaufhörliche Konflikt zwischen Gut und Böse, der im Herzen des Menschen stets präsent ist, erreicht nirgends eine so große Intensität wie in der jüdischen Rasse. Die Dualität der menschlichen Natur kommt nirgends so stark und so schrecklich beispielhaft zum Ausdruck. Wir verdanken den Juden in der christlichen Offenbarung ein ethisches System, das, selbst wenn es völlig vom Spirituellen getrennt wäre, unvergleichlich das wertvollste Geschenk an die Menschheit wäre, ein Geschenk, das, man muss es so sagen, reich an allen Weisheiten und Kenntnissen ist, die miteinander verschmolzen sind. Auf diesem System und auf diesem Glauben basierte die Gesamtheit unserer heutigen Zivilisation, die aus den Ruinen des Römischen Reiches hervorgegangen ist. ES IST GUT MÖGLICH, DASS DIESELBE ERSTAUNLICHE RASSE IN DER HEUTIGEN ZEIT EINEN PROZESS IN GANG SETZEN KANN, DER DURCH DIE ENTWICKLUNG EINES ANDEREN SYSTEMS VON MORAL UND PHILOSOPHIE, DAS SO BÖSARTIG IST, WIE DAS CHRISTENTUM NÜTZLICH WAR, ALLES, WAS DAS CHRISTENTUM ERMÖGLICHT HAT, UNWIDERRUFLICH IN SCHUTT UND ASCHE LEGEN WÜRDE, WENN ES NICHT IM KEIM ERSTICKT WIRD.

Es wäre fast so, als ob das Evangelium Christi und das des Antichristen dazu bestimmt wären, aus demselben Volk hervorzugehen, und als ob diese mystische und geheimnisvolle Rasse für die höchsten Manifestationen sowohl des Göttlichen als auch des Satanischen auserwählt worden wäre.

NATIONALE" JUDEN

Es kann keinen größeren Fehler geben, als jedem Individuum einen erkennbaren Teil der Eigenschaften zuzuschreiben, die den

Nationalcharakter ausmachen. In jedem Land und jeder Rasse gibt es alle Arten von Menschen, gute und schlechte, und die meisten von ihnen sind Durchschnittsmenschen. Es gibt keinen größeren Fehler, als einem Menschen aufgrund seiner Rasse oder Herkunft das Recht abzusprechen, nach seinen persönlichen Verdiensten und seinem Verhalten beurteilt zu werden. Bei dem genialen jüdischen Volk sind die Kontraste schärfer, die Extreme breiter ausgeprägt und die Konsequenzen schlüssiger.

In dieser schicksalhaften Zeit gibt es unter den Juden drei große Hauptströmungen der politischen Auffassung. Zwei davon sind in sehr hohem Maße wirksam und hoffnungsvoll für die Menschheit, die dritte jedoch ist radikal zerstörerisch.

Zunächst gibt es die Juden, die in allen Ländern der Welt leben, sich mit diesem Land identifizieren, in sein nationales Leben eintreten und sich, während sie treu ihrer eigenen Religion anhängen, als vollwertige Bürger des Landes betrachten, das sie aufgenommen hat.

Ein solcher in England lebender Jude würde sagen: "Ich bin ein Engländer, der die jüdische Religion praktiziert". Dies ist eine würdige und im höchsten Maße nützliche Auffassung. Wir in Großbritannien wissen sehr wohl, dass während der großen Schlacht der Einfluss der sogenannten "nationalen Juden" in vielen Gebieten überwiegend auf die Seite der Alliierten wanderte; und in unserer eigenen Armee spielten jüdische Soldaten eine herausragende Rolle.

Die russischen nationalen Juden haben es trotz der untergeordneten Stellung, unter der sie litten, geschafft, eine ehrenhafte und nützliche Rolle im nationalen Leben selbst in Russland zu spielen. Als Bankiers und Industrielle förderten sie tatkräftig die Entwicklung der wirtschaftlichen Ressourcen Russlands und waren die allerersten, die diese bemerkenswerten Organisationen, die russischen Genossenschaften, gründeten. In der Politik unterstützten sie überwiegend liberale und progressive Bewegungen und waren die stärksten "Unterstützer" der Freundschaft mit Frankreich und Großbritannien.

INTERNATIONALE JUDEN

In heftiger Opposition zu dieser ganzen Sphäre jüdischer Bemühungen erheben sich die Pläne der jüdischen Internationalen. Die Mitglieder dieses unheilvollen Bundes stammen größtenteils aus den unglücklichen Bevölkerungen der Länder, in denen die Juden aufgrund ihrer Rasse verfolgt werden. Die meisten, wenn nicht alle, haben den Glauben ihrer Vorfahren aufgegeben und jede spirituelle Hoffnung auf eine andere Welt aus ihrem Geist entfernt.

Diese Bewegung unter den Juden ist nicht neu. Seit den Tagen von Spartakus, Weishaupt, Karl Marx und später Trotzki (Russland), Bela-Kun (Ungarn), Rosa Luxemburg (Deutschland) und Emma Goldman (USA) ist diese weltweite Verschwörung zum Umsturz unserer Zivilisation und zur Neugründung der Gesellschaft auf der Grundlage von Entwicklungsstillstand, neidischer Bosheit und unmöglicher Gleichheit stetig gewachsen.

Sie spielte, wie eine moderne Schriftstellerin Frau Webster nachgewiesen hat, eine definitiv offensichtliche Rolle in der Tragödie der Französischen Revolution.

Sie war die Hauptfeder aller subversiven Bewegungen im 19. Jahrhundert. Nun hat diese Clique außergewöhnlicher Persönlichkeiten aus der Unterwelt der großen Städte Europas und Amerikas das Haar des russischen Volkes in ihre Klauen genommen und ist praktisch zur unangefochtenen Herrin dieses riesigen Imperiums geworden.

JÜDISCHE TERRORISTEN

Die Rolle, die diese internationalen Juden, von denen die meisten Atheisten sind, bei der gegenwärtigen Verwirklichung der russischen bolschewistischen Revolution gespielt haben, muss nicht weiter betont werden. Sie ist zweifellos von sehr großer Bedeutung. Ihre Rolle hier übertrifft alle anderen.

Mit Ausnahme von Lenin sind[9] die meisten Führungsfiguren Juden. Darüber hinaus gehen sowohl die treibende Kraft als auch die Inspiration von jüdischen Führern aus. Der Einfluss von Russen wie Bucharin oder Lunatscharski kann nicht mit der Macht von Trotzki oder Sinowjeff, dem Diktator der Roten Zitadelle (Petrograd), oder von Krassin oder Rudec, die alle Juden waren, verglichen werden. In der sowjetischen Institution ist das Übergewicht der Juden noch erstaunlicher. Und der dominante, wenn nicht sogar der Hauptteil des Terrorsystems, das von der Außerordentlichen Kommission für

---

[9] Lenin war ein kleiner jüdischer Waisenjunge, der von der Familie Uljanow adoptiert wurde.

den konterrevolutionären Kampf angewandt wurde, wurde von Juden und in einigen bemerkenswerten Fällen von Jüdinnen in die Hand genommen.

Dasselbe unheilvolle Übergewicht übten die Juden während der kurzen Schreckenszeit aus, als Bela Kun Ungarn regierte.

Dasselbe Phänomen trat in Deutschland (insbesondere in Bayern) auf, solange es diesem Wahnsinn erlaubt war, über die zeitweilig niedergeschlagenen Deutschen herzufallen. Obwohl es in all diesen Ländern viele Nichtjuden gab, die in jeder Hinsicht genauso schädlich waren wie die schlimmsten jüdischen Revolutionäre, ist die Rolle, die diese spielten, wenn man bedenkt, wie unbedeutend ihre Zahl im Verhältnis zur Bevölkerung ist, erstaunlich.

BESCHÜTZER DER JUDEN

Es ist unnötig zu sagen, dass die stärksten Racheleidenschaften im Herzen des russischen Volkes geschürt wurden. Wo immer die Autorität von General Denikin ausgeübt werden konnte, wurde der jüdischen Bevölkerung stets Schutz gewährt, und seine Offiziere unternahmen große Anstrengungen, um Vergeltungsmaßnahmen zu verhindern und die Anstifter zu bestrafen. Diese Situation war so vorherrschend, dass die petluristische Propaganda gegen General Denikin ihn als "Beschützer der Juden" denunzierte. Die Healy-Mädchen, Nichten von Mr. Tim Healy, berichteten über ihre persönlichen Erfahrungen in Kiew, dass ihres Wissens bei mehr als einer Gelegenheit Offiziere, die Vergehen gegen Juden begangen hatten, degradiert und an die Front geschickt wurden.

Aber die Räuberhorden, die das weite Gebiet des Russischen Reiches heimsuchen, zögern nicht, ihre Blut- und Rachsucht auf Kosten der unschuldigen jüdischen Bevölkerung zu befriedigen, wann immer sich die Gelegenheit dazu bietet. Der Räuber Machno, die Horden von Petlura und Gregorieff, die alle ihre Erfolge mit den abscheulichsten Massakern markierten, fanden überall unter der halb benommenen und in halber Raserei befindlichen Bevölkerung eine gierige Reaktion auf den Antisemitismus in seiner abscheulichsten Form.

Die Tatsache, dass in vielen Fällen jüdische Interessen wie auch ihre Anbetungsstätten eine Ausnahme von der allgemeinen bolschewistischen Feindseligkeit bilden, hat dazu geführt, dass die jüdische Rasse zunehmend mit den Gräueln, die derzeit verübt werden, in Verbindung gebracht wird.

Dies ist eine Ungerechtigkeit gegenüber Millionen harmloser Menschen, von denen die meisten selbst Opfer des revolutionären Regimes sind.

Daher wird es besonders wichtig, eine ausgeprägte jüdische Bewegung zu schaffen und zu entwickeln, die die Geister von diesen fatalen Ideenassoziationen fernhält. Aus diesem Grund hat der Zionismus derzeit eine so tiefe Bedeutung für die ganze Welt.

EIN HEIMATLAND FÜR JUDEN

Der Zionismus bietet eine dritte Sphäre für die politischen Vorstellungen der jüdischen Rasse. Im scharfen Kontrast zum kommunistischen Internationalismus präsentiert er den Juden eine nationale Idee von zwingendem Charakter.

Die Gelegenheit und die Verantwortung, der jüdischen Rasse in der ganzen Welt ein Heimatland und einen nationalen Lebensmittelpunkt zu sichern, fallen der britischen Regierung aufgrund der Eroberung Palästinas zu.

Die staatsmännische Statur und der historische Sinn von Herrn Balfour waren schnell bereit, diese Gelegenheit zu nutzen.

Es wurden Erklärungen abgegeben, die unwiderruflich über die Politik Großbritanniens entschieden.

Die unbändige Energie von Dr. Weissman, dem Kopf hinter den praktischen Aspekten des zionistischen Projekts, unterstützt von vielen der prominentesten englischen Juden, wie auch von der vollen Autorität Lord Allenbys, konzentrieren sich alle auf die Verwirklichung und den Erfolg dieser zutiefst motivierenden Bewegung.

Es ist klar, dass Palästina viel zu klein ist, um mehr als einen Bruchteil der jüdischen Rasse aufzunehmen. Es ist auch klar, dass die Mehrheit der nationalen Juden nicht dorthin gehen möchte. Aber wenn, wie es sein könnte, während der Dauer unseres Lebens ein hebräischer Staat am Ufer des Gourdin unter dem Schutz der britischen Krone gegründet würde, der drei bis vier Millionen Juden umfassen würde, wäre dies ein Ereignis in der Weltgeschichte, das in jeder Hinsicht positiv wäre und besonders mit den authentischsten Interessen des Britischen Empire in Einklang stünde.

Der Zionismus ist bereits zu einem grundlegenden Faktor in den politischen Konvulsionen Russlands geworden, als mächtiger konkurrierender Einfluss in den bolschewistischen Kreisen des internationalen kommunistischen Systems. Nichts kann bezeichnender sein als die Wut, mit der Trotzki die Zionisten im Allgemeinen und Dr. Weissmann im Besonderen angriff.

Die grausame Durchdringung seines Geistes lässt ihn nicht daran zweifeln, dass seine Ziele eines kommunistischen Weltstaates unter jüdischer Herrschaft direkt durch das neue Ideal vereitelt und verhindert werden, das die Energien und Hoffnungen der Juden aller Länder auf ein einfacheres, wahreres und leichter zu erreichendes Ziel lenkt.

Der Kampf, der zwischen zionistischen Juden und Bolschewiken beginnt, ist nichts weniger als der Kampf um die Seele des jüdischen Volkes.

PFLICHTEN LOYALER JUDEN

Unter diesen Umständen ist es besonders wichtig, dass die nationalen Juden aller Länder, die ihrer Wahlheimat treu ergeben sind, bei jeder Gelegenheit vorangehen, wie es viele englische Juden bereits getan haben, und eine herausragende Rolle bei allen Maßnahmen im Kampf gegen die bolschewistische Verschwörung übernehmen. Auf diese Weise können sie den jüdischen Namen verteidigen und der ganzen Welt klar zeigen, dass die bolschewistische Bewegung nicht jüdisch ist, sondern von der großen Masse der jüdischen Rasse vehement abgelehnt wird.

Negativer Widerstand gegen den Bolschewismus in allen Bereichen ist jedoch nicht ausreichend. Positive und praktikable Alternativen sind in moralischer und sozialer Hinsicht erforderlich, indem man so schnell wie möglich ein jüdisches Nationalzentrum in Palästina errichtet, das nicht nur eine Zuflucht für die Unterdrückten in den unglücklichen Ländern Mitteleuropas werden kann, sondern auch ein Symbol der jüdischen Einheit und ein Tempel des jüdischen Ruhmes sein wird.

Dies ist eine Aufgabe, die allen Segen fordert...".

***

Leider verstand Churchill nicht, dass Zionismus und Bolschewismus miteinander verbunden waren, dass man über einen falschen Holocaust schreien und über den wahren Holocaust von Dutzenden Millionen Menschen durch die revolutionären und konzentrationsorientierten bolschewistischen Juden schweigen würde...

Er hatte nicht verstanden, dass die Unschuldigen die Marx, Freud und Soros hervorbrachten. Er hatte die Tragödie der Beschneidung am achten Tag nicht verstanden...

Und nun "wird dieser Ritus alles an der Grenze der Nationen zerstören" (Dominique Aubier).

ESSAY ÜBER DAS JUDENCHRISTENTUM, DEN JUDÄOKARTESIANISMUS UND DAS HOLOCAUST-DOGMA

Ist es nicht verblüffend, dass Eisenhower, Churchill und Pius XII. in ihren Memoiren weder vor noch nach deren Abfassung jemals den jüdischen Holocaust erwähnten, obwohl die USA, England und der Vatikan über ein offensichtlich effizientes Spionagenetzwerk verfügten?

Jeder weiß zum Beispiel, dass der Vatikan in Polen über ein so effizientes Netzwerk verfügte, dass seinen subtilen und unerbittlichen Ermittlungen niemals die Gaskammern hätten entgehen können. Der Handel, der für den Kauf und die Herstellung der Gaskammern notwendig war, wäre ihm ebenso wenig entgangen wie der Handel und die Rechnungen der Krematorien, über die er alles wusste.

Diese einfache Beobachtung enthüllt die aufgeblähte Statue des Schwindels, bestätigt durch DIE PSYCHOLOGISCHE REAKTION derjenigen, denen die frohe Botschaft von der Nichtexistenz der Gaskammern und der enormen Inflation der Zahl 6.000.000, die durch die arithmetischen und technischen Demonstrationen unterstrichen wird, verkündet wird.

Es ist schon erstaunlich, dass man weder in Eisenhowers "Kreuzzug durch Europa" noch in Churchills "Geschichte des Zweiten Weltkriegs", die beide nach dem Nürnberger Prozess geschrieben wurden, eine Spur des Holocausts findet. Und doch wird uns dieser Holocaust auf hysterisch-mediale Weise sogar in Mainstream-Filmen um die Ohren gehauen. Es ist wahr, dass das Kino vollständig in beschnittenen Händen liegt.

Es stimmt auch, dass die Menschen im Westen besonders reif für die Holocaust-Hypnose sind.

Die Schwarzen hätten wahrscheinlich anders reagiert: Sie wären sehr stolz auf diese Ausrottung gewesen und hätten die Juden gewarnt, dass sie zehnmal so viele ausrotten würden, wenn sie weiter jammern würden.

Die Asiaten hätten sich untertänigst entschuldigt und geduldig auf den Moment gewartet, in dem sie die Lüge und die Lügner ausrotten würden.

Wir hingegen behandeln diese Lüge wie ein religiöses Dogma, das der immerwährenden Anbetung würdig ist, ohne jemals die 50 jüdischen Gefängnis- und KZ-Henker zu erwähnen, die 60 MILLIONEN GOYS IN DER UdSSR AUSGEFÜHRT HABEN ...

Und doch kennt sie jeder, seit Solschenizyn ihre Namen und Fotografien in Band II von ARCHIPEL DES GULAGS veröffentlicht hat.

Es handelt sich also um ein tausendneunhundertvierundzwanzigvierzigstes Dogma der Staatsreligion, wie es George Orwell in seinem Roman "1984" so treffend beschrieben hat. Das Dogma wird durch DAS ANTIKONSTITUTIONELLE UND MENSCHENRECHTSGESETZ der StalinoGayssotischen Inquisition gut bewacht.

Wir müssen also unser geistiges Erbe verloren haben und es sich in stinkenden Egoismus und Materialismus verwandelt haben. Wir leben in der medialen Staatsreligion der liberalen Demokratie.

Wie die christliche Staatsreligion hat sie ihre unnatürlichen Dogmen, ihre Forderungen nach ABSOLUTEN GLAUBENSWÜRDIGKEITEN. Es ist daher selbstverständlich, dass Ketzer verfolgt werden, denn die Anlehnung an Orwells "1984" und Huxleys "Schöne neue Welt" WIRD ZUR ÜBERLEBENSKONDITION.

Die grundlegenden Dogmen dieser naturfremden Gesellschaft sind folgende:

Alle Rassen sind gleich und absolut gleich, außer, wie Coluche sagte, "die Juden, die gleicher sind als andere", und die, das ist implizit, viele bessere Eigenschaften haben (siehe: ROTHSCHILD, MARX, FREUD, EINSTEIN, PICASSO, OPPENHEIMER, S.T. COHEN, BENEZAREFF, SOROS, FLATOSHARON, WARBURG, HAMMER, GURGILAZARUS, DAVID WEILL,

SIMONE VEIL, MEYERLANSKI, Pate der MAFIA, und andere)...).

Rassismus ist das gewaltigste aller Verbrechen, abgesehen vom antiweißen Rassismus, der eine verständliche Tugend ist: Er ist keineswegs ein Verbrechen, nicht einmal ein Vergehen. Alle Nationen müssen multirassisch sein, AUSSER ISRAEL (!!!), weil Juden ein Heimatland brauchen. Die anderen brauchen sie in keiner Weise und man kann sie ad libitum vernachlässigen, arabisieren, asiatisieren...

Das Paradies wird auf die Erde kommen, wenn alle Rassen verschwunden sind und das Blut vermischt ist, außer dem jüdischen Blut, das seine eigene Identität behalten muss. Militarismus ist ein Übel, es sei denn, er wird gegen Südafrika oder einen Feind Israels eingesetzt.

Feminisierte Männchen und maskulinisierte Frauen sind normal und wünschenswert, ebenso wie Homosexualität.

Die eigene Ethnie zu bewahren ist also ein Verbrechen. Man kann sie jedoch massakrieren oder verhungern lassen, wenn man ein marxistischer Präsident ist, und in diesem Fall hat man Anspruch auf Hilfe und Handschlag von unseren delikaten liberalsozialistischen Präsidenten.

Diese marxistischen Präsidenten in Afrika, Amerika und Asien werden niemals als Verbrecher gegen die Menschlichkeit bezeichnet und genießen wie Pol Pot völlige Freiheit. Dieser Titel ist ausschließlich denjenigen vorbehalten, die Juden daran hindern möchten, Schaden anzurichten, indem sie sie in Lager stecken oder durch kriegerische Handlungen töten.

Adolphe Hitler ist das ABSOLUTE BÖSE UND DER NATIONALSOZIALISMUS DIE SCHLECHTESTE ERFINDUNG DER GESCHICHTE.

Dass Hitler seinem Land in wenigen Jahren Arbeit und ein Ideal zurückgegeben hat, zählt nicht. UNSERE PSEUDODEMOKRATIEN ODER ALLES DESINTEGRIERT UND VERROTTET IST, IST DAS IDEALE POLITISCHE REGIME.

Das muss seit dem Kindergarten gelehrt werden, und JEDER Abweichler kann nur ein unberechenbarer PSYCHOPATH sein, der ABSOLUT "STALINO-GAYSSOTISIERT" werden muss...

Der Holocaust, der in Wirklichkeit eine ARITHMETICOTECHNISCHE INEPTIE ist, ist das schlimmste Verbrechen der Geschichte, aber keineswegs die 200 Millionen Gojim, die vom INTERNATIONALEN KOMMUNISMUS ausgerottet wurden, der in seinem Wesen durch seine IDEOLOGEN und seine FINANZIERERER JÜDISCH ist.

Wir sind alle schuldig am Holocaust und man kann sich nur durch eine bedingungslose Zustimmung oder gar Kapitulation vor den liberal-sozialistischen Demokratien reinwaschen.

Ob sich dies in einer biologisch-biologischen, moralischen, ökologischen, ökonomischen, pornografischen und TOXIKOLOGISCHEN POLLUTION auflöst, ist für die Synarchen der globalistischen Judäokratie, denen jeglicher moralischer Sinn und SYNTHETISCHER GEIST fehlt, völlig irrelevant.

Das Wichtigste ist, die Pseudodemokratie mit der Gleichheit von SOROS, WARBURG und dem Arbeitslosen zu bekräftigen, wobei die Arbeitslosen laut dem Club of Rome in Kürze eine Milliarde auf dem Planeten sein werden.

ES IST OFFENSICHTLICH, DASS OHNE DEN WAHLZETTEL DIE BESCHNITTENEN ALLE MACHT VERLIEREN, DA MAN NUR FÜR DIEJENIGEN STIMMT, DIE SIE MANIPULIEREN.

Wenn eine religiöse Tradition demokratisch wieder an die Macht käme, würde man die Wahlen sehr demokratisch annullieren. Diejenigen, die mir gesagt haben, dass die Demokratie es demokratisch erlaubt, ein anderes Regime als sie zu wählen, möchte ich an die kürzlich erfolgte Annullierung der Wahlen in Algerien erinnern...

Nur schäbige Parteien, die das völlige Fehlen echter Werte implizieren, können gewählte Vertreter haben.

Diese schändlichen und unnatürlichen Dogmen werden in den Schulen gelehrt, von den Regierungen gepredigt, von den Gerichten bestätigt und auch der Dogmatik aller christlichen Bewegungen hinzugefügt.

UND OBWOHL SELBST DER DÜMMSTE TROTTEL ERKENNEN KANN, DASS DIESE SCHWACHSINNIGEN DOGMEN DAS IDEALE REZEPT FÜR SOZIALES UND WIRTSCHAFTLICHES CHAOS UND RASSENAUSROTTUNG SIND, BLÖKEN MILLIONEN VON GOJIM DIESE SELBSTMÖRDERISCHEN ÜBERZEUGUNGEN, DIE GEGEN ALLE NATURGESETZE VERSTOSSEN, VOR SICH HIN.

WARUM?

Das liegt ganz einfach daran, dass diese einfachen Dogmen eine religiös-demagogische Macht ausüben, die weitaus größer ist als die der etablierten Kirchen. Sie befriedigen das Bedürfnis, zu einer Herde zu gehören, die jede wirkliche Freiheit abgelegt hat. Sie nähren ein gewisses Bedürfnis nach Ordnung und sogar nach verworrenen Idealen für eine Masse, die jede Freiheit abgelegt hat.

Sie sind sowohl bei einem praktizierenden Katholiken als auch bei einem Mitglied der ATHÄEN-UNION zu finden.

Man muss sehen - eine überwältigende psychologische Tatsache -, wie sich diese Geister von Männern dem ekelhaften Schikanieren in den Schulen unterziehen. Welcher anständige Mann würde nicht lieber sterben oder töten, als einen Schweinekopf zu küssen, wie es im Fernsehen zu sehen war?

Die Masse hat keinen kritischen Sinn und ohne geistige Führer ist sie verloren.

Schließlich verlangen diese absurden Dogmen keine Selbstdisziplin, sind von jeglicher Transzendenz losgelöst, fördern Egoismus und Nachlässigkeit.

Der Mensch, der zu seiner eigenen Karikatur geworden ist, will an so viel Unsinn glauben. Er fügt den bedingungslosen Glauben an den Holocaustschwindel hinzu, der zum Grunddogma der neuen Religion wird. Religion, von der er sich nicht einmal bewusst ist, dass er sie angenommen hat.

All dies und wir können es ÜBER DAS ZIEL DES MÉLÉE UND JEDER PARTEI sehen, IST DIE RADIKALE UND ABSOLUTE ANTITHESE DES NATIONALEN SOZIALISMUS.

Der Nationalsozialismus stellte fest: Die eklatante Ungleichheit der Ethnien.

Seine legitime Sorge galt seiner Ethnie und keineswegs dem Rassenhass (sein Bewusstsein für die Gefahr des internationalen Judentums, das Churchill in seinem Artikel von 1920 so treffend zum Ausdruck brachte, hatte nichts mit Rassenhass zu tun, dem Etikett, das ihm die Juden in ihrem Kampf gegen Hitler als Alibi aufzwangen, und das seit 1934).

Hitler propagierte die Gemeinschaft von Völkern mit einem gemeinsamen Erbe und Blut. Er wollte ethnische Reinheit (wie sie die Juden praktizierten, wobei aus Gründen der Penetration nur die Töchter des Adels und der Oberschicht eine Ausnahme bildeten), militärische Ausbildung, Disziplin, verantwortungsbewusste Männer und Frauen.

Er propagierte die Mutterschaft als DIE wichtigste Tugend.

Es scheint also, dass die Holocaust-Keule, abgesehen von diesen unerhörten politisch-finanziellen Vorteilen, im Wesentlichen darauf abzielt, uns zu verheimlichen, dass HITLER in allem, was wesentlich ist, Recht hatte.

Jeder objektive Geist, der sich mit dem Problem Hitler und dem Nationalsozialismus auseinandergesetzt hat, weiß, dass dieser Organisator in Rekordzeit sein Land aus der Fäulnis von Weimar, wo ALLES JÜDISCH war, in eine unglaubliche und wunderbare Gemeinschaft in Harmonie mit der Natur geführt hatte!

Hitler hatte sogar Tiere durch einen speziellen Code geschützt und es war ein Verbrechen, ihnen in irgendeiner Weise zu schaden.

Er hatte sein Vaterland mit einem germanischen Erbe, mit Grundwerten und einem hohen Zweck neu ausgestattet.

DAS ERGEBNIS WAR DAS BEKANNTE SOZIAL- UND WIRTSCHAFTSWUNDER, DAS IN WENIGEN JAHREN MIT 6 MILLIONEN ARBEITSLOSEN DIE GANZE WELT IN ERSTAUNEN VERSETZTE.

DIE NICHTJÜDISCHEN BESCHNEIDER HABEN SICH ALSO DEN HOLOCAUSTSCHWINDEL AUSGEDACHT, UM DIE WAHRHEIT AUF DIE DICKSTE ART UND WEISE ZU VERSCHLEIERN, OHNE SIE JEMALS IN FRAGE ZU STELLEN, OBWOHL ES EINE EXCELLENTISSIME NOUVELLE WÄRE!!!!

Es ist also völlig klar, dass die Zerstörung des Holocaust-Mythos, der übrigens angesichts der 60 Millionen, die in der UdSSR von 50 jüdischen Henkern vernichtet wurden, an sich nichts bedeutet, ein tödlicher Schlag gegen die liberalsozialistische Religion ist.

Ergo: Glaube an den Holocaust = Demokratie.

Das Verblüffende an der Sache mit dem Holocaust-Dogma ist, dass nach dem Krieg jahrelang NIEMAND darüber gesprochen hat. Dann, nach acht bis zehn Jahren, kam es zu einer hysterischen Explosion. Wenn man den Menschen die ARITHMETISCHE, TECHNISCHE UND PSYCHOLOGISCHE Absurdität dieses Märchens vor Augen führt (ein Märchen, das übrigens grotesk konstruiert ist, denn wenn die Juden gesagt hätten, dass man 3 Millionen der ihren durch Erschießen oder Erhängen umgebracht hat, wäre der Holocaust PERFEKT KREDITIBEL gewesen, trotz einer realen arithmetischen Inflation selbst bei dieser Zahl), wollen sie es nicht wissen und reagieren wie der Muslim auf Schweinefleisch.

SIE SIND ALLERGISCH GEGEN DIE WAHRHEIT, DIE IHRE KONDITIONIERUNG STÖRT.

Sie bleiben affektiv und können ihre Intelligenz nicht einbringen, wie Kinder, wie Hypnotisierte.

Bemerkenswert ist, dass, wie Hitler sagte, "je größer die Lüge ist, desto mehr glauben sie daran". Wie leicht wäre es also für die alles beherrschenden Juden und insbesondere für die Medien, diesen absurden Mythos in eine historische Wahrheit zu verwandeln? Eine Wahrheit, die man niemals kontrollieren sollte, wie der unvorsichtige FAURISSON oder der unglückliche NOTIN, der sich übrigens überhaupt nicht für den Holocaust interessierte, sondern dieses Medienbeispiel nehmen wollte, um die konditionierende Macht der Presse zu demonstrieren, konditionierend, weil hypnotisch, wie die atheistische Levy-sion?

Es scheint, dass die Menschen sich schuldig fühlen wollen: Es scheint, dass Schuld ein psychologisches Erbe des Christentums ist, eine strukturelle Konditionierung.

Als unsere Vorfahren christianisiert wurden, allzu oft mit Gewalt, begannen die Kirchenväter mit einem Erziehungsprogramm der Unterwerfung, des Aberglaubens und der SELBSTVERWERTUNG.

Die Schuldgefühle begannen mit der dummen Art und Weise, wie die Erbsünde behandelt wurde, die, wie mir die Endokrinologie zeigte, sexuell war, aber ganz anders behandelt werden musste (ein Missbrauch der Sexualität führt zu einer Überfunktion der Schilddrüse, der Drüse der Versuchung, und zu einer Unterfunktion der inneren Genitalien. Die tragische Folge ist verständlich, wenn man bedenkt, dass die Überfunktion der Schilddrüse Hochmut und krankhafte Phantasie hervorruft und die verminderte Aktivität der inneren Genitalien die Liebe zu Gott, den Geist der Synthese und den Sinn für Moral verringert). Unglückliche Schwestern und Brüder, die sich selbst beschuldigten, mit dem Teufel geschlafen zu haben, wurden bei lebendigem Leib verbrannt. Diese Sukkubi und Inkubi hatten eine geschwollene Schilddrüse, konnten ihre Keuschheit nicht ausleben und dachten, sie hätten das Verbrechen aller Verbrechen begangen, indem sie mit dem Teufel schliefen, zumal ihr unbefriedigter Drüsenzustand ihnen einen wahren Orgasmus beschert hatte.

Die allgemeine Psychologie war also, dass wir als Sünder böse und verdorben geboren wurden und nichts tun konnten, außer uns zu beugen und einen jüdischen Gott um Vergebung zu bitten. Das Fleisch ist böse, man muss das Fleisch hassen, sich selbst hassen, schuldig werden, beichten und so gerettet werden.

Im frühen Christentum nahm die hysterische Anwendung dieser Schuld eine düstere Wendung. Die Mädchen verachteten ihren Körper und waren davon überzeugt, dass jede sexuelle Beziehung das Böse sei (CF: "Jesus ohne Sünde empfangen": was impliziert, dass die fleischliche Beziehung von Joseph und Maria, die legale Ehemänner waren, eine Sünde war!) und sie zur ewigen Hölle verurteilte.

Männer und Frauen irrten durch Europa, quälten sich, geißelten sich, hassten das Leben und flehten den Tod an, sie zu erlösen. Das ist ekelerregend und unnatürlich, aber wir müssen die Fakten kennen, weil sie unser heutiges Leben beeinflussen.

Das Wort JUDÉO CHRISTIANISMUS ist vollkommen selbsterklärend. Die Ursprünge des Christentums sind jüdisch. Die kommunistische Gehirnwäsche beruht rigoros auf derselben psychologischen Methodik. Das Holocaust-Dogma entstammt der zweitausendjährigen dogmatischen Sklerose.

Weiße Menschen sind also psychologisch darauf konditioniert, die jüdische Hegemonie zu erleiden. Paradoxerweise ist meine Klarheit in Bezug auf die Tatsachen gerade deshalb nicht gegeben, weil ich Jude bin.

Diese Schuldkonditionierung macht es leicht, die Weißen durch die Medien, die freien Berufe, die Regierungen und die völlig "beschnittene" Justiz zu manipulieren (Das Wort "Jude" sollte nicht verwendet werden, da dieses Wort nur eine streng religiöse Bedeutung hat: Der normative Gangsterismus des JUDÉO-Cartesianismus ist nicht jüdisch).

Es war ein Kinderspiel, die Weißen in die Rassenintegration zu stürzen, die Masseneinwanderung von Nichtweißen, die Befreiung der Frau, die das Konzept der Familie auslöschen und die Kinder auf Schmerz, Selbstmord, Drogen, Kriminalität und krankmachende Musik reduzieren sollte...

Ein weiteres Kinderspiel war es, sie zu "holocaustieren"...

Dieser dogmatische Glaube an den absurden und unkontrollierten Mythos des Holocaust ist eine direkte Folge der psychologischen Formung, die das historische Christentum vorgenommen hat.

Man muss nicht unbedingt ein praktizierender Christ sein, um zutiefst "holocaustiert" zu sein. Die bekennenden Humanisten, die Christen minus Aberglaube sind und sich darauf beschränken, den Menschen zu vergöttlichen, der sich in drei Jahrhunderten homunkultivieren wird, sind ebenfalls infiziert, wenn sie es nicht sogar noch mehr sind, da sie die Gesamtheit der politischen Klasse bilden.

Es gibt zwar einige Christen, die sich der Notwendigkeit bewusst sind, die ethnische Zugehörigkeit zu bewahren, und die wie Churchill keinen Zweifel an der tödlichen Gefahr des amoralischen, asynthetischen und international beschnittenen Spekulantentums haben. Dennoch bleiben sie von der jüdischen Bibel beeinflusst.

Diese mehr oder weniger klar denkenden Christen gründen ihre Lebens- und Zukunftsphilosophie auf dem Treibsand der judaistischen Perversion.

Kann man ein Buch lesen, das voller Völkerausrottung, Feigheit, Inzest und anderen Gräueln ist?

Die Geschichte ist übrigens formal: ES WAR IMMER IN CHRISTLICHEN LÄNDERN UND AUSSCHLIESSLICH IN DIESEN LÄNDERN, WO DER ATHEISCHE JUDEN-SPEKULATIONISMUS DES FINANZIERENS, DER MÖRDERIDEOLOGIEN, DER POLLUANTIERENDEN WISSENSCHAFT REGENERIERT WURDE.

Das historische Christentum, das seit dem 3. Jahrhundert alle Regeln des Lebens vergessen hat, die den Menschen ausmachen und ihn mit dem Transzendenten verbinden, war der erste riesige jüdische multinationale Konzern, der als Nest für ALLE JUDEO KARTENSISCHEN SPECULATIONEN DES LIBERALO SOZIALO BOLCHEVISMUS diente.

Es ist durchaus verständlich, dass Hitler, obwohl er kein erklärter Feind der Kirche war, sich bemühte, die Jugend vor dem jüdisch-christlichen Einfluss zu schützen.

Heute kann eine pornografisierte, egoistische und materialistische Sklavenmasse (Englands größtes Vermögen geht an einen Pornografen, während die Königin nur auf Platz 57 der englischen Vermögen steht: ein lächerliches Symbol für die Umkehrung aller Werte) niemals eine hochentwickelte menschliche Spezies erreichen, die die Welt aus dem Chaos in ein goldenes Zeitalter führen kann.

Wenn wir in Dokumentarfilmen oder auf Fotos die Schönheit der jungen Deutschen im Dritten Reich sehen, ihre klaren Augen voller Ideale, dann denken wir, dass SIE es KÖNNTEN. Wir wiederum betrachten in der U-Bahn die biotypologische Hässlichkeit der holocaustierten Untoten, die in die Uniform des internationalen Schwachsinns, die LEVIS-Bluejeans, gehüllt sind. Die Pastoralkirche hatte das große Verdienst der Nächstenliebe der monastischen Kultur, des Glanzes von Vézelay und Chartres, der Heiligkeit des Franz von Assisi und des Herrn Vinzenz. Doch die dogmatische Kirche hat die Geschichte in eine doktrinäre Sklerose verwandelt, in der die gefürchteten Begriffe Häresie und Anathema, die das Heidentum ignoriert hatte, Meere von Blut und Tränen fließen ließen...

Das Dogma, eine Herausforderung an die elementare Intelligenz und den moralischen Sinn, eine Konfitüre aus Abstrusem und Widersprüchlichem, erbte von der Synagoge den exklusiven, tyrannischen und eifersüchtigen Gott, den Gott der Selbstjustiz der

Theologen, der einer primitiven Mentalität entstammt, in der Stammesjustiz auf dem Talionsgesetz und der Praxis des Sündenbocks beruht.

Es war fatal, dass diese Religion der Doktrinäre und Theophagen, die seit etwa 2000 Jahren die Regeln ignoriert, die den Menschen ausmachen und ihn mit Gott vereinen, ihren Höhepunkt im JUDÉO CARTÉSIANISME fand, d. h. der atheistische Spekulationismus der Rothschildschen liberalen Finanzwelt, die alle globalen Verschmutzungen und Hungersnöte reduziert, von Marx, der die Menschen bolschewisiert, robotisiert und zu Dutzenden Millionen ausrottet, von Einstein und den genetischen Schäden der Kernenergie, von Oppenheimer und seiner Atombombe, von S. Cohen.T Cohen und seine Neutronenbombe, von Freud und seinem pornografischen Abulismus, von Djérassi und seiner pathogenen und teratogenen Pille, von Weisenbaum und seinen Computern, die die Menschen in Karten legen werden, von Picasso und seiner Kunst des Massengrabs...

In 5000 Jahren Rassismus, der NUR IHNEN UNBEKANNT war, haben diejenigen, die die Beschneidung am achten Lebenstag praktizieren (eine GRUNDLEGENDE Ursache für ein hormonell-psychisches Trauma, das ihre KONSTANTE BESONDERHEIT IN ZEIT UND RAUM erklärt), vier revolutionäre Religionen gegründet: Judentum, Islamismus, Christentum und Marxismus. Letztere, die MYSTISCHE ATHESE, ist der selbstmörderische Endpunkt des Jüdisch-Cartesianismus, der seinerseits das JUDEO-Christentum krachend beendete.

Dass Christus von Pontius Pilatus, einem Römer, zur Kreuzigung, einer römischen Folter, verurteilt wurde, steht außer Zweifel.

ABER ES IST SICHER, dass die Juden weitgehend darauf bestanden haben, dass die Folter stattfand. Die jüdische Gemeinschaft wollte nicht den geringsten Zweifel an ihrer NICHT-Komplizität mit dem Mann aufkommen lassen, der als Zelot galt, während die Römer jede Revolte gnadenlos in Blut ertränkten.

Es ist durchaus nachvollziehbar, dass die jüdische Gemeinde den Römern deutlich machen wollte, dass es bei ihnen keine Anwandlungen von Rebellion gab und dass für sie dieser Aufwiegler, der die Schlagzeilen beherrschte, eine große potenzielle Gefahr darstellte.

Aber liegt hier das historische Problem der Kreuzigung?

In Wirklichkeit ist es der Moment, in dem der RothschildoSoros-Marxo-Freudo-Einsteino-Picassismus dabei ist, die Zerstörung aller im christlichen Symbol enthaltenen Werte zu beenden, den die Kirche wählt, um schamhaft vor der globalistischen Zirkumzision zu kuschen.

Traurige Kirche, die ihre Werte zermalmt, während die jüdische Orthodoxie sich keinen Millimeter bewegt hat. Ein großer Rabbiner sagte:

"Wenn ich Katholik wäre, wäre ich ein Fundamentalist, denn als Jude bin ich mit Sicherheit ein Fundamentalist...".

Man sieht, dass das Rabbinat ein perfekter Komplize der beschnittenen atheistischen Spekulanten ist, die alle vor der Thora kriminell sind.

Sie schweigt, und Israel empfängt SOROS mit großem Pomp...

Georges Steiner fasst alles in diesem lapidaren Aphoptegma zusammen: "Seit 5000 Jahren reden wir zu viel, Worte des Todes für uns und für andere".[10]

---

[10] Nur wenige Jahre nach der ersten Niederschrift dieses Buches IST SUIDIDIDIERUNG ZUR ERSTEN TODESURSACHE BEI JUNGEN MENSCHEN GEWORDEN: Es lebe die jüdische Pseudodemokratie...

TOUVIER-FALL

Jeden Tag kommt mir angesichts des Verhaltens der Menschen ein Satz von einem meiner Freunde und Mitarbeiter in den Sinn:

"Die am 8 Tag Beschnittenen werden aufgrund der geistigen Unzulänglichkeit der meisten Menschen schließlich die totale Hegemonie über die Menschheit ausüben...".

Ein Buch mit tausend Seiten würde dieses Phänomen nicht erfassen, weil es so unerschöpflich wäre. Einige Symbole fallen mir ein.

Frau Klarsfeld, die keine Jüdin ist und seit 50 Jahren der Zersetzung der Menschheit unter der beschnittenen Ägide beiwohnt, einer Zersetzung, die weder dem Dritten Reich noch Vichy etwas zu verdanken hat, und die darauf beharrt, 50 Jahre später Pseudokriegsverbrecher zweier Regime zu verfolgen, die ihrem Volk Ehre und Sauberkeit zurückgegeben hatten.

Sie sieht schweigend zu, wie die makroskopischen Verbrechen der JÜDISCHEN Menschenfeindlichkeit zur Normalität werden. Dabei weiß sie ganz genau, dass sie weder unter Vichy noch im Dritten Reich ein drogenabhängiges Kind, ein Kind, das Selbstmord begangen hat, 4 Millionen Arbeitslose, die Invasion von Einwanderern, die Abtreibung gesunder Kinder (erinnern wir uns, dass die Abtreibung aus legitimen eugenischen Gründen bei den Nürnberger Prozessen als Verbrechen gegen die Menschlichkeit gegen Deutschland gewertet wurde!!!!), chemische Verschmutzung, Waldsterben, Pornografie, die sich ausbreitende Maffia usw.

Arno Klarsfeld, der kein Jude ist, da seine Mutter keine Jüdin ist, konnte die gleiche historische Feststellung treffen und den unglücklichen Touvier verfolgen, ohne sich zu wundern, dass 50 beschnittene oder freimaurerische Anwälte auf einen 80-jährigen krebskranken Greis losgingen, der nur einen einzigen Anwalt hatte, und das 50 Jahre nach dem Ende von 2 Regimen, denen die heutige Fäulnis nichts verdankt...aber wo alles, absolut alles, "beschnitten" ist....

Barbie, der wusste, dass er in einem schwachsinnigen Zirkus vorverurteilt wurde.

Er konnte den Widerstand entehren, dessen Machenschaften er alle kannte, und er sagte kein Wort.

Er hätte den Prozess für diese fünfzig Jahre voller Verbrechen gegen die Menschlichkeit machen können, die absolut nichts dem Nazismus, sondern ALLES dem beschnittenen Liberalobolschewismus zu verdanken haben. Er tat nichts und ließ sich wie ein Mopp verurteilen...

Touvier, der unbestreitbar durch die Erschießung von 7 Juden 23 Juden verschont haben muss, da es zweifelhaft ist, dass die Deutschen sich mit so wenig zufrieden gegeben hätten, nach der Ermordung von Philippe Henriot, dessen Klarheit wir 50 Jahre später ermessen können, wenn wir seine Reden wieder lesen, die im Vergleich zur grausamen Realität übrigens sehr blass sind...

Touvier hätte seine politische Option rechtfertigen können, indem er eine schonungslose Anklage gegen diese 50 Jahre Makrokrimis, die Vichy nichts zu verdanken haben, erhoben hätte: Nach einer solchen, radikal überwältigenden Anklage hätte er das Gerichtssaal pulverisiert und den höchsten Sieg errungen, um trotzdem verurteilt zu werden. Er hat NICHTS gesagt.

Barbie wie auch TOUVIER verhielten sich wie Komplizen ihrer Ankläger ...

Und die höchste Demonstration nichtjüdischer Dummheit: Maître Trémollet de Villers, Touviers Anwalt, der mir auf den Brief, der auf diese Präambel folgt, antwortet:

"Ich verteidige Touvier und nicht die gesamte Menschheit"...

Nun hatte der Gegner naiv und offiziell erklärt, dass es sich vor allem um den Vichy-Prozess handelte...!

Das Epizentrum des Problems bestand für Herrn Touvier also darin, seine politische Option von 1940 vor der quintessentiellen und angeblich demokratischen Fäulnis dieser 50 Jahre, die Vichy nichts zu verdanken hatten, zu rechtfertigen...

Wir verstehen es nicht.

Wie ich bereits sagte und wie wir noch sehen werden, gibt es nicht so sehr eine jüdische Frage als vielmehr eine Frage des unergründlichen nichtjüdischen Schwachsinns... Die Juden haben die Gabe der Dekreation. Die Gojim die des Schwachsinns...

Dieser Prozess, 50 Jahre später, eines krebskranken alten Mannes, der sich für Sauberkeit entschieden hatte, BRAZILLACH hatte erschießen sehen, der für mich 100.000 Artgenossen wert ist, der 50 Jahre jüdisch-kartesischer Fäulniszersetzung miterlebt hatte und unsere Kinder in einer gnadenlos materialistischen jüdischen Konjunktur Selbstmord begehen sah, inspirierte mich zu den folgenden Briefen...

BRIEF AN RECHTSANWALT TRÉMOLLET DE VILLERS
(ANWALT VON HERRN PAUL TOUVIER)

Mein lieber Meister,

Ich habe "Vichy vergessen" von Me Klein und Ihr Buch "Touvier ist unschuldig" gelesen.

Es fällt mir schwer, meine Empörung auszudrücken, die erfordern würde, dass ich ein Buch mit 1000 Seiten in die Luft sprengen könnte, um in einer Sekunde erleichtert zu sein. Es gibt nur wenige Worte, um mein unaussprechliches Entsetzen über diesen traurigen Fall auszudrücken, der zeigt, dass meine Mitmenschen keine Grenzen für Überheblichkeit, Hysterie und größere Rücksichtslosigkeit kennen.

Es zeigt sich auch, dass der Mangel an Mut und Intelligenz der Goys etwas Unermessliches hat, denn warum ertragen sie schließlich so viele Lügen, wie lassen sie sich so subliminieren??

Doch das Offensichtliche ist für alle sichtbar und nur Hypnose kann verhindern, dass man es sieht... Aus der Lektüre dieser Bücher geht sofort Folgendes hervor: Einerseits muss Herr Touvier, der von Präsident Pompidou verurteilt und begnadigt wurde, nicht erneut mit der Justiz konfrontiert werden: Dass er es wird, steht im formellen Widerspruch zur Verfassung und den Menschenrechten.

Außerdem das 50 Jahre NACH DEM KRIEG einzigartig in der Geschichte der Menschheit und unterstreicht klinisch die ungeheure Hysterie der Klarsfelds und Konsorten, die übrigens PARAKTISCH

MUTIG bleiben über die 50 beschnittenen Gefängnis- und KZ-Henker, die etwa 60 Millionen Nichtjuden in der UdSSR ausrotteten, allen voran KAGANOWITSCH, Stalins Schwager.

MAN WARTET DIESBEZÜGLICH AUF DIE PROZESSE UND GEDENKSTÄTTEN:

Es muss sich um ein Versehen, eine Nachlässigkeit, eine einfache Zerstreutheit von Herrn KLARSFELD handeln??

Andererseits zeigt das Buch von Me Klein mit entwaffnender Naivität, was Sie behaupten: Es geht um den Vichy-Prozess und die Mehrheit der Franzosen, die im Marschall den Restaurator Frankreichs jenseits des minderjährigen Misthaufens sahen, den wir gerade unter der Dritten Republik erlebt hatten.

Ich sage "geringfügig", weil wir heute in einer größeren Jauche waten, da die Weimarer Republik in den Dimensionen des Planeten unendlich *viel schlimmer* ist (Ökologie, Drogen, Kriminalität, blutige marxistische Diktatoren, die weltweit angetrieben werden, Mafia, 150 Kriege, Iatrogenismus, Teratogenismus, Atommüll, Tschernobyl usw.).

Nun verdanken diese überdimensionierten Verbrechen gegen die Menschlichkeit nichts dem Dritten Reich oder Vichy, sondern alles, absolut alles, der kapitalistisch-marxistischen Konjunktur, in der die am achten Tag Beschnittenen herrschen...

(Ich sage nicht "Juden", weil diese Meister und ihre Spekulationen vor der Thora kriminell sind und man den wahren Juden nichts anderes vorwerfen kann, als dass sie gegenüber diesen Betrügern komplizenhaft schweigen).

Der wahre Prozess liegt also in der politischen Option von Herrn TOUVIER und nirgendwo sonst.

Er ist unbestreitbar "schuldig" an dieser Option und deshalb ist es seine Aufgabe, sie mit einer schrecklichen und radikalen Anklageschrift zu rechtfertigen...

In Ihrem Buch sind Briefe von Oberst Remy, einem Helden des Widerstands, und von General Laurent zu sehen, die Touvier jedoch zur Zeit des Krieges hätten erschießen lassen: Beide sprechen sich eindeutig für Paul Touvier aus.

Das kann man von Hysterikern wie Klarsfeld nicht erwarten, die aus 5000 Jahren Geschichte über jüdische Übergriffe und Parasitismus nichts gelernt haben.

Bescheidenheit und Zurückhaltung sollten sie jedoch leiten, vor allem wenn man weiß, wie sich jeder seit 1979 informieren konnte, dass der Mythos von *6 Millionen Gaskammern* ein arithmetisch-technischer Unsinn ist, wie der Leuchter-Bericht, ein Spezialist für Vergasungen in den USA, und der LEUCHTER-Gegenbericht, der von den Vernichtern selbst gefordert wurde, endgültig bewiesen haben...

NIEMALS waren die qualitativen und quantitativen Parameter für einen potenziell blutigen Antisemitismus in 5000 Jahren Geschichte besser vereint, als sie es derzeit sind.

Es ist also angebracht, gemäß Ihrem Buch "banal" zu argumentieren, dass Herr Touvier, indem er 7 Juden erschießen ließ, 23 von ihnen rettete (eine lächerliche Vergeltung der Deutschen für die Ermordung von Philippe Henriot), aber vor allem zu argumentieren, warum Herr Touvier angesichts dieser 50 Jahre Makroverbrechen gegen den Menschen und die Menschheit, die weder dem Dritten Reich noch Vichy radikal etwas zu verdanken haben, eine politische Option gewählt hat...

In diesen fünfzig Jahren gibt es eine gigantische Anklageschrift gegen meine hyperkriminellen Mitmenschen, die sich der Menschlichkeit schuldig gemacht haben, eine unumstößliche und unwiderlegbare Anklageschrift.

Was erleben wir seit 50 Jahren in dieser demokratischen Welt mit ihren Marxmerdia und der Atheisten-Levy-sion?

Was sehen wir, seit weder Hitler noch Marschall Pétain auch nur die geringste Verantwortung tragen??? (Ich werde noch etwas weiter zurückgehen, was das Superverbrechen gegen die MENSCHENRECHTE betrifft, das der TENTACULARE MARXISMUS ungestraft vollzieht).

Seit 1917 hat sich das Sowjetregime strikt durch Terror an der Macht gehalten. Innerhalb von vier Jahren massakrierte Lenin mehr als zweieinhalb Millionen Bürger. Kaganowitsch, Jagoda, Frenkel, Jejoff, Rappaport, Abramovici, Ouritski, Firin, Apetter und 50 andere, die am achten Tag beschnitten wurden, massakrierten 60

Millionen Menschen in Konzentrationslagern, Zwangsarbeit, GULAGS (Siehe Solschenizyn).

Die UdSSR ist das erste Land der Welt, das den Terror als Regierungssystem institutionalisiert hat. DJERINSKY sagte: "Wir sind für den organisierten Terror".

LENIN sagte auch: "Der Terror muss als Prinzip so weit wie möglich legalisiert werden"...

5 Millionen russische Bauern, die unter dem Stalinismus ausgerottet wurden. Was war der Grund dafür? Sie leisteten Widerstand gegen die unnatürliche Zwangskollektivierung.

Etwa 8 Millionen Tote in der Ukraine Es wurde eine absichtliche und danteske Hungersnot organisiert, und das mitten im Winter. Man enteignete die Ukrainer ihres Getreides und ihres Saatguts.

Diese köstliche Regierungsmannschaft von Beschnittenen rottete die ethnischen Minderheiten der WOLGA, der KAJAKS, der TSCHECHEN, der KIRGHISEN, der TATARS aus...

20 Millionen Russen werden in Konzentrationslager gesperrt und sterben dort an Hunger, Epidemien und Erschöpfung...

DIE DEUTSCHEN LAGER FÜR JUDEN UND KOMMUNISTEN GAB ES DAMALS NOCH NICHT!

Vergessen wir nicht, dass die gesamte sowjetische Regierungsmannschaft "am achten Tag beschnitten" war, ebenso wie die U.S.A.-Bankiers; die dieses delikate Regime zur Entfaltung der Menschenrechte subventionierten (Warburg, Lœb, Sasoon, Hammer usw.)...

Kinderkriminalität wurde mit der Todesstrafe im Alter von 12 Jahren unterdrückt!

Sie wurden wegen Diebstahls, Flucht ins Ausland, schlechter Ausführung von landwirtschaftlichen Arbeiten und Streiks in Betrieben hingerichtet.

Stalin dehnte sein Imperium in Asien und Europa durch Terror aus. Er verursachte Völkermorde in Litauen, Lettland und Estland, die von Russen neu bevölkert wurden.

Der Terror wurde in den europäischen Satelliten geplant: Gulags, Todesstrafe, Genickschuss, wie später in Katyn (eine übliche und bewährte Methode) Eiserner Vorhang, Mauer der Schande, um die Flucht aus dem kommunistischen Paradies zu verhindern...

Die beschnittenen Finanziers der USA und die westlichen Mopp-Politiker finanzieren marxistische Tyrannen in Asien, Afrika und Südamerika, die ihre Völker massakrieren, sie wie in Eritrea dem Hungertod ausliefern, sie foltern wie die beliebte Folter mit brennenden Reifen um den Hals...

Die Länder, die keine Hilfe erhalten, sind diejenigen, die ein humanes und angemessenes Lebenssystem haben, aber, O Spott, die Menschenrechte verletzen!

Chile, (das kürzlich von der Weltbank für seine außergewöhnlichen sozialen und wirtschaftlichen Errungenschaften gelobt wurde!!!), Südkorea, Taiwan und Südafrika, das man mit dem Alibi der Apartheid zu marxisieren versucht und das morgen dem marxistischen Elend und den Massakern zwischen den Stämmen ausgeliefert sein wird...

Aber die Schwarzen in Afrika leben alle im Elend, AUSSER DENEN VON APARTHEID!

Die Schwarzen in Mosambik versuchen, zu denen in Südafrika zu gelangen, wo es sich gut leben lässt. Doch die Minen an der Grenze lassen sie explodieren: eine grauenhafte Mauer der Schande, die die Freiheit der Menschenrechte respektiert.

Im Gegensatz dazu haben die Tyrannen Jaruzelski, Castro, Tito, Duc Tho, Mengistu, Chadli, Breschnew und Konsorten und ihre Nachfolger Milliarden von US-Dollar eingesteckt, wie alle grausamen und blutigen marxistischen Diktatoren auf allen Kontinenten. Das "humanitäre" Geld, das man ihnen zahlt, verwenden sie für sich selbst und für den Kauf von Waffen, die der Kreml ihnen liefert...

Wenn man sich daran erinnert, was Angola und Äthiopien einmal waren! Heute wurden sie von roten Tyrannen dem Hunger, dem Elend und den Massakern ausgeliefert.

Wie menschenrechtsverachtend ist diese Komplizenschaft unserer "Bettisentia" bei der tentakelartigen Ausbreitung des Marxismus durch beschnittene Banken, unsere Steuern und die Waffen des Kreml?

Aber, kleine Klammerbemerkung, diese zig Millionen unbeschnittenen Toten sind die 6 Millionen (sogar echte) von Auschwitz nicht wert! 1000 Gojim sind nicht EINEN Juden wert, und man kann sie im blutigen Marxismus baden und okkupieren.

In der UdSSR war der Marxismus gut für andere: 95% der russischen Emigranten in den U.S.A. waren am achten Tag beschnitten!

In den 25 Jahren von 1960 bis 1985 erlebte Afrika etwa 50 Staatsstreiche, um massenmordende und hungernde rote Tyranneien zu errichten.

Unsere Menschenrechtsaktivisten haben die Demokratien nie dazu aufgefordert, sich gegen die Errichtung dieser grausamen Regime zu empören, die ihre Völker durch die Errichtung marxistischer Regime massakrieren und aushungern würden.

Die Linke, die vorgibt, demokratisch zu sein, hat keine Einwände, wenn es darum geht, ein rechtsgerichtetes Regime, in dem alle glücklich sind, durch eine blutige marxistische Diktatur zu stürzen. Die Aberration und Blindheit wird ausnahmsweise von Journalisten aufgezeigt, die noch nicht vollständig robotisiert sind:

MICHEL COLLINOT empört sich: "Wenn ich Chile auf der Bank der Nationen sehe, weil General Pinochet es vor der kommunistischen Diktatur gerettet hat, und gleichzeitig unsere Versammlung die Dringlichkeit über die Diktatur von CHADLI ablehnt, der 1500 Demonstranten in einer Woche ermordet, frage ich mich, auf welchen Grad von Blindheit und bösem Glauben wir gefallen sind"...

GIESBERT stigmatisiert in Le Figaro: "Die selektive Empörung der französischen Politiker und Intellektuellen. Der Präsident der Republik und der Premierminister schweigen, als die Maschinengewehre von Präsident Chadli Hunderte von wehrlosen algerischen Schülern töten, während die gesamte französische Intelligenzia "die schreckliche Diktatur von Pignochait anprangert, die ausschließlich WASSERKANONEN GEGEN DIE DEMONSTRANTEN einsetzt"...

Es handelt sich natürlich um dieses schreckliche Regime, das kürzlich von der Weltbank für seine sozialen und wirtschaftlichen Errungenschaften gelobt wurde - positive Errungenschaften, die man in einer Diktatur der roten Massenmörder und Hungerleider niemals sehen wird.

Erinnern wir uns: Duc Tho, der kommunistische Führer Vietnams, erhielt den Friedensnobelpreis (zusammen mit Kissinger!). Kaum hatte er den Preis in die Tasche gesteckt, marschierte er in Südvietnam ein. Eine Million Boatpeople fliehen. 500.000 werden im Chinesischen Meer sterben!!!!

Die Menschenrechte schweigen und die Bankschleusen werden für diese Leute geschlossen: Wenn es sein muss, werden sie gezwungen, in ihre Hölle zurückzukehren, selbst wenn sie lieber sterben würden...

Hat man EINEN einzigen politischen Flüchtling aus Taiwan, Chile, Südkorea oder sogar Südafrika gesehen? Vierzig blutige marxistische Diktatoren in Afrika!

Es leben die Menschenrechte...

Und Herr Klarsfeld in seiner kommunistischen Bewegung ist ein Komplize dieser makroskopischen Verbrechen gegen die Menschlichkeit...

Natürlich verwöhnt und unterstützt er gemäß dem Geld der beschnittenen Finanziers und unseren139 Steuern, die von unseren linken wie rechten Mitterrand übrigens verteilt werden, die 40 blutigen Tyrannen, während er darauf wartet, die Elfenbeinküste, Marokko, Tunesien, Zaire, Togo usw. marxistisch zu liquidieren.

Es ist auf dem besten Weg: Bald wird ganz Afrika, Südafrika eingeschlossen, eine riesige Hungersnot sein, bis es zu einem riesigen Friedhof wird, auf dem die Menschen- und Bürgerrechte endgültig triumphieren werden!

Es ist anzunehmen, dass Herr Klarsfeld, der die achtzigjährigen Überbleibsel von Regimen, die von solch abscheulichen Gräueln nichts wussten, in seiner kommunistischen Bewegung zerschlägt, dem indischen Elend in Nicaragua applaudiert.

Die 200.000 Miskito-, Sumo- und Rama-Indianer, die von den sandinistischen Rassisten als unassimilierbar bezeichnet wurden, mussten mit ansehen, wie ihre Dörfer bombardiert und ihre Widerstandskämpfer summarisch hingerichtet wurden. Der Innenminister Tomas Borge sagte nicht:

"Wir sind entschlossen, wenn es sein muss, die Miskitos bis auf den letzten Mann auszulöschen, um den Sandinismus an der Atlantikküste Nicaraguas zu etablieren"...

Das ist klar!

Wie Jacques Soustelle 1984 in Le Monde schrieb: "Dörfer niedergebrannt, Ernten zerstört, Vergewaltigungen, Deportationen...".

Es leben die Menschenrechte von Herrn Klarsfeld...

Das Makroverbrechen der tentakelartigen und weltweiten Umsetzung des Marxismus ist allein schon so schrecklich, qualitativ und quantitativ so monumental (Zerschlagung des physischen und geistigen Menschen), dass selbst wenn die 6 Millionen Gaskammern wahr wären (wir wissen, dass es sich dabei um einen arithmetisch-technischen Unsinn handelt), sie angesichts dieses dantesken und universellen Verbrechens eine winzige Kleinigkeit wären...

Es gäbe noch viel über das Verbrechen des Freudismus zu sagen, das sich mit dem marxistischen Verbrechen deckt, indem es den Menschen von innen heraus zersetzt. Er reduziert den Menschen auf phallovaginale Dimensionen und ist der marxistischen Mentalität, die er vorbereitet, und der weltweiten Pornographisierung, Jugendliche zu Madona- und Michael-Jackson-Debilität, Drogen und Selbstmord führt, nicht fremd...

Dieses Freudsche Verbrechen liegt vollständig in der kapitalistisch-marxistischen Umlaufbahn und hätte unter Hitler oder Pétain keine Chance gehabt, sich zu manifestieren. Das ist eine Tatsache!

Doch dieses gigantische marxistische Weltverbrechen ist nicht das einzige große menschenverachtende Verbrechen dieser Pseudodemokratie, in der die Beschnittenen DIE EINZIGEN WAHREN HERREN SIND.

Welche Schrecken wurden uns in den letzten 50 Jahren auferlegt, seit weder Hitler Pétain irgendeine Macht haben?

Unsere Kinder werden säkularisiert, jeder moralischen und spirituellen Erziehung beraubt, der krankmachenden und kriminogenen "Killermusik" (durch die übertriebene physiologische Produktion von Adrenalin und Endorphinen), Drogen, Kriminalität und tausendfachen Selbstmorden (zweithäufigste Todesursache bei Kindern und Jugendlichen) ausgeliefert; unter Hitler oder dem

Marschall kein einziges Kind, das Selbstmord begeht, Drogen nimmt oder alkoholabhängig ist. Hat man in Nazi-Deutschland oder Vichy-Frankreich jemals einen Rentner gesehen, der gezwungen war, seinen Sohn zu erschießen, der durch Drogen zu einem Monster geworden war?

Chemisierung des Bodens, der innerhalb von 50 Jahren sterilisiert wird.

Die systematische Chemifizierung von Nahrungsmitteln und Therapien, die den Menschen auf der Chromosomenebene trifft, was zu allgemeiner Degeneration, degenerativen Krankheiten wie Krebs, Herz-Kreislauf-Erkrankungen und psychischen Störungen führt.

Verschwinden einer qualitativen Menschheit mit exponentiell wachsender Überbevölkerung, Verschwinden jeglichen Synthesegeistes wie auch des MORALISCHEN SINNES.

Verschwinden des ästhetischen Sinns, der es ermöglicht, die Blue-Jeans-Uniform oder Picasso für "Werte" zu halten.

Rückkehr zur Barbarei, wie sie in Süd- und Nordamerika und in den Vorstädten Frankreichs, Englands und anderswo zu beobachten ist.

Viruserkrankungen wie AIDS, die in geometrischer Progression zunehmen werden, da es nicht mehr in Frage kommt, mit dem Paar über LIEBE UND TREUE zu sprechen.

Atombomben wie in Hiroshima und Nagasaki (übrigens unnötige Kriegsverbrechen), Atomkraftwerke und ihr potenzielles Tschernobyl, versenkte Atom-U-Boote mit unvermeidbaren Gefahren.

Instabiler und nicht neutralisierbarer Atommüll.

Überhandnehmender Hausmüll, den man nicht rechtzeitig entsorgen kann.

Das Verschwinden der Wälder, die so nützlich für die lächerlichen Wahlzettel sind, die ausschließlich für die von der Hochfinanz und dem beschnittenen Marxismus versklavten Marionetten bestimmt sind. Und das mit unkalkulierbaren ökologischen Folgen. Tier- und Pflanzenarten, die mit exponentieller Geschwindigkeit aussterben und damit ein unumkehrbares ökologisches Ungleichgewicht vollenden.

Verschwinden der Bauernklasse, Ermordung der Landwirtschaft, die als einzige ein autarkes Leben gewährleisten kann. Die kleinste politisch-wirtschaftliche Störung kann ein Land in den Hungertod treiben, da sie ihm sogar seine pathogenen, chemisch behandelten Nahrungsmittel entziehen kann...

Die institutionalisierte Rassenmischung, die einen permanenten und unvermeidlichen Rassismus schafft, der automatisch in Libanisierung (Deutschland, Frankreich) und Bürgerkriege ausartet.

Die Pseudoliberalisierung der Frau, die ihre Qualitäten als Mutter und Ehefrau auslöscht, führt zu einer irrsinnigen Anzahl von Scheidungen, während die Kinder, die dem Schmerz ausgeliefert sind, zu Straftätern werden. Alle Kinder, die vor Gericht kommen, stammen von getrennt lebenden Paaren oder von Müttern, die intensiv außer Haus arbeiten (Prof. Heuyer). Alle wohlhabenden Frauen können diesen Mangel scheinbar ausgleichen. In Wirklichkeit sind die psychologischen Probleme nach wie vor vorhanden, auch wenn sie nach den materialistischen Kriterien der Psychiatrie nicht offenkundig sind. So werden diese unglücklichen Jugendlichen in Michael Jackson eintauchen und die menschliche Entwicklung wird rückgängig gemacht... Es bleibt ihnen nur Arbeitslosigkeit, Drogen und Selbstmord. Übrigens begehen Jugendliche, die eine katholische Erziehung genossen haben, niemals Selbstmord.

Eine Arbeitslosigkeit, die laut dem Club of Rome in Kürze eine Milliarde Menschen erreichen wird. Milliarden von Armen, Hungernden und Analphabeten.

Die Megastädte werden mit schädlichen Gasen gesättigt sein. Die Versorgung mit Lebensmitteln wird unmöglich werden. Die bereits zerstörten Wälder werden durch die Abgase zusätzlich korrodiert.

Allgemeine Pornografie als Faktor für physiologische und psychologische Degeneration, Homosexualisierung (frühe Masturbation gefördert + Vitamin-E-Mangel), AIDS Die Ozonschicht verschwindet und setzt die Menschen tödlicher Strahlung aus.

Selbstbedienungsabtreibung von gesunden Kindern, während Schwachsinnige und Kriminelle verhätschelt werden.

Die krankheitserregende und krebserregende Pille, die zu Eierstockblockaden, Wachstumsstopps und Frigidität führt (Prof. Jamain).

All diese Verbrechen sind ausnahmslos auf den mörderischen und selbstmörderischen Kapitalismus-Marxismus zurückzuführen.

Jeder, der MEIN KAMPF gelesen hat und die Errungenschaften Hitlers und des Marschalls sieht, ist vollkommen überzeugt. Es gibt keine Zweideutigkeit.

Keines der oben genannten Verbrechen wäre unter Vichy oder dem Dritten (Dritten) Reich möglich gewesen.

Sie hatten, Hitler und der Marschall, beide Respekt vor der Natur. Sie hatten auch die Sorge um die Menschenrechte und nicht um die Schurken. Die Abschaffung der Todesstrafe in einem Kontext, der so mörderisch gegenüber Unschuldigen ist, hat etwas Unergründliches an sich.

Rettet die Vergewaltiger und Mörder von kleinen Mädchen, rettet die Mörder von alten Damen, aber schlachtet die Indianer in Nicaragua ab, solange das Land marxistisch ist!

Das, mein lieber Herr Anwalt, sind die Gründe für die politische Option von Herrn Touvier, den ich bewundere und respektiere.

Ich selbst habe mich mit 20 Jahren, aufgewachsen in einer beschnittenen Finanzfamilie, gegen Hitler engagiert, Ich habe geglaubt!

Aber diese 50 Jahre des weltweiten Horrors, bei dem meine Mitmenschen alle Fäden in der Hand halten, haben mir die Augen geöffnet.

Jeder, der seine Intelligenz über alle zerstörerischen jüdisch-kartesischen Parameter hinweg bewahrt hat, wird wie ich mit der Realität der Tatsachen übereinstimmen.

Wenn niemand mehr das Elementare versteht, dann ist der Selbstmord des Planeten unter der Ägide meiner Mitmenschen in absehbarer Zeit unausweichlich.

De Gaulle sagte, dass "die Franzosen Kälber sind". Wenn sie Zombies sind, dann verdienen sie den Selbstmord, bei dem sich Opfer und Täter vermischen werden.

Da das Epizentrum dieses Falles die politische Option von Herrn Touvier ist, bleibe ich Ihr Hauptzeuge, wenn Sie es wünschen.

An Sie, Herz und Licht

Roger Dommergue de Ménasce Freiwilliger im Jahr 1944, pensionierter Lehrer nach 40 Jahren Sekundar- und Hochschulunterricht. Officier du mérite et du dévouement français (Offizier für Verdienste und Engagement in Frankreich).

1994 Der unglückliche TOUVIER wird 50 Jahre später verurteilt, weil er 1944 sieben Juden erschießen ließ und 23 von ihnen rettete.

Unaussprechliches Verbrechen!

1994 Dr. Goldstein massakriert 51 Palästinenser. Kein Wort!

In der Sendung 7/7 von Anne Sinclair im Juni 1994 wurden beide Ereignisse erwähnt. Tam-Tam für das eine, völliges Schweigen für das andere.

Es wäre zum Lachen, wenn es nicht so radikal ekelhaft wäre...

FALL TOUVIER: BRIEF AN DEN PRÄSIDENTEN DES BERUFUNGSGERICHTS VON VERSAILLES

15. März 1994

Sehr geehrter Herr Präsident, sehr geehrte Herren Beisitzende Richter,

Am Vorabend des Touvier-Prozesses ist es meine Pflicht als Jude, Professor und Philosoph, Ihnen nach bestem Wissen und Gewissen dieses Zeugnis zu geben.

Ich missbillige radikal und absolut diesen Touvier-Prozess, diese Farce, die Herrn Touvier vorgeworfen wird, der vor fünfzig Jahren Teil des letzten sauberen Regimes in Frankreich war. Als ich mich 1944 gegen den Nationalsozialismus engagierte, glaubte ich in meiner Naivität, dass wir in einem noch saubereren Regime als dem des Marschalls leben würden.

Fünfzig Jahre später stelle ich fest, dass wir in absoluter Fäulnis und Zersetzung liegen, dass Horror und Inversion zur Normalität geworden sind und dass meine Mitmenschen in allen Bereichen alle Fäden in der Hand halten, einschließlich der Justiz, die durch verfassungswidrige und stalinistische Gesetze versklavt wird...

Meine Mitmenschen, ich sage nicht "die Juden", sondern die Sekte der am achten Tag Beschnittenen, denn diese Leute sind KEINE Juden: Alle Selbstmordspekulationen, die im Liberal-Marxismus herrschen, sind kriminell und ketzerisch vor der Thora.

Da meine Altersgenossen unmissverständlich erklärten, dass es sich vor allem um den Prozess von VICHY handelte und dass Herr Touvier nur als Alibi für eine solche Absicht diente, riet ich ihm, nachdem der ungerechte Teil des Prozesses erledigt war (Touvier wurde bereits verurteilt, 50 Jahre später wurden 7 Juden erschossen, um 23 zu retten), seine politische Option 50 Jahre später vor der quintessentiellen Fäulnis des aktuellen Regimes zu rechtfertigen, das zweifellos das schlimmste aller Regime ist, da es den Menschen und den Planeten in all seinen Erscheinungsformen ermordet.

Ich habe daher den Brief, dessen Kopie ich Ihnen beifüge, an Rechtsanwalt Trémollet de Villers geschickt, der die schwere Aufgabe hat, durch ein Alibi die gesamte Menschheit zu verteidigen.

Dieser Brief verdeutlicht die ubueske und ungerechte Obszönität dieser von der Klarsfeldomanie ins Werk gesetzten juristischen Farce: Geben Sie Herrn Levy die Polizei und die Justiz, dann macht er sich nicht mehr lächerlich und das ist das 20. Jahrhundert...

Diese Leute, von denen ich mich distanziere, sind dabei, alle Parameter des Antisemitismus so stark zu konzentrieren wie zu keinem anderen Zeitpunkt in der Geschichte.

Ich befürchte leider, dass die nächsten Manifestationen eines Antisemitismus, der überall rumort und den ihre totalitäre Kontrolle über die Medien nicht zu verbergen vermag, zu einer betrüblichen Realität werden, die keinen Revisionismus benötigt...

Ich füge hinzu, dass der Farcenaspekt dieses Prozesses, dieser aus dem Ruder laufenden Maxijérémiade, monumental gesteigert wird angesichts der ECHTEN ANGSTIGEN PROBLEME, zu deren Bewältigung uns der Judäo-Cartesianismus zwingt.

Im Dritten (Dritten)Reich wie auch unter Vichy waren weder SOROS noch MARX möglich, und natürlich auch nicht der Verfall, den ihre Herrschaft mit sich bringt.

Glauben Sie, Herr Präsident und meine Herren Richter, dass ich Ihnen meinen tiefen Respekt versichere.

WAS TOUVIER HÄTTE SAGEN SOLLEN
WARUM ICH DEN MARSCHALL GEWÄHLT HABE

Weil es unter dem Marschall keinen Soros gab, der mit einem Telefonanruf eine Währung destabilisiert und wie Warburg, Hammer und Co. über monströse Machtbefugnisse verfügt, die kein Herrscher in der Menschheitsgeschichte je besessen hat.

Weil es gerade unter dem Marschall keine gekauften und zockenden Politiker gab, die in ihrer Nichtigkeit wie in ihren Machenschaften versunken waren.

Weil der Marschall Frankreich von der schändlichsten Bevormundung durch die Finanzwelt befreit hat. Weil es unter dem Marschall keinen Marxismus gab, der unter der Ägide von Kaganowitsch, Frenkel, Jagoda, Firine, Jejoff, Appeter, Abramovici und 50 anderen am achten Tag beschnittenen Menschen Dutzende und Dutzende von Millionen auslöschte.

Es gab keine Millionen von Arbeitslosen.

Es gab keine Zerstörung von Bauern, Handwerkern, kleinen und mittleren Unternehmen zugunsten der multinationalen internationalen Finanzkonzerne, "die die Drogen verwalten".

Es gab sogar eine Mission zur bäuerlichen Wiederherstellung.

Es gab keine ungepflegte Jugend, die in der Uniform des internationalen Schwachsinns, der Levy-Blue-Jeans, gekleidet war und der Arbeitslosigkeit, der Verzweiflung, den Drogen, dem Selbstmord, der pathogenen und kriminogenen Musik durch die übertriebene physiologische Produktion von Endorphinen und Adrenalin, die zu einer drogenabhängigen Mentalität führt, ausgeliefert war.

Es gab keine organisierte Verdummung durch die MARX MERDIA und den ATHEUS-LEVY-SION. Es gab keine Atom- und Neutronenbomben und kein Tschernobyl von Einstein, Oppenheimer und S.T.Cohen.

Es gab nicht den abstumpfenden, pornografischen und die marxistische Mentalität vorbereitenden Freudismus. Es gab nicht die Pornografie von Benezareff und Co.

Es gab keine massenhafte Degeneration, die sich auf den Atheismus verließ.

Es gab keine Zerstörung der Familie durch außerhäusliche Arbeit der Mutter, Scheidung à la carte, die pathogene und teratogene Pille und Selbstbedienungsabtreibung.

Es gab kein monströses und exponentielles Wachstum der Kriminalität.

Es gab keine Kernenergie, nicht nur mit ihren Tschernobyls, sondern auch mit ihren instabilen und nicht neutralisierbaren Abfällen.

Es gab nicht die Zerstörung der Wälder, der Tier- und Pflanzenarten. Es gab nicht den Tod der Erde durch synthetische Chemie.

Es gab nicht die allgemeine Chemifizierung von Lebensmitteln und Therapeutika sowie die exponentielle Zunahme von Herz-Kreislauf-Erkrankungen und Krebs, die trotz der offiziellen Forschung, die die WIRKLICHEN URSACHEN nicht berührt, immer weiter zunimmt.

Es gab nicht die tentakelartige Ausbreitung der Maffia.

Es gab kein mögliches Leben für einen Vergewaltiger und Mörder von kleinen Mädchen oder Mörder von alten Damen: Außerdem gab es solche Kriminellen unter seinem Regime nicht!

Es gab nicht die normative Ausweitung von Homosexualität und Pädophilie.

Es gab kein AIDS und die Organisation von Kinderschänderei unter dem Vorwand, diese Geißel zu bekämpfen, die durch Liebe und Treue des Paares vollständig eingedämmt würde.[11]

Es gab keine Invasion von Emigranten mit Libanisierung der Länder und organisiertem Rassismus DURCH EINEN PSEUDO ANTIRACISMUS.

Es gab nicht mit einem Wort das blutige Chaos des SOROSMARXISMUS und seiner 150 Kriege seit dem Fall von Vichy und dem Dritten Reich.

Es gab auch keinen Boudarel und keinen Pol Pot, die anerkannte Vernichter von vier Millionen Kambodschanern waren. (bis heute völlig unbehelligt!).

---

[11] Siehe nächste Seite Brief an Kardinal Lustiger.

Es gab übrigens keine blutigen marxistischen Diktatoren, die ihre eigenen Völker auslöschen und zum Verhungern bringen, wie wir es in Afrika, Südamerika und Asien sehen...

Kurz gesagt: Ich habe mich für den Marschall entschieden, weil er ein von jeglicher Verderbtheit freies Frankreich kristallisierte...

Brief an Kardinal Lustiger Erzbischof von Paris

7. April 1994

Exzellenz,

Wenn ich diese ekelhafte Sendung über AIDS sehe, die nur eine universelle Aufforderung zu Ausschweifungen ist, während NICHT EINMAL von den Moderatoren gesagt wurde, dass die einzige Prophylaxe gegen diese Krankheit LIEBE UND PARTNERLIEBE ist, wenn ich eine Mutter sehe, die sagt: "Mein zehnjähriger Sohn weiß, dass er beim Sex ein Kondom benutzen muss"... bin ich entsetzt und habe Lust zu sterben...

Wenn ich diese Zombifizierung der Gojim sehe, die vollständig von den am achten Tag Beschnittenen manipuliert werden, mit der Komplizenschaft des Schweigens des Rabbinats und von Ihnen, während ALLE herrschenden Beschneidungsspekulationen vor der THORA SOWIE VOR DEM EVANGELIUM kriminell sind, frage ich mich, welche Option es zwischen Zombifizierung und sinnlosem Heldentum gibt... Der EINZIGE, der Ideen äußert, die mit der Gesundheit Frankreichs übereinstimmen, ist LE PEN und ich habe gesehen und gehört, wie Sie ihn verurteilt haben!!!

Es gibt nichts mehr zu tun, NICHTS. Ich schicke Ihnen eine Kopie einer Seite aus Copin Albancellis JÜDISCHE VEREINIGUNG GEGEN DIE CHRISTLICHE WELT. Es war 1909 dem Erzbischof von Tours gewidmet und nicht einmal ausgeschnitten!

Der nichtjüdische Schwachsinn war also nicht so viel geringer als heute, da nicht einmal ein Erzbischof die Bedeutung dieses Buches begriff, das nun durch stalinistische, antidemokratische und verfassungswidrige Gesetze verboten wurde.

Wie ich die jungen Leute verstehe, die sich eine Seele bewahrt haben und angesichts einer solchen Welt, in der sogar Sie schweigen, obwohl Sie ständig im Fernsehen zu sehen sind, lieber Selbstmord begehen würden.

Habe ich Sie auch nur ein einziges Mal mit Nachdruck sagen hören, dass die einzige Lösung für AIDS die Liebe und Treue des Paares ist, dass dies die wahre Freiheit ist und nicht die allgemeine Ausschweifung, die von den Freuds, Simone Veils, Benezareffs und Konsorten inszeniert wird?

Wussten Sie, dass jede organische oder geistige sexuelle Aktivität vor der letzten Pubertät (ca. 18 Jahre) ein Massaker an Körper und Geist ist? (Moralischer Zusammenbruch, körperliche Erschlaffung, Tuberkulose, Schizophrenie, Schwächung des multipathogenen Immunsystems, Degeneration der Rasse).

Es sind nicht die beschnittenen Sexualwissenschaftler, die Ihnen das sagen werden, ganz im Gegenteil. Was werden Sie dem lieben Gott sagen, wenn Sie ihm bald begegnen?

"Herr, ich konnte nichts tun und ich habe die verrottenden Finanzgenossen und Pornographen durch mein Schweigen zur rechten Zeit unterstützt! Sie denken wohl, Herr, dass sie mich nicht dorthin gebracht hätten, wo ich jetzt bin, wenn sie gedacht hätten, dass ich die elementare Wahrheit verkünden würde"??

Mit wem soll ich heute sprechen außer mit THIBON, der schon sehr alt ist und der der letzte christliche Philosoph ist, mit dem ich mich trotz meiner Meinungsverschiedenheit über das Dogma sehr gut verstehe, der mich aber in Bezug auf das Wesentliche des Bewusstseins erreicht...

Ich erwarte von Ihnen genauso wenig eine Antwort wie von SOROS, BENEZAREFF oder SIMONE VEIL, an deren Seite (riesiges Symbol!) ich Sie gesehen habe...

An Sie,

COR UND LUX

DANN?

Die moderne Welt wurde aus dem Geld geboren und wird am Geld zugrunde gehen. Wer ist das Geld?

Wer finanzierte gleichzeitig die Deutschen, die Alliierten und die Bolschewistische Revolution und kam dann 1919 als Friedensvermittler nach Europa? Der Finanzier WARBURG.

Wer besaß 1940 so viel Öl wie die drei Achsenmächte? Der Finanzier HAMMER.

Wer kann eine Währung mit einem Telefonanruf destabilisieren? SOROS.

Die beschnittene Finanzwelt, der beschnittene Marxismus, die beschnittene Wissenschaft und der beschnittene Freudismus sind vier höhere Autismen, die die Menschheit durch die Herrschaft des Anti-Denkens ausrotten. Das kausale psychohormonale Epizentrum ist die Beschneidung am 8. Tag nach der Geburt.

Die Synthese der beschnittenen Herrschaft ist nicht wirklich geplant. Sie ist relativ unbewusst, da den Beschnittenen - und das ist ihr Unglück - der Geist der Synthese gänzlich fehlt.

Sie sind hingegen maßlos begabt für alle kurzfristigen Spekulationen. Das erklärt, warum die Protokolle der Weisen von Zion notwendigerweise eine Fälschung sind.

Diese Synthese der selbstmörderischen Herrschaft ist im Bewusstsein nur relativ ausgearbeitet und hat empirischen Charakter (Absprachen, internationale Hilfeleistungen, Verzicht auf diejenigen, die der Sache als Opfer des Antisemitismus viel nützlicher sein werden).

Diese herrschende Synthese ist also automatisch: In der Tat verleihen ihnen das Verschwinden der Vorsehungseliten, die das Wesen jeder natürlichen Theokratie ausmachen, und die geistige Unzulänglichkeit der großen Mehrheit der Menschen, ein Haupttrumpf der beschnittenen Strategie, automatisch alle Macht, da die pseudodemokratische Gleichheit, die sie freimaurerisch und säkular durchgesetzt haben, ipso facto die Ungleichheit von Warburg und dem Arbeitslosen fördert...

Die einzige Lösung für die Zukunft der Menschheit im beschnittenen liberalomarxistischen Chaos ist die radikale und absolute Abschaffung der Beschneidung am achten Tag, dem ersten Tag der einundzwanzig Tage der ersten Pubertät

Das würde die Menschheit in extremis retten, aber ich sehe wenig Chancen, dass dieses Buch verstanden wird und dass Kapital, das allesamt "jüdisch" ist, seine Erkenntnis umsetzt.

Wir werden nun im letzten Teil dieses Buches "Wahnsinn und Genie" die fundamentalen Grundlagen der Gesellschaft untersuchen, Grundlagen, ohne die sie notwendigerweise auf das

Chaos und die Vernichtung reduziert wird, die wir am Ende des zwanzigsten Jahrhunderts erleben.

WAHNSINN UND GENIE

(Werk des Endokrinologen Dr. Jean Gautier).
Der folgende meisterhafte Text wurde mir von Dr. J. Gautier, einem genialen Endokrinologen und Physiologen, beigebracht. Sein Werk verdient tausend Nobelpreise und geht völlig über den Judäo-Cartesianismus hinaus, dessen Gleichungen alle in der Pulverisierung des Menschen zusammenlaufen.

Das Epizentrum seiner Arbeit, die das Wissen über den MENSCHEN grundlegend erweitert, beruht auf der grundlegenden Entdeckung, dass das Hormonsystem eine funktionale Vorherrschaft über das Nervensystem und das Wesen im Allgemeinen hat.

Das Nervensystem spielt bei komplexen Aktivitäten nur eine sehr untergeordnete Rolle, es ermöglicht uns vor allem, unsere Automatismen zu speichern und ist eine Brücke zwischen unserer hormonellen Natur und unseren Handlungen.

Er kann zwar eine endokrine Drüse in Aktion setzen, aber das bedeutet nicht, dass er sie funktionell steuert.

In der Tat werden unsere Handlungen von unserem Nervensystem angeregt, aber es ist unsere hormonelle Natur, die die Qualität unserer Handlungen bestimmen wird.

Nehmen wir ein ganz einfaches Beispiel: Chopin sitzt am Klavier, eine Tür geht auf, er wird zusammenzucken, er ist ein emotionaler Thyreoidist, ein Überempfindlicher.

Chruschtschow sitzt am Klavier. Eine Tür öffnet sich. Er bewegt sich nicht. Er ist ein Nebennierenmensch, völlig emotionslos und gefühllos. Das Nervensystem reagierte bei beiden unterschiedlich, je nach ihrer Drüsennatur.

Es ist also das Hormonsystem, das unser psychophysiologischer Lehrmeister ist. Es ist der König des Organismus, das Nervensystem ist nur der Premierminister.

Dr. Gautier konnte so die Rasse, die Vererbung, die Drüsentypen[12] die Folgen von Genitalverstümmelungen in der ersten Pubertät, die er ebenfalls aufzeigte, und viele andere Dinge wie die Rolle der organischen Endokrine beleuchten.

Mein einziges Verdienst ist es, in die Geheimnisse seines Werks eingedrungen zu sein und zu versuchen, es so klar wie möglich verständlich zu machen.

Die folgende Darstellung im Epizentrum des Überlebens der Menschheit ist nicht die leichteste in seinem Werk, aber sie ist spannend.

Es ist bemerkenswert, dass der Brief von Herrn Valérie Giscard d'Estaing kurz vor Beginn seiner Amtszeit als Präsident datiert ist.

Die von diesem Präsidenten der Republik verfolgte Politik war jedoch das radikale und absolute Gegenteil der auf diesen Seiten zum Ausdruck gebrachten Erkenntnis.

Warum?

Weil alle Politiker aller Parteien der absoluten Diktatur der Hochfinanz und des beschnittenen Marxismus unterworfen sind.

Sie sind also radikal in den Parolen der Partei gefangen, in die man sie wie Beton gegossen hat.

Es gibt einige wenige höhere Geister, die "gut Bescheid wissen", aber auch wissen, dass sie das, was sie wissen, ignorieren müssen, wenn sie Karriere machen wollen.

Es gibt nur wenige von ihnen.

Die große Mehrheit der Politiker, die vom Kindergarten bis zu so absurden Prüfungen wie der E.N.A., der Agrégation oder der Polytechnique geformt wurden, können keine der Kriterien der höheren psychologischen Entwicklung konzeptualisieren und glauben daher, dass sie in ihrem Klüngel frei handeln, obwohl sie perfekt robotisiert sind. Die pseudodemokratische Konditionierung ist unumkehrbar. Das Ergebnis ist, dass alle Politiker aller Parteien

---

[12] Dissertation über die Schilddrüse: "Dandytum, physiologische Hyperthyreose" (1971).

unbewusst und "frei" auf Chaos und universellen Verfall hinarbeiten.

Jeder angekündigte "Wandel" ist eine Täuschung: Wandel kann es nur geben, wenn die Konzepte echter Spiritualität und höherer Intellektualität in das Leben der Menschen eingeführt werden. Andernfalls werden sich Krebs und Wahnsinn bis ins Nichts fortsetzen. Lassen Sie uns zur Sache kommen.

Vor der Nachwelt sind die Werke der Menschen sehr unterschiedlich. Es gibt Werke, die bleiben, und solche, die untergehen.

Nur KLASSIKER haben ein Recht auf Dauerhaftigkeit.

Die Werke der Menschheit haben unterschiedliche Geister als Schöpfer gehabt. Diejenigen, die immer bewundert werden, haben bestimmte Eigenschaften, die man bei einem genialen Menschen findet. Diejenigen, die in der Erinnerung der Menschen verblassen, haben etwas mit der Mentalität von Geisteskranken zu tun. Es ist leicht zu verstehen, dass das Überleben der Menschheit an die perfekte Kenntnis dieser beiden Konzepte gebunden ist.

Um gesund zu sein, muss der Mensch in einer gesunden Umwelt leben. Diese Umwelt ist sowohl konkret - Nahrung, Hygiene - als auch abstrakt - Bildung, Bücher, Medien. Mit anderen Worten: alles, was unseren Körper über den Magen und unseren Geist über die Neuronen im Gehirn versorgt. *Mit anderen Worten: Der Mensch der gegenwärtigen Konjunktur, der mit völlig totem Weißbrot (Vitamin-E-Mangel), weißem Zucker (Chelatbildner für das Kalzium im Körper und in den Zähnen), Nahrung und chemischen Medikamenten (krankheitserregend und teratogen), Tabak, Alkohol (krebserregend), Freud, Marx, der Wissenschaft von Einstein und Oppenheimer, dem Bankensystem von Rothschild, Rockefeller, Hammer, Warburg, Soros und Konsorten, die die gesamte Konjunktur gestalten, kann er, dieser Mensch, gesund sein, wird er nicht von klarsichtigen Verrückten geführt nicht von Genies, die für das Gleichgewicht und die Gesundheit der Völker unerlässlich sind?*

Können die Malerei Picassos und all die sogenannten "abstrakten" Schrecken (obwohl Malerei alles Mögliche sein kann, nur nicht "abstrakt"), das Centre Pompidou die Entwicklung des Sinns für Schönheit anregen, so wie es Chartres, Bach oder Giotto tun würden?

Der so genannte Fortschritt schreitet aufgrund einer sehr merkwürdigen semantischen Inflation mit großen Schritten voran.

Er wird von sogenannten "Wissenschaft" gefördert und schließt moralische, spirituelle, ästhetische und wahrhaft intellektuelle Konzepte in keiner Weise ein.

Er bestimmt dort Modalitäten, an die sich der Mensch nicht anpassen kann.

Er bringt ein Meer von praktischen, theoretischen, finanziellen, sozialen und politischen Problemen hervor, DIE ABSOLUT UNLÖSBAR sind, ohne zu Perspektiven zurückzukehren, die der gegenwärtigen Einschlafphase fremd sind.

Das moderne Leben, das mehr Leichtigkeit des Lebens und mehr Wohlstand hätte bringen sollen, verleitet die Menschen dazu, immer weniger Respekt vor der menschlichen Person zu haben.

Jeder Einzelne wird zunehmend dem Staatismus geopfert, dem Massenmenschen, der alle Rechte besitzt und keine Pflichten hat...

Die kleinste zusammenfassende Betrachtung zeigt uns, dass alles in dieser Gesellschaft des 20. Jahrhunderts immer schlimmer wird. Innerhalb weniger Jahre, seit dem Brief von Herrn Giscard d'Estaing, hat sich die Situation erheblich verschlechtert (3 Millionen Arbeitslose, 6 Millionen Immigranten, SIDA, Weltdrogen, Mafia usw.). DIE POLITIKER SIND VÖLLIG MACHTLOS UND KRÄFTEN AUSGELIEFERT, DIE ÜBER SIE HINAUSGEHEN UND DIE SIE AUFGRUND IHRER KONDITIONIERUNG OFT NICHT EINMAL AHNEN.

Die Kriege, die ausschließlich finanziellen Ursprungs sind, sind zweifellos nur der kriminelle Vorgeschmack auf den Krieg, der uns bevorsteht, es sei denn, der biologische Kollaps unter dem Einfluss der Chemisierung der Erde, der Nahrungsmittel und der Therapeutika wie auch die verrottete Umwelt machen das Leben auf der Erde in noch kürzerer Zeit unmöglich.

Es ist daher von grundlegender Bedeutung zu wissen, ob die in der Offizialität herrschenden Ideen die von vernünftigen Menschen sind oder ob sie nicht die imaginären und rein spekulativen Fabulierungen unausgeglichener Gehirne sind.

Es reicht nicht aus, dass eine Idee logisch erscheint, damit sie gut ist und nicht zu geistigen, biologischen, ökologischen usw.

Zusammenbrüchen und damit zu Bruderkämpfen, Verfolgungen und internationalen Konflikten führt.

Da die offiziellen Wissenschaftler (die auf Analytik und Spezialisierung fixiert waren) große Schwierigkeiten hatten, den Menschen zu studieren, versuchten sie, alle möglichen Untersuchungen an ihm durchzuführen: Mikroskop, chemische Analyse, physikalische und elektrische Messungen, Labordaten.

Diese Labordaten haben an die Stelle von Feststellungen getreten, die der Mensch über Jahrtausende hinweg gemacht und in Worten, "verbalen Bildern", verankert hatte. Sie sind in der Tat kleine Synthesen, die bestimmte, recht unterschiedliche menschliche Eigenschaften wiedergeben, von denen man aber erkannt hatte, dass sie denselben Ursprung haben (Beispiel: "Sensibilität", um sowohl die körperliche als auch die geistige Sensibilität wiederzugeben).

Ist dieser so hohe Wert, der den Labordaten zugeschrieben wird, gerechtfertigt?

Wer hat Recht? Der offizielle Wissenschaftler, der analytisch vorgeht, oder die Menschen, deren Sprache wie eine Synthese ist?

Die Menschen haben sich nicht deshalb in Bezug auf die universellen Phänomene geirrt, die sie mit ihren Sinnen nur sehr schlecht erfassen konnten, weil ihre Sensibilität ihnen nicht erlaubt hätte, zu spüren, was in ihnen selbst vorging. Die offiziellen Gelehrten befinden sich also in einer schweren Sackgasse, was die Verkennung des Menschen betrifft. Es ist daher willkommen, zu erfahren, ob ihr Denken nicht diametral von dem des genialen Menschen abweicht.

Sehen wir uns die Realität an.

Nicht nur der beispiellose Schaden, den die Wissenschaft dem biologischen Menschen und der Ökologie zufügt, ist tragisch, auch die damit einhergehende Zunahme des banalen Wahnsinns ist verblüffend ("banaler" Wahnsinn, um ihn von dem "großen" Wahnsinn, der ihn hervorbringt, zu unterscheiden) und verurteilt die offizielle Psychiatrie in aller Deutlichkeit.

Nicht nur, dass alle Formen der Kriminalität zunehmen (Mord, Drogenmissbrauch, Homosexualität, verschiedene Straftaten und leider auch Jugendkriminalität), nach dem Zweiten Weltkrieg hatte sich die Zahl der Verrückten in den USA verdoppelt.

Diese enorme Zahl kann nur in geometrischer Progression ansteigen, da nicht nur die grundlegenden Ursachen, die diese Demenz hervorgebracht haben, durch andere krankmachende Ursachen verschlimmert werden. In einem Land mit 200.000.000 Einwohnern ist diese Zahl bereits apokalyptisch.

Wir werden übrigens einen Wahnsinn erleben, Kriminalität und Homosexualität werden normiert, während die Opfer von Kriminellen, Vergewaltigern oder Pädophilen niemanden mehr interessieren werden.

Nicht mehr die Massen in schleimigen Bluejeans, mit "Afro-Look"- Frisuren oder kahlgeschorenen Köpfen werden Exhibitionisten sein, sondern diejenigen, die darauf beharren, sich elegant zu kleiden und ihre Persönlichkeit zu bewahren.

Gesunde Menschen werden als verrückt und subversiv abgestempelt, vor Gerichten im Auftrag von Schwerverbrechern verfolgt, die die Gefängnisse öffnen und die Todesstrafe abschaffen.

Mit einem Wort: Mörder werden zu Richtern, da alle Formen von Verbrechen, selbst die in Nürnberg verurteilten (Abtreibung wegen Eugenik!), legalisiert werden: Waffenverkauf an alle marxistischen Länder, Marxismus, pathogene Pillen, Pornografie, Chemifizierung etc.

Die Justiz wird auf allen Ebenen mit Straftätern, Dieben und Gaunern überlastet sein und kann nicht mehr dagegen vorgehen. Der "Rassismus" wird aufgrund des antiphysiologischen und antipsychologischen Nebeneinanders unterschiedlicher Ethnien zunehmen. In den USA werden bewaffnete Raubüberfälle von Drogensüchtigen zwei Jahre nach der Tat nicht bestraft. Nichts wird besser und in den USA traut sich nach 17 Uhr niemand mehr ohne Revolver aus dem Haus.

Jeder sollte daher die Bedeutung der Unterscheidung zwischen Wahnsinn und Genie erfassen.

Es ist wenig beruhigend zu glauben, dass diejenigen, die unsere Freiheit sanktionieren, über dieses grundlegende Problem in keiner Weise informiert sind.

Die Kenntnis dieses Problems wird ipso facto auch das Problem der Entwicklung des Menschen und der Erhaltung seiner Umwelt lösen.

Was sollen wir von diesen Intelligenzen halten, die eine außergewöhnliche Begabung haben, eine übertriebene Verzerrung des Geistes, die ihnen gleichzeitig ein großes Talent und große geistige und moralische Schwächen verschafft? Können sie uns regieren, ohne uns und sich selbst zu zerstören?

Im Fernsehen konnte man sehen, wie ein Anwalt jüdischer Herkunft brillant für die Ausbreitung der als "Freiheit" getarnten sexuellen Anarchie sprach.

Der Vortrag, den er analysierte, war jedoch von völliger geistiger, moralischer, ästhetischer und intellektueller Nichtigkeit. Er wurde von neun Zeugen auf der Bühne unterstützt (die allerdings sorgfältig ausgewählt worden waren, wie ihre Biotypologie auf den ersten Blick verriet).

Was ist ein gewöhnlicher Krimineller, der aus Elend, Leidenschaft oder sogar aus Interesse gemordet hat, neben diesem Monster in Menschengestalt, das die allgemeine Achtung genießt, ohne dass die Justiz sich aufregt und gegen ihn ein Verfahren wegen schwerer Anstiftung Unzucht einleitet???

Können wir uns nicht fragen, ob wir zufrieden sind, dass wir uns im Krieg gegen den Nationalsozialismus engagiert haben, um 35 Jahre später von einer verkommenen Elite regiert zu werden, die der Nationalsozialismus gerade bekämpft hat?

Hätte der Nationalsozialismus diese hässliche Karikatur der Freiheit akzeptiert, die die Manipulation aller Politiker mit dem Niagara von Drogen, Chemifizierung, Pornographie, Pille, Abtreibung, Kriminalität, Homosexualität, Freudismus, Marxismus, Finanzskandalen, Mafia usw. ermöglicht???

Das Problem stellt sich also in akuter Weise: Autoren, deren sprachliche Qualitäten, deren Umgang mit Gefühlen und Ideologien unübertroffen sind, vermitteln oft perverse, menschenfeindliche, unausgeglichene Ideen.

Deshalb müssen wir den Unterschied zwischen einem Verrückten und einem genialen Menschen untersuchen.

JEAN-JACQUES ROUSSEAU kann zweifellos zu den lichtscheuen Verrückten gezählt werden. Seine Ideen, sein Stil und seine Vorstellungen werden von vielen Professoren wohlwollend kommentiert, und doch sind sich heute alle Psychiater einig, dass bei ihm eine charakterisierte Demenz diagnostiziert werden muss.

Wer hat Recht, die Lehrer oder die Psychiater?

Konnte er gleichzeitig in seinem Leben verrückt und in seinen Werken vernünftig sein? Die Idee ist kindisch.

Wenn wir uns so sehr über die geistigen Qualitäten eines Autors täuschen können, besteht die Gefahr, dass wir bei den offiziellen Prüfungen und Wettbewerben, die wir zur Ausbildung unserer Lehrer, Wissenschaftler, Rechtsgelehrten und Regierenden nutzen, die Intelligenz sehr schlecht auswählen.

In der gegenwärtigen Situation kann man sagen, dass unsere Prüfungen und Wettbewerbe es uns nicht ermöglichen, Menschen auszuwählen, die in der Lage sind, die Qualitäten eines genialen Menschen anzustreben.

Unter den gegenwärtigen Umständen wird diese Behauptung niemandem schockierend erscheinen, außer denjenigen, deren geistige Integrität durch die Konjunktur, die wir gleich analysieren werden, zerstört wurde.

Geniale Männer sind in der Offizialität abwesend und ALBERT CAMUS vertraute mir an, dass es seit dem Verschwinden von CARREL und seiner Freundin SIMONE WEIL in der Konjunktur keine solchen Männer mehr gäbe. Stattdessen gibt es immer mehr Autoren, deren Hirngespinste dem Menschen zuwiderlaufen.

(Ein bekannter Autor jüdischer Abstammung behauptete kürzlich, dass es "keinen Mutterinstinkt" gebe und dass "Homosexuelle weder krank noch pervers" seien, was eine ganze Reihe von Beispielen für Irrlehren ist. Diese Behauptungen wurden trotz völliger Unkenntnis der Endokrinologie aufgestellt.)

Wenn wir die grundlegenden Eigenschaften eines genialen Menschen kennen, können wir eine echte Elite bilden, die die Nationen führen kann. Welche Eigenschaften haben der Narr und der geniale Mensch gemeinsam?

ERINNERUNG

Demenzkranke, die noch eine gewisse Intelligenz haben, behalten diese gut bei. Manche haben eine der stärksten und bestehen einen mnemotechnischen Wettbewerb, wie z. B. die Internship in Medizin oder die Agrégation de Droit. Manche können mehr als tausend Verse aufsagen. Andere können sich an die Gesichtszüge einer Person erinnern, die eine halbe Stunde lang vor ihnen posiert hat, und ein Porträt von ihr anfertigen. Wieder andere können eine komplexe Addition durchführen, die einfach zu lesen ist.

Geniale Menschen haben ein weniger effizientes Erinnerungsvermögen und beklagen sich oft über ihr Gedächtnis. Das aktuelle Gedächtnis, mit dem wir uns an bestimmte Fakten erinnern können, fehlt ihnen oft. Das Gedächtnis für Namen, Zahlen und Ereignisse kann ihnen teilweise fehlen. Diese Art von Gedächtnis findet man oft bei Menschen, die zwar gut sprechen können, denen es aber an genialen Eigenschaften mangelt.

Das Genie wird vor allem durch die Ordnung im Geist gekennzeichnet sein. Der geniale Geist erinnert sich nicht an viele Dinge mit vielen Details, sondern alles ist in seinem Gedächtnis nach dem Wert der Ideen geordnet. Die einen sind Hauptgedanken und stark fixiert. Die sekundären Ideen werden an diese angehängt und die inzidenten an die letzteren.

Der geniale Geist ist hierarchisch gegliedert

Er ist also für geistige Arbeit, für Ausarbeitungen und für Entdeckungen ausgebildet. Er ist in keiner Weise dafür ausgebildet, über die verschiedensten Themen ohne Tiefgang zu schwadronieren oder zu schreiben.

Die Erinnerungen von Demenzkranken sind im Gegenteil seltsam, originell, voller Seltsamkeiten und im Allgemeinen sehr heterogen. Sie stimmen mit den Empfindungen überein, die ihnen aufgefallen sind. Die Auswahl der Erinnerungen wird von den affektiven Neigungen der Betroffenen bestimmt, ohne dass eine Unterscheidung nach übergeordneten Kriterien stattfindet.

Urteilsvermögen und Willenskraft sind die Triebfedern für das Denken eines Genies. Vorstellungskraft.

Sie ist sowohl bei einem Verrückten als auch bei einem genialen Menschen sehr lebendig.

Man könnte sagen, dass dies die intensivste und charakteristischste dominante Besonderheit ist. Aber die Qualität ist bei dem einen und dem anderen sehr unterschiedlich.

Bei Dementen ist sie: überschwänglich, leicht, übertrieben, fantastisch, anarchisch, fabulierend, ungeordnet.

Bei einem genialen Menschen ist sie: diszipliniert, sie gehorcht den hohen Gefühlen unter der Anstrengung des Geistes und des Willens.

Er muss sich nämlich der gesamten Realität bewusst sein, ohne irgendein Element abzulehnen, das die Objektivität verfälschen würde, und er muss insbesondere Ideen in seinem Bewusstseinsbereich akzeptieren, die seinen Tendenzen oder Ideologien nicht schmeicheln. Ohne diese Voraussetzungen könnte er nicht zur Erkenntnis gelangen.

Infolgedessen werden alle menschlichen Werte von seinem Gehirn in Zeit und Raum respektiert.

Seine Vorstellungskraft schweift nicht ab und strebt auf ein Ziel hin. Sie ist ein Versuch, innerhalb des von der Erfahrung vorgegebenen Rahmens etwas zu entdecken. Alle Daten dieses Rahmens werden integriert. Sie nutzt die unterschiedlichsten psychologischen Entwicklungen, um zu einem bestimmten, gewollten Werk zu gelangen. Die Vorstellungskraft des Geistesgestörten hingegen hat keine Grenzen oder Regeln. Sie hat kein Ziel. Der Entdeckergeist ist bei einem Verrückten anders als bei einem genialen Menschen.

Der Verrückte kann eine Inspiration, eine Intuition haben, seine Entdeckung wird spontan und unvorhersehbar sein. Eine geniale Geisteshaltung ist das Ergebnis einer großen Anstrengung, die mit großen Schwierigkeiten verbunden ist. Die Intuition hilft ihm und der Wille ermöglicht es ihm, etwas zu erreichen.

LOGIK UND VERNUNFT

Die Psychologen glaubten, ein gültiges Denken an der Qualität der Argumentation, der Logik, erkennen zu können. Sie haben sich in ihrer Behauptung teilweise geirrt. Diese Eigenschaften sind nämlich bei manchen Verrückten am stärksten ausgeprägt.

Sie sind bei verfolgten Verfolgern stark ausgeprägt zu finden.

Ihre Logik ist stark, ohne Risse, brutal und unerbittlich. Sie wird daher auch als "krankhaft" bezeichnet, als ob eine solche Gedankenfolge die Grenzen des Normalen überschreitet und einen pathologischen Zustand offenbart.

Die Logik des genialen Menschen ist viel prekärer: Es ist schwierig, logisch zu sein, wenn man nicht verrückt ist!

Sie ist daher weniger starr, lockerer, verschwommener und lässt dem Gefühl, "das die Wirklichkeit direkter wahrnimmt als der Verstand" (Carrel), der Intuition freien Raum.

Der Verrückte hingegen ist buchstäblich das Opfer einer Verkettung von Argumenten. Er misst nur einer Systematisierung Bedeutung und Intensität bei, die den Verstand versklavt und ihn jeder wirksamen Initiative beraubt. Bei vielen Wahnsinnigen verknüpft die zeitliche und räumliche Nähe zweier Tatsachen diese in ihrem Geist unausweichlich als Ursache und Wirkung. Das Genie sich dessen viel weniger sicher, denn die Erfahrung hat es gelehrt, dass zwei Phänomene, die nahe beieinander liegen, nur entfernte Beziehungen zueinander haben können. Er will kein Sklave des Scheins sein.

Ich sehe zum Beispiel, dass der Hypothalamus die Endokrine reguliert, also ist es das Nervensystem, das diese steuert. Aber eine Beobachtung, die auf einer engen Analyse beruht, führt zu einem Irrtum.

In Wirklichkeit ist es das Nervensystem, das funktionell vom Hormonsystem gesteuert wird, da es der erste Konstituent ist.

Dies ist nur ein Beispiel von Tausenden.

Der Verrückte benutzt nur seine Empfindungen gegenüber den Phänomenen. Das Genie setzt seinen Verstand an deren Stelle und schließt nie auf eine strikt analytische und quantitative Beobachtung.

Er weiß, dass er dadurch sein Blickfeld auf die gesamte Realität verlieren würde. Daher ist er ständig auf der Suche nach Intelligenz und Verständnis.

Der Verrückte argumentiert seine Interpretation nur mit seinen Sinnen und seiner Affektivität, und zwar so eng, so faktenfern und so unerbittlich, dass seine geistige Unausgeglichenheit deutlich wird.

Denken wir an den Anwalt zurück, der anarchische sexuelle "Freiheit" in einer Argumentation predigte, die das elementarste geistige Gleichgewicht herausforderte.

In diesem Zusammenhang muss man wissen, dass der Gebrauch der Sexualität vor der letzten Pubertät, (etwa mit 18 Jahren) ein Ungleichgewicht der Schilddrüse verursacht, das den Menschen in den Verfall führt, in die moralische Bedeutungslosigkeit, in die Abulie, die ihn zur Traumbeute der verrückten Konjunktur macht.

Was dementen Menschen fehlt:

Die willentliche Aufmerksamkeit. Willenskraft.

Die höheren psychologischen Ausarbeitungen. Der moralische Sinn.

Dies macht die grundlegende Identität des Wahnsinns aus.

Diese Identität kann sehr gut mit den großen mnemonischen und analytischen Fähigkeiten vereinbar sein, die bei den Einstellungsprüfungen verlangt werden...

Unsere Eliten!

VERLUST DER FREIWILLIGEN AUFMERKSAMKEIT

Psychiater sind sich selbst in der gescheiterten Konjunktur, in der wir leben, einig: Verrückte haben keine Aufmerksamkeit, sie haben nur Anziehung und Sorgen.

Es ist gut, ACHTUNG zu definieren.

Es reicht nicht aus, den Geist lange auf etwas zu richten, das Ihnen gefällt, das Sie beglückt, das Sie anzieht, um Aufmerksamkeit zu zeigen.

Objektivität, Naturkräfte und Wesen begegnen uns in zwei Formen: eine ist angenehm, leicht, nützlich und weckt in uns eine Anziehung; die andere ist schwierig, schmerzhaft, schädlich und ruft in uns eine Tendenz zur Flucht hervor, gleichzeitig kann sie in uns einen Zustand der Furcht, der Angst hervorrufen, der sich in einer Sorge äußert. In diesen Fällen gibt es keine echte Aufmerksamkeit.

Echte Achtsamkeit dient uns dazu, unseren Geist auf langweilige, lästige, unangenehme, ermüdende und manchmal schädliche Empfindungen zu fixieren; sie kann uns aber auch ermöglichen, uns von Empfindungen abzulenken, die uns angenehm sind, leicht fallen und uns Freude bereiten, und zwar mit dem Ziel echter Objektivität, moralischen Sinns und Altruismus. Echte Entdeckungen können nur durch eine kraftvolle Aufmerksamkeit gemacht werden, da sie ALLE Aspekte eines Phänomens berücksichtigen muss, von seinem höchsten spirituellen Aspekt bis hin zu seinem bescheidensten materiellen Aspekt.

INTELLIGENZ

Sie wird sich beim Genie durch Schönheit, Harmonie, Ordnung, Maßhalten im Denken und Mut gegen Konformismus manifestieren.

Das Verrückte wird sich durch Übermaß, Unordnung, Übermut und Unausgeglichenheit äußern.

ARBEITSFÄHIGKEIT

Das Genie erlangt alle seine Fähigkeiten zurück, wenn es sich an die Arbeit macht. Der Narr ist inkonsequent und launisch. Er kann seine Arbeit nicht lenken. An einem Tag arbeitet er wie verrückt, und am nächsten Tag kann er nichts mehr tun. Er ist ein Spielball seiner Neigungen und seiner Vitalität.

DIE VERSCHIEDENEN AUFMERKSAMKEITSDEFIZITE BEI EINEM VERRÜCKTEN

Manche Menschen sind auf alles unaufmerksam. Das sind die intellektuell Instabilen: Ihre Sinne lassen sich nicht fixieren. Mongoloide oder Myxödematiker fühlen sich zu nichts hingezogen. Andere Defizite werden nur von Nervenkitzel angezogen, aber ihre Gedanken werden schnell durch das geringste Gesehene oder Gehörte davon abgelenkt.

Das sind die Maniker, die Idioten, die frühen und die senilen Demenzkranken. Andere zeigen je nach ihrem funktionellen und organischen Zustand sentimentale Wendungen, die ihre Aufmerksamkeit mit ihrer Sehweise verändern.

So wird ein Kreisverrückter im Zustand der Erregung optimistische Vorstellungen haben und im Zustand der melancholischen Depression pessimistische Vorstellungen haben.

Die Qualität der Aufmerksamkeit wird durch den funktionalen Zustand bestimmt.

Der Demente kann auf seine Ideen fixiert sein: Es wird schwer sein, ihn von seiner Aufgabe abzubringen, selbst wenn es um das Essen geht. Senile Demenzkranke erzählen immer wieder die gleichen Geschichten. Melancholiker und Verfolgte haben eine wahnhafte Sorge, z. B. eine Racheidee, die dominant bleibt und von der sie sich nicht befreien können. Diese Dominanz in ihrem Geist führt dazu, dass alle Empfindungen, Ideen und Ereignisse verzerrt und interpretiert werden, um als Nahrung für ihr wahnhaftes Thema der Systematisierung zu dienen. Darüber hinaus haben einige Maniker oder allgemeine Paralytiker eine so mangelhafte Aufmerksamkeit, dass sie Elemente, die ihnen schaden, als vorteilhaft und verschraubend beurteilen.

Melancholiker betrachten das, was ihnen nützt, als schädlich.

Da Verrückte keine Kontrolle über ihre Empfindungen und Ideen haben, bieten sie keine Möglichkeit zur Aufmerksamkeit.

Leider ist dieser Mangel an Aufmerksamkeit nicht nur das Merkmal von Geisteskranken. Er ist auch das Merkmal von Pseudointellektuellen, die in den Medien zu Wort kommen, und von offiziellen Wissenschaftlern, während er bei Kindern, Primitiven und normalen Menschen im Traumzustand normal ist.

VERLUST DES WILLENS

Die Psychiatrie hat sich darauf geeinigt, dass Verrückte abouliques sind. Auch der Wille muss definiert werden.

Eine Handlung, die lange und beharrlich ausgeführt wird, kann überhaupt keine Willensausübung beinhalten. Dies ist der Fall, wenn diese Handlung Ihnen gefällt, Ihren Sinnen, Leidenschaften und Überzeugungen schmeichelt, die Sie auch vor den Tatsachen nicht in Frage stellen wollen, Ihr soziales und materielles Interesse, aber nicht auf Moral und Objektivität gerichtet ist.

Der Wille hingegen besteht darin, mühsame, anstrengende Handlungen zu vollziehen, die unseren natürlichen Neigungen und Überzeugungen zuwiderlaufen. Dies geschieht aufgrund einer höheren Idee des Altruismus und des moralischen Sinns in Richtung eines nicht-egoistischen und weit entfernten Ziels.

Im Alltag dient der Wille dazu, uns selbst nicht zu schaden, z. B. das Rauchen zu vermeiden (was sehr schwierig ist, da Tabak geradezu eine Abneigung gegen seinen Konsum bestimmt) oder unseren Mitmenschen nicht zu schaden.

Wenn wir aus Achtung vor der menschlichen Person Gutes tun, handeln wir willensstark.

Bei einem Wissenschaftler, der schreibt und entdeckt, um mehr zu erfahren, irgendeinen Nutzen daraus zu ziehen oder sich ins Rampenlicht zu stellen, kann man nicht von einem Willen sprechen.

Der Wille tritt bei einem Wissenschaftler nur dann in Erscheinung, wenn er in vollkommener Redlichkeit und Unparteilichkeit der Untersuchung die Erkenntnisse, die er erlangt hat, nur so weit verbreitet, wie es für den Menschen vom Standpunkt seiner moralischen Person aus vorteilhaft ist. Dieses altruistische Element ist für den Begriff des Willens von wesentlicher Bedeutung.

In der Tat kann man bei allen Wesen einen anhaltenden Impuls zu starkem Handeln finden, der den Besessenheiten ähnelt: *Diese Art von Besessenheit findet sich sehr ausgeprägt bei den Kaukasiern.*

Demenzkranke können keinen Willen haben, weil sie nur an sich selbst denken.

Sie sind von Grund auf egoistisch. Sie haben keine Gefühle für andere Menschen. Sie denken nur an die Befriedigung ihrer Neigungen. Sie gehorchen nur Belohnungen und Bestrafungen. Lehren und Überlegungen haben bei ihnen keine Wirkung.

Beachten Sie, dass kleine Kinder - bis zu 18 Jahren!- keine aktive Interstitialdrüse (Willensdrüse) haben. Sie sind mit dem Dementen verwandt. Aber wenn die *Argumentationen* nicht stichhaltig sind, sind *das Beispiel und die Autorität die beiden Zitzen der wahren Erziehung.*

"Ich wasche mich und bin mutig, weil Papa sich wäscht und mutig ist".

"Ich rühre die Streichhölzer nicht an, weil Papa es verboten hat" (und nicht "weil ich Feuer legen kann", was für ein sehr kleines Kind unverständlich ist).

Ohne diese beiden Prinzipien *ist keine Bildung möglich.*

Es ist offensichtlich, dass Eltern ihren Kindern eine höhere Bildung vermitteln werden, je höher sie geistig und intellektuell entwickelt sind. So können sie ihre Kinder zu Carrel, Chopin statt zu Disco, Drogen, Marx und Freud führen. Ich erinnere daran, dass es unter Kindern, die eine katholische Erziehung erhalten, keine Straftäter oder Selbstmörder gibt, auch wenn diese noch so schlecht ist. Dagegen habe ich in der Freimaurerei viele Brüder kennengelernt, deren Kinder Selbstmord begangen haben...

VERLUST DES MORALISCHEN EMPFINDENS

Demenzkranke haben keine Vorstellung von Gut und Böse. Altruismus ist für sie ein LEERES Wort.

Sie haben keine Güte, sie sind verlogen, heuchlerisch, gemein, pervers, bereit, andere Kranke zu schlagen, ihre Kleidung zu zerreißen und zu stehlen oder was auch immer sie begehren. Sie haben kein Schamgefühl und denken nur daran, ihren Geschlechtstrieb zu befriedigen, wenn sie einen haben. Sie können ihren Halluzinationen oder Impulsen nicht widerstehen. Sie sind zu jedem Verbrechen fähig.

VERLUST DER HÖHEREN PSYCHOLOGISCHEN AUSARBEITUNGEN

Wir müssen ausführlich über diese Fähigkeit sprechen, die seit dem Zusammenbruch der realen Werte wenig bekannt ist.

Die folgenden Ausführungen stammen aus physiologischen Studien: Es sind in der Tat psychische Möglichkeiten, die durch Drüsenfunktionen verliehen werden. Um es vorwegzunehmen: Es gibt keinen *echten Intellektuellen* ohne den Umgang mit diesen Ausarbeitungen, die allein den Zugang zu *Wissen* ermöglichen. Dem Dementen ist dies *völlig verwehrt*.

Die Methoden zur Rekrutierung einer echten Elite sollten auf diesen Möglichkeiten des Geistes beruhen und nicht auf analytischen Spekulationen oder reduktionistischen und selbstmörderischen Ideologien.

Dies ist bei einem Geistesgestörten nie der Fall.

DIE ABSTRAKTIONEN

Wir müssen in der Psychologie praktisch noch alles lernen.

Als Mathematiker und Physiker feststellten, dass sie mit Zahlen bestimmte mathematische Überlegungen nicht anstellen konnten, dachten sie sich alphabetische Symbole als Ersatz aus. Die Philosophen ihrerseits erkannten sehr wohl, dass die meisten Sinnes- und Gefühlsdaten, die wir besitzen, bestimmte intellektuelle Ausarbeitungen wie die *Synthese* erschweren.

Sie versuchten jedoch nicht, die ideellen Elemente zu vervollkommnen.

So glaubte man, dass perfekt definiertes Wissen, wie Labordaten, mikroskopische Visionen, Zahlen, algebraische Formeln, für psychologische Ausarbeitungen verwendet werden könnten.

Hierbei handelt es sich um einen sicheren und schwerwiegenden Fehler.

Jede genaue Angabe birgt in sich die Werte, die mit ihr untrennbar verbunden sind. Sie bilden bestimmte charakteristische Elemente, die es ermöglichen, sie nur in Form einer definierten Entität im Geist zu besitzen, *die keine Möglichkeit bietet, sie für psychologische Ausarbeitungen zu verwenden.*

Sie sind daher gezwungen, so zu bleiben, wie sie sind, und können nur für *wissenschaftliche Zwecke* verwendet werden.

Große Gelehrte wie *Carrel* und *Leconte de Nouys* haben uns *vor diesem grundlegenden Irrtum gewarnt.*

Daher ist es nicht verwunderlich, dass der Geist nicht in der Lage ist, mit Messungen die Form eines Flugzeugs oder eines Schiffes zu bestimmen, um dessen Geschwindigkeit zu erhöhen. Dies kann *nur durch die Früchte der Erfahrung erreicht werden.*

Nun ist es so, dass sich unsere gewöhnlichen Ideen nur wenig von den Empfindungen unterscheiden, die mit mikroskopischen Visionen, chemischen Analysen, mathematischen oder physikalischen Messungen vergleichbar sind, während die anderen Ideen Gefühlsvorstellungen sind, die aus vorher festgelegten metaphysischen Vorstellungen stammen und die Interpretation aller Phänomene verzerren.

Zusammenfassend lässt sich sagen, dass höhere psychologische Entwicklungen nicht mit sensorischen Ideen, sondern mit Abstraktionen erfolgen können.

Was ist eine Abstraktion?

Es scheint ein Gedanke zu sein, der eine Menge Objektivität, Gefühle und Gedanken in sich birgt, eine Art Komplex wie "Menschenmenge", "Land", "Charme", "Altruismus". Die Physiologie lehrt uns, dass Abstraktion etwas ganz anderes ist.

Jedes Wortbild entspricht einem Wort, setzt sich aus einer Menge organischer Funktionsweisen zusammen. Das Sehen, das Hören, der Tastsinn haben Elemente für das Wort geliefert. Das gesamte Gesicht und insbesondere der Mund, die Zunge, die Lippen und der Rachen dienten als Resonanzorgane für die Aussprache des Wortes, die mit dem stimmgebenden Rachen zusammenarbeiteten.

Aber das ist noch nicht alles.

Jedes Wortbild ist das Ergebnis eines emotionalen Zustands, d. h. einer Reihe von Organfunktionen: Lunge, Herz, Verdauung, Ausscheidung usw. sowie aller Stoffwechselvorgänge, die ihren Rhythmus entweder nach oben oder nach unten verändern, je nachdem, welches Wortbild gebildet wird.

All diese Phänomene werden vom Hormonsystem gesteuert.

Unter gewöhnlichen Lebensumständen hat das Wort mit all seinen endokrinen Beteiligungen, die die verschiedenen Sinnes- und Muskelfunktionen miteinander verknüpfen, einen großen Vorteil aufgrund des emotionalen Zustands, der ihm zugrunde liegt und der wie ein potenzielles Verhalten ist. Er kann bei Bedarf mit einer Schnelligkeit ausgelöst werden, die ein Verstandesdenken niemals erreichen kann. Auf diese Weise kann er dazu beitragen, die Existenz des Betroffenen zu sichern, weshalb er so nützlich ist.

Aber diese sinnliche und emotionale Beteiligung am Wort, die im Beziehungsleben ihren großen Vorteil ausmacht, ist sehr schädlich, wenn es darum geht, ein Phänomen zu untersuchen, das sich auf den Menschen bezieht.

Das Wort muss also von Natur aus intellektuell sein und sich strikt auf das betreffende Phänomen beziehen. Das Wort muss von allen funktionalen Elementen befreit sein, die die Persönlichkeit des Beobachters mit sich bringt.

Es muss aufhören, ein Wortbild zu sein, und rein ideologisch werden, indem es keinen Lebenszustand des Forschers und keine seiner Gefühle mehr hervorruft.

Das Wort wird so von den überlieferten Ideen und metaphysischen Theorien, die er liebt, befreit und zu einer angemessenen und unparteiischen Bezeichnung, die den Namen Abstraktion tragen wird.

DISKRIMINIERUNG ABSTRAKTER WERTE

Die analytischen Tendenzen der positiven Wissenschaften haben uns daran gewöhnt, dass jedes Element, aus dem eine Objektivität, eine Kraft oder ein Gedanke besteht, einen ähnlichen ideellen Wert besitzt.

Gewicht, Größe, Konsistenz, chemische und atomare Zusammensetzung sowie die verschiedenen physikalischen und chemischen Eigenschaften eines Körpers sind für den Chemiker oder Physiker Elemente, die in ihren Augen einen gleichwertigen ideellen Wert darstellen.

Wenn man *einen Identitätsbegriff* oder besser noch *eine Synthese* aufstellen will, muss man die Besonderheiten auswählen, die einen vorherrschenden Wert haben, und die wichtigsten von den zweitrangigen unterscheiden.

Dasselbe gilt für die Ideen und Abstraktionen, die sich uns bieten. *Diese Unterscheidung ist in manchen Fällen und insbesondere bei allem, was den Menschen betrifft, absolut unerlässlich.*

Ein äußerst wichtiges Beispiel muss hier erwähnt werden, *da es zufällig an der Schnittstelle zwischen Wissen und Entwicklung der Menschheit steht.*

Es geht um die funktionelle Allmacht des *Hormonsystems*. Wodurch der Mensch aufgeklärt wird: Rasse, Vererbung, Sexualität, die unterschiedlichen Naturen von Mann und Frau, die Mentalität von Genitalverstümmelten, das Kind, die Erziehung etc.

Die offiziellen Endokrinologen haben richtig erkannt, dass unser Nervensystem durch unser Hormonsystem *vollständig verdoppelt wird*.

Das bedeutet, dass es keine einzige physiologisch betrachtete Funktion gibt, die nicht sowohl mit dem Hormonsystem als auch mit dem Nervensystem erreicht werden kann.

Man kann sich *durchaus* vorstellen, dass bestimmte Funktionen wie die Fortpflanzung, die Funktion des Genitaltrakts bei der Frau, die Pubertät und die Vererbung ohne das Eingreifen des Nervensystems ablaufen und von unseren Endokrinen übernommen werden.

Unter diesen Umständen stellte sich die Frage, welches dieser beiden Systeme die funktionale Vorherrschaft besitzt.

Das ist eine erhebliche Abstraktionsdiskriminierung: zwei verschiedene Systeme, deren Kausalmodus gegensätzlich ist: Das Drüsensystem wirkt durch chemische Phänomene und das Nervensystem durch physikalische Erregungen.

Um *dieses große Problem* zu lösen, muss man *seine persönlichen Meinungen, Gefühle und Vorstellungen aufgeben und sich nur um die Fakten kümmern, da man sonst einem schwerwiegenden Irrtum erliegt.*

Diese Möglichkeit der Unterscheidung findet sich selten bei Menschen und noch weniger bei Akademikern, deren mnemonikoanalytische Ausbildung dazu verleitet, sich zwanghaft auf das durch die Analyse Gelernte zu fixieren, *ohne zeitlich und räumlich weiter gehen zu können.*

Zum Beispiel: "Ich sehe, wie der Hypothalamus die Endokrine reguliert" "*Also* ist es das Nervensystem, das das Hormonsystem steuert" ...

Diese analytische Argumentation ist streng logisch und wird jeden überzeugen, der auch einen analytischen Verstand hat.

Das Unglück ist, dass diese Logik absurd ist und dass die Synthese, die diese Beobachtung umfasst, *zu einer radikal entgegengesetzten Schlussfolgerung führen wird.*

Es ist zu beachten, dass diese Art von verdorbener Logik derzeit den gesamten Planeten regiert und dass es normal ist, dass *diese Logik die Formel für den Selbstmord der Menschheit ist.*

Es ist offensichtlich, dass *wir nicht so unwissend über alle Prozesse des menschlichen Beziehungslebens wären,* wenn es anders wäre, wenn unseren Führern das geistige Potenzial gegeben würde, sich von der Idee und dem Gefühl zu einem echten Gedanken zu erheben.

Es ist daher offensichtlich, dass es nicht in Frage kommt, von einem Dementen eine solche geistige Fähigkeit zu verlangen.

Der Demente hat keine Vorstellung davon, was Diskriminierung sein kann, denn in manchen Fällen kann er nicht einmal unterscheiden, was ihm nützt und was ihm schadet.

Er kann keine Abstraktionen bilden, weil er eine Idee nicht lange im Kopf behalten kann (Meditation), insbesondere wenn sie ihm unangenehm ist und ihn Anstrengung kostet. *Er kann keine Abstraktionen bilden und über sie meditieren.*

BEGRIFF DER IDENTITÄT

Die offiziellen Wissenschaftler sind verrückt nach Analysen.

Sie glaubten, dass sie durch eine möglichst weitgehende Unterteilung aller Besonderheiten und Eigenschaften eines Körpers zu einer vollständigeren Kenntnis der Objektivitäten und Probleme gelangen würden. Da diese Analysearbeit umfangreich kodifiziert wurde, wurde eine Liste von Untersuchungen bereitgestellt, mit denen die Forscher alle inhärenten Besonderheiten einer Entität aufdecken sollten.

So wurde die Analyse vor allem eine Frage der Manipulation und der Routine und *absolut nicht der Intelligenz.*

Ein mittelmäßiger Mensch, sogar ein relativ Geisteskranker, der einen Abschluss und ein wenig Geschick hat, kann zu einer Analyse fähig sein.

Analytische Methoden lassen sich zwar leicht auf materielle Einheiten und konstante Kräfte anwenden, nicht aber auf den Menschen.

Beim Menschen kann man die somatische Gesamtheit und die physische und chemische Funktion seiner verschiedenen Organe im Labor untersuchen, weil es hier einige Konstanten gibt. *Aber keine dieser Untersuchungsmethoden ist auf das Leben in einer Beziehung anwendbar.*

Das bedeutet, dass sich die wahre Erkenntnis des Menschen der analytischen Methode radikal entzieht.

Diese elementare philosophische Wahrheit, die auf dem kulturellen Niveau eines normal entwickelten Teenagers liegt, wird *von offiziellen Akademikern mit akademischen Abschlüssen ignoriert.*

So entziehen sich innerhalb der Offizialität, *der Psychiatrie*, menschliche Manifestationen wie Wahnsinn und Genie dem offiziellen Wissen, da man *die Kriterien, die sie definieren,* nicht kennt.

Die Variabilität und Instabilität des funktionellen und intellektuellen Stoffwechsels des Menschen stellt Laboruntersuchungen vor radikal unlösbare Probleme.

Der Mensch befindet sich in einem ständigen Wandel, er durchläuft eine organische Entwicklung, die unaufhörlich fortschreitet. Er hat ein sich ständig veränderndes und weiterentwickelndes Denken. So wird er zum Sitz ständiger physiologischer Veränderungen. Diese sind dem Auftreten verbaler Bilder inhärent, aus denen sich Emotionen ergeben. *Daher bleibt der Mensch für analytische Untersuchungen radikal schwer fassbar.*

Die Endokrinologen haben dies mehr als alle anderen erfahren. Sie haben eine beträchtliche Menge an experimentellen Untersuchungen durchgeführt, die größtenteils im Widerspruch zueinander stehen.

Nur diejenigen, die sich auf die Unterdrückung der Drüsenorgane beziehen, haben praktisch gleichbleibende Ergebnisse erzielt. Doch diese Erkenntnisse wurden nicht in ihrem vollen Umfang berücksichtigt. Und zwar in all ihren Konsequenzen.

Auch die Endokrinologen erklären uns nur sehr langsam einige Organfunktionen und *wissen immer noch nichts über den Menschen.*

Die Analyse ist daher ein nahezu untaugliches Mittel, um zu Erkenntnissen zu gelangen.

Sie kann zweifellos eine *wertvolle Hilfe* sein, aber wenn sie zum Absolutheitsanspruch erhoben wird, *wird sie die Quelle aller Verwirrungen* sein.

Die moderne Welt ist in all ihren Aspekten ein Paradebeispiel dafür. Die Menge der angehäuften Daten verbietet Diskriminierung und verhindert, dass man klar sehen kann.

Für die Mehrheit der Wesen, die durch das gegenwärtige Bildungssystem geprägt sind und sich deshalb dem Wissen verschließen, *muss an Cannons Erfahrungen erinnert werden.*

Er wies die Dominanz der Endokrine bei unseren Emotionen und Gefühlen nach.

Eine Katze, die mit einem bellenden Hund zusammengebracht wird, versetzt sich aufgrund der Nebennierensekretion in einen kämpferischen Zustand.

Wenn man das gesamte sympathische System einer Katze entfernt, behält sie ihre kämpferischen Tendenzen. Ein Hund, der seines Sympathikus beraubt wird, bleibt mit allen beziehungsorientierten Eigenschaften eines normalen Hundes ausgestattet.

Wie lässt *sich* unter diesen Umständen erklären, dass die Nebennieren, die jeglicher Nervenverbindung beraubt *sind, weiterhin normal funktionieren?*

Seit 20 Jahren stehen die Biologen vor diesem Problem, das die Analyse niemals lösen kann.

So befinden wir uns in *einem Rückschritt in der Menschenkenntnis*, und dieser Cartesianismus, der durch den Materialismus von Spinoza (der am achten Tag beschnitten wurde) eingeleitet wurde und den Descartes zurückgewiesen hätte, *ist eine Lähmung auf dem Weg zur Menschenkenntnis und zur Erkenntnis überhaupt.* Die *moderne* Wissenschaft ist zu schädlich für den Menschen und den Planeten, zu zerstörerisch für moralische und spirituelle Werte, *ausgehend von der organischen und geistigen Gesundheit, als* dass wir auch nur die geringste Rücksicht auf sie nehmen könnten.

Wir werden zeigen, dass die Mentalität derjenigen, die sie entworfen haben, nahe an der Demenz ist und die perfekte Antithese zum genialen Konzept darstellt.

Wenn die Analyse zu keiner *Erkenntnis* führen kann, gilt dies nicht für den *Begriff der Identität.*

Dieser Begriff wird von Ärzten kontinuierlich verwendet, wenn sie eine Diagnose festlegen.

Der Arzt sucht nach einer Reihe von Zeichen. Er hält die auffälligsten, charakteristischsten fest und sucht dann in seinem

Gedächtnis nach identischen Zeichen, die der pathologischen Beschreibung entsprechen.

Das Erstaunliche ist, dass der Arzt, der diese Art der psychologischen Elaborate anwendet, wenn er einen Kranken untersucht, nicht in der Lage ist, sie zu praktizieren, wenn es um abstrakte Daten geht.

Daher kann er nicht weiter abstrahieren. Ein spektakuläres Beispiel ist *die tragische Geschichte von Dr. Semmelweiss.*

Dieser ungarische Arzt entdeckte durch einen *Identitätsbegriff* den Grund dafür, dass in Krankenhäusern gebärende Frauen in einem Ausmaß starben, das manchmal bis zu 100% betrug. Er stellte ganz einfache Tatsachen fest: In dem Raum, in dem *sich* Hebammen, die *sich* die *Hände wuschen*, um die werdenden Mütter kümmerten, starben diese in relativ geringem Umfang. Anders verhielt es sich in dem Raum, in dem die *gebärenden* Frauen von Ärzten betreut wurden, die *ohne Händewaschen* kamen, um sie zu behandeln, *nachdem sie an Sezierübungen teilgenommen hatten.*

In letzterem Fall betrug die Sterblichkeit häufig 95-100%.

Semmelweiss hatte daraufhin eine Erleuchtung, die durch die Tatsache bestätigt wurde, dass einer seiner Freunde nach einer anatomischen Spritze gestorben war und *dabei genau die gleichen Symptome aufwies wie gebärende Frauen, die wie Fliegen starben.*

Er informierte Universitäten *auf* der ganzen Welt (was heute kein Forscher, der nicht Arzt und Professor ist, tun könnte), *senkte in seinem eigenen Krankenhaus die Sterblichkeit von Wöchnerinnen auf 0%, aber niemand in der universellen medizinischen Welt verstand ihn, wo er nur Spott erntete.*

Schließlich wurde er verrückt und beging Selbstmord, indem er sich selbst mit der Krankheit impfte, an der gebärende Frauen massenhaft starben, als wollte er eine letzte verzweifelte Demonstration seiner grundlegenden Entdeckung geben, die nach ihm Millionen von Frauen retten würde.

Dank ihm entstanden Hygiene, Geburtshilfe und moderne Chirurgie.

Man könnte anhand dieses Beispiels meinen, dass der Wahnsinn dem Genie nahesteht. Auch dies wäre eine voreilige analytische

Schlussfolgerung, trotz ihres Anscheins von Evidenz. *Dem ist aber nicht so.*

Der Mensch ist nur in dem Maße geistig gesund, wie sein Hormonsystem im Gleichgewicht ist. Wird dieses Gleichgewicht gestört, kann dies zum Wahnsinn führen.

Bei einem entwickelten Wesen, das zur Schilddrüse neigt (emotional, sentimental), *muss* das innere Genitale *aktiv bleiben. Sie ist jedoch am empfindlichsten gegenüber widrigen Einflüssen.* Semmelweiss hatte es mit einer weltweiten Flut von böser Absicht und kollegialer Dummheit zu tun. Er hatte mit Bosheit und Feindseligkeit zu kämpfen. Dies führte in seinem Geist zu einer Beschäftigung mit der Schilddrüse, die sein inneres (oder interstitielles) Genitale aus dem Gleichgewicht brachte.

Die wahren Verantwortlichen für seinen Wahnsinn waren seine Altersgenossen, für deren Dummheit es keine Entschuldigung gibt.

Man könnte meinen, dass heute Identitätskonzepte, die von originellen Forschern vorgestellt werden, besser ankommen würden.

Ich habe 15 Jahre gebraucht, um drei Personen zu finden, die in der Lage waren, meine Jury an der Sorbonne für meine Dissertation "Dandytum als physiologische Hyperthyreose" zusammenzustellen. Heute wäre es unmöglich, sie zu unterstützen. (25 Jahre später).

Die Eliten, die in der Lage sind, einen Begriff von Identität zu entwickeln, und diejenigen, die sie verstehen können, sind völlig verschwunden.

Der Selbstmord der Menschheit ist daher sicher, da sie ohne wahres Genie nicht überleben kann. Der Begriff der Identität ist mit dem Gefühl verbunden, d. h. mit dem inneren Genitale.

Diese Endokrine wird jedoch weder durch technokratische, analytisch-nemonische Auswahlverfahren (Agrégation, Internat, E.N.A., Polytechnikum usw.) gefördert.

Auch nicht durch säkulare Bildung, die jeder religiösen, moralischen und spirituellen Grundlage beraubt ist.

Auch nicht durch *die* weit verbreiteten Impfungen, die die inneren Genitalien und das Immunsystem schädigen und Wahnsinn, Herz-Kreislauf-Erkrankungen und Krebs vorbereiten, die zusammen mit *nutzlosen offiziellen* analytischen *Untersuchungen* zunehmen werden.

Auch nicht durch die Chemisierung des Bodens.

Auch nicht durch Lebensmittelchemisierung.

Weder durch die therapeutische Chemifizierung noch durch die weit verbreitete Hässlichkeit von Wohnbauten.

Weder durch regressive und pathogene Musik noch durch Pornografie.

Weder durch den marxistischen noch durch den freudschen Einfluss.

Noch durch den Zerfall der Familie und die arbeitende Frau außerhalb des Hauses, die ihre Babys in die Krippe gibt...

Die Interstitialrate ist also niedriger als zur Zeit meiner Doktorarbeit und viel niedriger als zur Zeit von Semmelweiss.

Daraus folgt, dass diese Begriffe, wie auch dieses Buch insgesamt, *nur von denjenigen verstanden werden können, die auf wundersame Weise ein Genital in perfektem Zustand bewahrt hätten.*

Da sie sehr selten sind, scheint es, als sei die Menschheit zu einem unumkehrbaren Verfall verurteilt.

DIE SYNTHESE

Die Studie, die wir gerade erstellen, ist eine Zusammenfassung.

Für einen analytischen Geist, der nie das Ganze sehen kann, der ein Opfer der Ideen-Empfindungen bleibt, ohne sich zu einem wahren Gedanken erheben zu können, wird es immer *der analytische Widerspruch* sein, den er sieht, und nie das synthetische Ganze.

Indem sie solche Geister in die offiziellen Ämter der Politik und der Universitäten bringen, beschneiden sie diese am achten Tag und wissen sehr wohl, dass sie sie "frei" manipulieren.

Sie tun automatisch das, was Warburg und Marx von ihnen wollen.

Diese Unfähigkeit zur Synthese hat zu dem selbstmörderischen Satz geführt: "Man darf nicht verallgemeinern". Es ist offensichtlich, dass analytischen (hypophysären) Köpfen diese Fähigkeit nicht gegeben ist, sodass sie falsche Synthesen aufstellen können, indem sie aufgrund unzureichender grundlegender Parameter verallgemeinern.

Nur synthetische Geister (mit mehr oder weniger interstitieller Schilddrüse) können verallgemeinern: Heilige, Genies, große Künstler, echte Philosophen, die nie in einem System oder einer Ideologie feststecken und nur auf Objektivität abzielen.

Diese psychologische Ausarbeitung ermöglicht es uns, viele Zustände und Phänomene zu betrachten und die grundlegenden und gemeinsamen Merkmale herauszufiltern: *Wir sind derzeit dabei, eine Synthese der Geisteskrankheiten zu erstellen.*

Synthese ist die höchste psychologische Leistung, die es uns ermöglicht, den Menschen zu verstehen und die universellen Phänomene zu erkennen. Demenzkranke sind zur Synthese ebenso unfähig wie zum Begriff der Identität.

Wir kennen nun die Mängel, die Demenzkranke kennzeichnen. *Wir können auch die physiologische Funktion kennen, der diese Mängel entsprechen.*

Es wird viel über die innere Genitaldrüse gesprochen. Im Philosophiebuch eines meiner Söhne habe ich gelesen, dass man festgestellt hat, dass dieses *Endokrinium eine wichtige Rolle für Mut und Moral spielt.* Wer wird Gautiers Werk mit den Professoren der Gymnasien in Verbindung bringen? Sicherlich nicht die "internationale Deseducation"...

Diese Drüse ist in der Tat DIE HUMANE DRÜSE.

Sie verleiht Mut, Großzügigkeit, Moral, Altruismus, Synthesefähigkeit, Opferbereitschaft, Liebe zu Gott und den Menschen, uneigennützige Ideale. Sehr stark entwickelt kann sie höhere psychologische Entwicklungen *potenzieren*: *Synthese, Vorstellung von Identität.*

Da dem Demenzkranken alle diese Eigenschaften fehlen, können wir daraus schließen, dass er eine INSUFFENZ DER INTERNEN GENITALE aufweist...

Diese Atrophie kann bei Demenzkranken festgestellt werden.

Beachten Sie, dass der Begriff "verrückt" nicht nur auf Menschen zutrifft, die wegen spektakulärer psychopathologischer Erscheinungen eingewiesen werden, sondern auch auf Menschen, die im Fernsehen sprechen, um Obszönitäten zu predigen, auf pervertierte Ideologen, ignorante Sexualwissenschaftler und Psychiater, die behaupten, dass "der Begriff verrückt keinen wissenschaftlichen Wert hat", an Staatsmänner, an Mitglieder der technokratischen Elite, die mit großen technokratischen Befugnissen ausgestattet sind, wie Waffenhersteller für die ganze Welt, an Finanziers, die sich in keiner Weise um den wahren Fortschritt der Menschheit kümmern, an Berater, die das Recht auf Selbstmord und Euthanasie predigen usw.

INTELLEKTUELLE AKTIVITÄTEN ODER ES FEHLT VÖLLIG AN DEN EIGENSCHAFTEN EINES GENIES.

Sofern man nicht von der Offizialität entmündigt wurde, sofern man nicht jede Persönlichkeit verloren hat und unwiderruflich vom Wahnsinn der Konjunktur gezeichnet ist, was auf die Mehrheit und insbesondere auf diejenigen zutrifft, die einer freudomarxistischen akademischen Deformation unterzogen *wurden, werden wir zugeben, dass der geniale Mensch das besitzen muss, was dem Verrückten fehlt, und dass bei ihm das innere Genitale in perfektem Zustand sein muss.*

Finden wir in den positiven Wissenschaften die Eigenschaften, die den genialen Menschen auszeichnen? Wenn wir sie nicht finden, dürfen wir uns nicht wundern, wenn wir in geometrischer Progression Folgendes zunehmen sehen: Verrottung der Umwelt, biologischer und mentaler Zusammenbruch der Menschen, Herz-Kreislauf-Erkrankungen, Krebs, vielgestaltige Kriminalität, Wahnsinn, Kriminalität, Homosexualität (die im letzteren Fall zur Norm wird).

Das kann nur eine logische Konsequenz sein, denn wir haben es bereits gesagt: *Die Natur verzeiht nie.*

Wenn der Vorgesetzte nicht auf der Höhe der Zeit ist, zerstört der Unterlegene den Überlegenen, der sich selbst zerstört. Nichts lebt ohne Ordnung, ohne Synthese, ohne *Hierarchie.*

Bis zum letzten Jahrhundert haben wir von Illusionen gelebt und das Lob der Wissenschaft gesungen. Dieses Jahrhundert hat alle, die nicht durch das System selbst ihrer Intelligenz beraubt worden waren, zur Ernüchterung gebracht.

Die Umwelt wurde verrottet, der Mensch ist biologisch und geistig zusammengebrochen, so dass man kaum zu glauben wagt, was man sieht, wenn man im Fernsehen, in der U-Bahn an der Universität diese physikalisch-chemischen Amalgame in Levis-Bluejeans beobachtet, über denen eine Blumenkohl- oder Hahnenkammfrisur von perfekter sexueller Zweideutigkeit thront.

Die chemische Medizin ist pathogen und teratogen (Dr. Pradal, Experte bei der WHO, gewann 17 Prozesse gegen die Hersteller chemischer Medikamente). Sie führt zu einer Vielzahl von psychischen und motorischen Krüppeln (was Dr. Alexis Carrel strikt ablehnte, weshalb alle Straßen, die seinen Namen tragen, umbenannt wurden). Dennoch haben so offizielle Personen wie JEAN ROSTAND diese Medizin als "Versorger von Verrückten" angeprangert. Man ist dabei, uns eine Rasse von intelligenten Tieren zu schaffen, denn die Zeit der Untermenschen ist vorbei. Die Degeneration nimmt zu. Man hat den Menschen seiner Freiheit beraubt ("Die wahre Leidenschaft des 20. Jahrhunderts ist die Knechtschaft", sagte ALBERT CAMUS). Man hat ihn geistig versklavt, sein Gewissen verschlossen, seinen freien Willen vergewaltigt und zum Leibeigenen gemacht, seine Moral zerstört, die ganze Welt pornografisiert und als Höhepunkt des Verbrechens die Kindheit selbst.

Die Menschen, die noch denken, sind aus einem Albtraum erwacht.

Sie erkannten, dass sie betrogen und regelrecht hypnotisiert worden waren, beginnend mit dem Ersten und vor allem dem Zweiten Weltkrieg.

Wir konnten folgendes Phänomen feststellen: Das wissenschaftliche Konzept und seine Errungenschaften haben das Bewusstsein so sehr zusammenbrechen lassen, dass alle Menschen zunehmend wie eine Droge nach allem verlangen, was sie zerstört. Die Hypnose ist so erfolgreich, dass ihnen der kausale Zusammenhang zwischen dieser Wissenschaft und ihrer Zerstörung nicht bewusst ist.

Da die Menschen keine Kriterien mehr haben, um zu wissen, ob eine Errungenschaft genial oder schädlich ist, konnten sie nur noch auf das Ergebnis dieser Entdeckungen warten, um festzustellen, ob sie pervers, schädlich oder tödlich sind.

Meistens formt die Perversion die Psychologien so sehr, dass die Masse nichts mehr kann.

Es ist daher dringend notwendig, die genialen oder mit dem Genie verwandten Werke anzuerkennen und die anderen zu verwerfen.

Diese grundlegenden Daten enthalten das Glück der Menschheit.

Die Symbiose aus Synthese und moralischem Sinn bringt das geniale Werk hervor. Daher muss verhindert werden, dass diejenigen Schaden anrichten, die perverse Ideen äußern, auch und gerade mit einer Dialektik, die logisch und begründet erscheint und nicht auf einer Bewusstseinserweiterung beruht, die möglichst viele Fakten umfasst.

Dann werden wir den wahren Liberalismus für Heilige, Genies und große Künstler haben.

MISSETATEN DER MODERNEN WISSENSCHAFT

Diese Wissenschaft hat nur einige wenige unmittelbare wissenschaftliche Wahrheiten, die relativ sicher sind, weil sie messbar und materiell sind.

Bei der Interpretation der Kräfte, die sie untersucht, ist sie auf Hypothesen beschränkt, d. h. auf Annäherungen und manchmal auch auf Fehler, da eine Hypothese durch eine andere ersetzt wird.

Die Wissenschaftler arbeiten also in einem Irrtum.

Außerdem ignoriert sie ipso facto die tödlichen Folgen ihrer Entdeckungen.

Diese Unterlegenheit rührt von der ausschließlich *analytischen* Ausrichtung der Wissenschaft her. Für ein analytisches Gehirn stellt sich der Irrtum als Wahrheit oder Möglichkeit dar, und die Wahrheit ist ihm unzugänglich, *da sie, um wahrgenommen zu werden, höhere psychologische Ausarbeitungen erfordert.*

Wir sehen also, dass die Menschheit so lange im Selbstmord waten wird, wie sie ohne echte Eliten auskommen muss.

Wenn die Wissenschaft nach Identitätsbegriffen und Synthesen vorgehen würde, käme sie zu Gewissheiten, auf denen weitere, zunehmend komplementäre Gewissheiten aufbauen würden.

Eine komische Idee moderner Wissenschaftler ist es zu glauben, dass lebende Organismen physikalisch und chemisch genauso funktionieren wie in unseren Labors. Die Idee ist sowohl kindisch als auch töricht.

Diese Gleichsetzung verleitet uns zu dem größten Fehler. Der Torpedofisch erzeugt keinen Strom wie der Dynamo und das organische Licht ist kalt. Die Mimikry des Chamäleons hat nichts mit unseren Fotozellen zu tun. Was die wunderbaren Zellkombinationen betrifft, die erstaunlichsten chemischen Zerlegungen und Neubildungen ermöglichen, wie die Verteilung von Albuminoiden, Fetten und Zuckern aus der Nahrung, und sie in einer Art Kreuzung zusammenlaufen zu lassen, wo diese Substanzen in ähnlicher Form vorliegen, um dann entsprechend den künftigen Lebensnotwendigkeiten entweder in Albuminoide, Fette oder Zucker aufgeteilt zu werden, so *übersteigt dies bei weitem die Intelligenz und die Vorstellungskraft des fruchtbarsten unserer Chemiker.*

Diese Betrachtungsweise entspricht also der analytischen Wendung des heutigen Denkens: Sie ist eine *Gleichsetzung* und keine *Wahrheit.*

Wenn dies klargestellt worden wäre, gäbe es nicht so viele Akademiker, die das, was sie an der Universität lernen, für bare Münze nehmen und mit einer Naivität, die uns verblüfft, glauben, dass *analytische* Daten organische Prozesse wahrheitsgetreu wiedergeben, *was nicht* der *Fall ist.*

Die wahre Philosophie lehrt uns, dass die Entdeckung qualitativ ist.

Seit Spinozas Irrtum ist sie jedoch genau *quantitativ.*

Die Organisationen berücksichtigen die Qualität: Ein wenig Alkohol führt zu Erregungen, viel Alkohol zu Trägheit, Schlaf und Tod.

Es gibt hier keine chemischen Interpretationen, da diese nicht ausreichen würden.

DIE MODERNE WISSENSCHAFT IST ANALYTISCH, QUANTITATIV UND MIKROSKOPISCH.

DIE WAHRE WISSENSCHAFT IST SYNTHETISCH, QUALITATIV UND MAKROSKOPISCH.

Alle Studenten an den Universitäten, die dem jüdisch-kartesischen Zusammenbruch folgen, werden diese philosophische Tatsache, die der Schlüssel zur Erkenntnis ist, genau kennen.

So können die analytischen Geister der modernen Wissenschaft nicht wissen, ob ihre Entdeckungen (Chemie, Strahlen, Impfstoffe usw.) *der Menschheit* schaden werden oder nicht.

Echte Intelligenz hat Postulate, die nicht beweisbar sein werden. Der wahrhaft wissenschaftliche Beweis für Wahnsinn ist der Einsatz von Chemie in der Ernährung, in der Therapie, in genetischen oder atomaren Experimenten. *All* das beweist, dass die Menschen verrückt sind. Deshalb *betrachten* sie *Demenzkranke nicht als verrückt!*

Intelligente Menschen halten sie dagegen für verrückt: "Im Jahr 1984 wird der Klügste der am wenigsten Normale sein", sagte Orwell in seinem Roman "1984".

Erst *nach* Hiroshima und Nagasaki weinten Einstein und Oppenheimer bittere Tränen über "ihr Teufelswerk".

Das hinderte Samuel T. Cohen jedoch nicht daran, mit der Neutronenbombe noch einen draufzusetzen. All diese Irren sind *Makrokriminelle*, die *Menschenrechtsverletzungen begehen*, die kein Land mit einem Regime mit elementaren traditionellen Werten ertragen würde.

Der Wahnsinn geht weiter: Wir wissen, dass radioaktiver Abfall instabil und nicht neutralisierbar ist. Wir wissen, dass Gefahren vom Typ Tschernobyl ständig auftreten. Wir wissen, dass die genetischen Schäden unermesslich sein können. Aber die Professoren Tournournournesol (für die JACQUES BERGIER ein perfekt passendes Symbol war) führen uns weiterhin zum Schlimmsten.

Wie verrückt muss man werden, damit die "Energiekrise" als Alibi für unseren Selbstmord dient? All das bedeutet, dass es keinen Dialog mit einer falschen Elite geben kann, wenn wir die Menschheit retten wollen.

Wenn sich nicht eine Gruppe von Menschen erhebt, *um alle Parameter des globalen Selbstmords zu neutralisieren, ist die Menschheit verloren.*

Die moderne Wissenschaft ist für fast jeden mit einem Hochschulabschluss zugänglich, *da die analytischen Perspektiven für jeden zugänglich sind, und hat eine große Anzahl von Demenzkranken.*

Vor Kurzem las ich in der Zeitung von einem bemerkenswerten Erfinder, der ein Flugzeug mit großen Verdiensten entwickelt hatte. Dieser Mann, Oberst, hatte seine gesamte Familie mit einer Axt ermordet...

Die Kriterien der Psychiatrie sind so erbärmlich, dass dieser Mann, wenn er nach analytischen Kriterien untersucht worden wäre, als völlig gesund gegolten hätte, wie der Gendarm, der in den achtziger Jahren fünf Menschen ermordet hat.

Die wahre Wissenschaft ist jedoch nur denjenigen zugänglich, die in der Lage sind, höhere psychologische Entwicklungen zu praktizieren und die Entdeckungen zu verstehen, die sich aus einem solchen Potenzial ergeben.

Der Wahre Wissenschaftler ist weder Materialist noch Spiritualist: Er ist *Idealo-Materialist*. Er kann ein Problem sogar bis zu den entferntesten Auswirkungen in Zeit und Raum umfassen. Der wahre Gelehrte ist stets darum bemüht, selbstlos zu handeln und den Menschen vor allem zu schützen, was ihn moralisch und physisch zerstört. *Sein Ziel ist die Erkenntnis des Menschen, die einzige Perspektive, in der sich das Genie manifestieren kann.*

Die anderen Aktivitäten können nur auf den Ruhm zulaufen, was physiologisch ganz anders ist. Der geniale Mensch ist um Wahrheit und Redlichkeit bemüht. Er ist losgelöst von allen Erwägungen des Eigeninteresses, wie es DOCTEUR ALEXIS CARREL war; er ist unparteiisch und unabhängig, niemals demagogisch, wie ein oberster Richter. Er beobachtet die Tatsachen entsprechend der Bedeutung der Phänomene. Er gibt jedem Phänomen seinen eigenen Wert und *unterscheidet nach* bestem Wissen und Gewissen *zwischen abstrakten Werten.*

Diese Überlegungen gelten also für die Wissenschaft selbst.

Die Wissenschaft muss die Verbindung, die Synthese all der großen Anstrengungen, all der schönen Entdeckungen sein, die die Menschheit *moralisch, geistig und materiell* beleben.

Die Wissenschaft muss daher alle Eigenschaften eines Genies aufweisen.

Sein Ziel ist die Erkenntnis des Menschen, seine Vervollkommnung.

Sie wird daher geniale Männer ausbilden müssen, hinter denen eine Elite berühmter und moralisch begabter Männer stehen wird.

Die Wissenschaft wird sich mit all ihren Mitteln bemühen, den Menschen von allen Demenzkrankheiten zu befreien. Sie wird den Menschen den Platz zuweisen, an dem sie gemäß ihren Fähigkeiten am glücklichsten sind, indem sie einer Gesellschaft dienen, die diesen Namen verdient und nicht, wie im Moment, in dem ich schreibe, in sprudelnder Verwesung liegt.

Die höheren psychologischen Ausarbeitungen sind also etwas ganz anderes als die armseligen analytischen Ausarbeitungen unserer Zeit, die in allen Bereichen auf Zerstörung zulaufen.

Diese können nur zu bruchstückhaftem Wissen führen, das nur für die industrielle Anwendung, die Herstellung von Geräten, Objekten, Raketen usw. geeignet ist.

Diese Perspektiven werden niemals zu intrinsischem Wissen führen, das allein mit dem Glück des Menschen verbunden ist.

Dies wird in der Tat nie der Zweck der Analyse sein.

Moderne Wissenschaftler haben noch eine weitere komische Idee: Sie glauben, dass das Universum von einem *ausschließlich mathematischen* Geist erdacht wurde. Demnach hätte die Natur nur das mathematische Prinzip berücksichtigt, um das Universelle zum Funktionieren zu bringen.

Wenn der moderne Wissenschaftler Berechnungen auf alles um ihn herum anwendet, begeht er eine Ungeheuerlichkeit. Er ist genau wie der allgemein Gelähmte, der aufgrund seines geistigen Zustands beurteilt, was für ihn günstig oder ungünstig ist.

Die Mathematik entspricht genau der analytischen Mentalität, d. h. einer übertriebenen Unterteilung, einer übermäßigen Kompartimentierung.

Wenn wir noch einen Funken geistiger Gesundheit haben, erkennen wir, dass ein einziger Gedanke, ein einziges *synthetisches Konzept,* die Welt um uns herum erschaffen hat.

Wir haben den Beweis für die hormonellen Wirkungen, die gleichzeitig auf eine Menge von Organen einwirken, um dort die unterschiedlichsten Funktionen zu erreichen, nach dem jagdlichen Prinzip der Qualität und nicht der Quantität.

Moderne Wissenschaftler können daher nicht einmal die Untersuchung unserer krankhaften Persönlichkeit in Betracht ziehen, da sie Auffassungen verwenden, *die unserer Natur zuwiderlaufen.*

Eine sehr ernste Folge der "analytischen Psychose" ist *die übertriebene Spezialisierung.* Jede Kategorie moderner Wissenschaftler arbeitet an immer stärker eingegrenzten Fragen mit unterschiedlichen Beobachtungsmaßstäben.

Die verschiedenen Spezialisten sind sich schließlich nie einig und verstehen einander nicht mehr.

Schließlich verleiten die Gefühlszustände, die sie erleben, sie dazu, Neologismen zu kreieren, die das gegenseitige Unverständnis noch verstärken. Diese Neigung zu Neologismen, die man in Psychiatriebüchern zuhauf findet, ist kein Beweis für Überlegenheit: Man findet sie besonders ausgeprägt bei frühkindlichen Demenzkranken.

DIE MODERNE WISSENSCHAFT HAT KEINE BREMSE UND KEIN ZIEL

Sie schreitet voran wie ein Betrunkener, der einen 25-PS-Motor fährt. *Sie ist nur das Produkt des Erfindungswahns von Technikern, die bei ihrer Arbeit nicht die geringste Ahnung von der moralischen und geistigen Vervollkommnung des Menschen haben.*

Ertrunken im dichten Nebel der Wirtschaftlichkeit suchen sie nach dem Neuen, dem Seltsamen, dem spektakulär Unbekannten.

Die Aufmerksamkeitsspanne des genialen Menschen ist außergewöhnlich und ermöglicht ihm Unparteilichkeit.

Er weist jedes Gefühl und jede vorgefasste Meinung zurück, die ihm die Wahrheit verschleiern würde. Er ist nie Opfer einer Idee oder eines Gefühls, das ihn nach einer einfachen analytischen Überlegung zu einem voreiligen Schluss verleiten könnte.

Auf diese Weise, und nur auf diese Weise, kann man zu Wissen gelangen.

Betrachten wir nun einige eklatante Beispiele für die mangelnde Aufmerksamkeit der Gelehrten:

In vielen psychiatrischen Abhandlungen findet man, dass *bei Verrückten eine Atrophie der inneren Genitalien vorliegt.*

Es ist also eine bekannte Tatsache.

Man sollte meinen, dass sich einige Ärzte oder Physiologen darüber Gedanken gemacht hätten.

Nicht im Geringsten.

Nur *die* unbeständigen *Hirnschäden* beunruhigten die Autoren. Gold:

Diese Läsionen treten auch bei *gesunden* Personen auf. Sie sind nicht spezifisch für psychische Erkrankungen. Sie sind unklar.

Sie sind polymorph.

Ihr Umfang entspricht nicht der Geringfügigkeit oder Schwere der psychischen Störung. Hier liegt also *ein doppelter Aufmerksamkeitsfehler* vor.

Die Psychiatrie hat sich darauf versteift, die Ursachen für Geisteskrankheiten in stark untreuen Hirnschäden zu finden, und *hat das konstante Zeichen der Atrophie der inneren Genitalien vernachlässigt.*

Folgen sind einfach und tragisch: *Psychiater wissen überhaupt nicht, was eine psychische Krankheit ist.*[13]

Sie verwenden daher nur empirische Verfahren, um sie zu "heilen": Chemie, Verstümmelungen etc. So herrschen pathogene und teratogene Psychopharmaka, Lobotomien, Elektroschocks ("die die Symptome unterdrücken und die Krankheit verschlimmern", sagt Prof. BARUK).

Sie kennen daher nicht die Ursachen für die erstaunliche Zunahme des Wahnsinns.

In den USA bringt sich die Kontrollgruppe der Psychiater häufiger um als die Kontrollgruppe, die aus ihren Patienten besteht!!!

---

[13] Hierbei handelt es sich natürlich um die physiologischen Ursachen. Denn die tieferen Ursachen sind die Missachtung der Lebensgesetze: schlechte Ernährung oder Mangelerscheinungen, Missachtung der psychologischen und moralischen Gesetze, Masturbation, Tabak, Alkohol, Kaffee, Stärke- und Fleischmissbrauch etc. Alle Verstöße gegen die Lebensgesetze können sich generieren. Frühe Masturbation und Alkohol können ganze Menschengruppen auslöschen.

Hier ein weiteres Beispiel für ihre mangelnde Aufmerksamkeit: Biologen haben festgestellt, dass sich unsere Gliedmaßen aufgrund von Nervenreizen bewegen, die sich sehr leicht durch elektrische Funken reproduzieren lassen. Sie haben auch festgestellt, dass alle unsere Funktionen aufgrund von Nervenanstiftungen ablaufen können, *sogar unsere endokrinen Drüsen.*

Sie kamen daher zu dem Schluss, dass das Nervensystem einen funktionellen Vorrang hat ...

Sie waren jedoch einer Illusion aufgesessen.

Als es darum ging, viele komplexe Phänomene zu erklären wie:

Schlaf, Pubertät, Fortpflanzung, Rassen, Vererbung, stellten sie fest, dass die Vorstellung von der Vorherrschaft des Nervensystems *ihnen keine befriedigende Erklärung in allen Fragen, die den Menschen betreffen, liefern konnte.*

Wenn Ärzte und Physiologen sich nicht von ihren analytischen Schlussfolgerungen über die Allmacht des Nervensystems hätten ablenken lassen, *hätten sie die Entwicklung des Fötus unvoreingenommen betrachtet.*

Sie hätten dann festgestellt, dass es im dritten Monat des intrauterinen Lebens nur *drei* Organe gibt, die aufgebaut und funktionsfähig sind:

Nebennieren, Hypophyse, Schilddrüse.

Das reicht sogar für ein Kind aus, um zu *verstehen, dass das Hormonsystem das gesamte Wesen und damit auch das Nervensystem steuert.*

Zu diesem Zeitpunkt *ist* das Nervensystem *noch nicht einmal ansatzweise vorhanden.*

Sie hätten also sehen können, was jeder sehen kann, dass es das Hormonsystem und *nicht* das Nervensystem ist, das *zu Beginn des Lebens* funktioniert.

Sie hätten auch festgestellt, dass das Herz des Fötus einen Monat später zu schlagen beginnt, *doch von einer endgültigen Innervation dieses Organs kann keine Rede sein.* Es gibt kaum Ganglien.

Man war jedoch so naiv zu behaupten, dass es das Nervensystem ist, das für den Minutenschlag des fetalen Herzens sorgt!!!!

Man muss kein Arzt, Physiologe, Philosoph oder Psychologe sein, um zu verstehen, dass man sich damit physiologisch über uns lustig macht.

Tatsächlich schlägt das Herz eines Erwachsenen mit 70-80 Schlägen pro Minute ... und *gerade in Fällen von Hyperthyreose erreicht es 140 Schläge pro Minute!!!!*

Diese elementaren Beobachtungen hätten zu der Erkenntnis geführt, *dass das fetale Herz auf Anregung von Schilddrüsenhormonen schlägt...*

Wir wissen seit langem, dass der Rœsh-Pflanzenmensch und der Myxödematiker aus operativen oder angeborenen Gründen Schilddrüse haben. Nun besitzen sie aber alle die Besonderheit, dass sie keine verbalen Bilder, keine Sensibilität, keine Emotionalität, kein Beziehungsleben und keine Intelligenz haben.

Bei genauer Beobachtung zeigt sich am deutlichsten, dass alle diese Eigenschaften von der Schilddrüse herrühren.

Ein vollständig an der Schilddrüse operierter Mensch verliert nacheinander: seine Intelligenz, seine Affektivität und seine verbalen Bilder.

Trotz dieser eklatanten Beweise, obwohl das Nervensystem diese Verfallserscheinungen in keiner Weise ausgleichen kann, kamen die Autoren nie auf die Idee zu behaupten, dass *die Schilddrüse die Drüse unserer Emotionen, unserer Sentimentalität und der Intelligenz ist.*

WAS IST MIT FREUD?

Es ist unmöglich, FREUD nicht zu erwähnen, wenn man sich mit dem Thema der mangelnden Aufmerksamkeit moderner Wissenschaftler befasst.

Dass sie die Wahnvorstellungen dieses Sexomanen *weltweit* akzeptieren konnten, lässt sich nur durch den jüdisch-kartesischen Verfall erklären.

Wir wollen uns nicht über die erschreckende Perversität dieses "Werkes" auslassen, die jedem in der Konjunktur gesund gebliebenen Geist einleuchtet, zumal die Auswirkungen und Folgen des Freudismus für jeden offensichtlich sind: Selbstmorde nach der

Psychoanalyse, Verschlimmerungen, allgemeiner Aboulismus durch neue freudsche Erziehungsimperative, geförderte Pornografie und Masturbation usw.

Schauen wir uns einfach einmal an, wie wenig ernsthaft eine so wahnwitzige Theorie aufgestellt wurde. Wir beschränken *uns darauf, über Physiologie zu sprechen*, was man unmöglich *nicht tun kann*, wenn man über *Psychologie* spricht.

Als Freud an der Salpêtrière war, stellte er fest, dass Kranke, deren Funktionssystem er nicht kannte (es handelte sich um Hyperthyreose, die jedoch nicht *quantitativ* diagnostiziert werden kann), große sexuelle Sorgen und bis zum Äußersten gesteigerte mythomanische Tendenzen hatten. Daraus leitete er eine Konzeption ab, die er nach und nach auf die gesamte Psychologie ausdehnte. Seine Vorgehensweise entspricht der einiger Maniker und Melancholiker, die von einer wahnhaften Systematisierung geplagt werden. Freud sah, dass die Sorge der Hysteriker meist sexueller Natur war. Da er wusste, dass man diese Sorge bei einigen Kindern (deutlich schilddrüsenkrank, was Freud nicht wusste) findet. Er schloss daraus, dass *der grundlegende Faktor des psychologischen Lebens das Geschlecht war!*

In seiner Praxis sah er zwar viele Kinder, die am achten Tag beschnitten wurden und diese Besonderheit aufwiesen, wie übrigens auch Jugendliche in der Pubertät.

Schließlich behauptete er, dass die Errungenschaften berühmter Männer auf die Sublimierung ihres genetischen Instinkts zurückzuführen seien.

Freud hat uns bestätigt, dass der Mensch einen Sexualtrieb besitzt.

Er hat nie versucht zu identifizieren, was ein Instinkt ist. Er hat nie versucht herauszufinden, ob der menschliche *Sexualtrieb tatsächlich der grundlegenden Identität der Instinkte entspricht* (unkooperativ, strenge Periodizität, je nach Art). Er hat die Brunft der Tiere nicht einer ähnlichen Untersuchung unterzogen.

Freud hat uns kostenlos bestätigt, dass das Kind von Geburt an bereits alle perversen sexuellen Tendenzen des Erwachsenen vererbt bekommt.

Er untersuchte nicht, aus welchen physiologischen Gründen das Kind saugte und welches Organ, dessen Unterdrückung dieses Phänomen abschaffte (die Schilddrüse), es war.

Er suchte auch nicht weiter nach den Gründen, warum er mit den Händen über seine Genitalien fuhr (Urinkorrosion), warum sexuelle Bedenken bei manchen (Schilddrüse) sehr stark und bei anderen (im hormonellen Gleichgewicht) gar nicht vorhanden waren.

Er hat nie versucht, das Organ zu identifizieren, das dem Kind all diese Tendenzen verleiht: die Schilddrüse. Freud, um uns von Kindern zu erzählen, hat sich nie um die *Drüsenvorherrschaften*, von denen es vier gibt, gekümmert, ebenso wenig wie um die Drüsenentwicklungen, die er durchläuft, d. h. die *drei Pubertäten*.

Diese Drüsenzustände wirken sich tief auf die Mentalität der Kinder aus. Freud hat nie versucht, das weibliche Gefühl der Scham zu verstehen. Stattdessen hat sein Einfluss diese grundlegende weibliche Eigenschaft, die so perfekt mit der Natur der wahren Frau übereinstimmt, praktisch zerstört.

Er erzählt uns viel über Homosexualität, aber *er war nie so neugierig, die Bedingungen zu erkennen, unter denen sie sich manifestiert:* interstitielle Insuffizienz, frühe Masturbation, Ernährungs- und Therapiechimifizierung weit verbreitete Impfungen, multiple Mangelerscheinungen und insbesondere Vitamin-E-Mangelerscheinungen...

Er hat uns nie gesagt, wie das weibliche Genießen, das mit der Entfernung der Eierstöcke nicht verschwindet, abläuft.

Auch kein Wort über den männlichen Genuss, der physiologisch ganz anders ist.

Freud hat uns gesagt, dass der Schlaf eine Rückkehr zum fötalen Leben ist.

Er hat die funktionelle Verlangsamung aller Drüsen nie sorgfältig in Betracht gezogen. Er hat nicht einmal gesehen, dass die Hündchenstellung das beste Mittel ist, um die Muskeln in einen Zustand der Erschlaffung zu versetzen.

Seine Traumsymbolik verrät bei ihm eine Sexualbesessenheit von angeklagtem pathologischem Charakter.

Sofern man nicht sexuell besessen ist (durch Freuds Einfluss!), würde niemand auf die Idee kommen, ein erhabenes Objekt als Phallus und ein hohles Objekt als Vagina interpretieren! Eine solche Interpretation würde den Kliniker *auf ein ernsthaftes Ungleichgewicht der Schilddrüse* hinweisen.

Das galt sowohl für Freud als auch für diejenigen, die seine Hirngespinste unkritisch anerkennen. *Sie sind nicht in der Lage, über die oben genannten wissenschaftlichen Fakten nachzudenken.*

Es muss hinzugefügt werden, dass jeder geistige Zustand der übersteigerten Sexualbesessenheit abstraktes Denken und Meditation verbietet. Er erlaubt nur die eingebildete Weitschweifigkeit, die sintflutartige Verbalität unserer offiziellen Sexualwissenschaftler und "Philosophen", was etwas anderes ist. Diese Logorrhoe ist umso ungezügelter, als die Bremse der Moral und des gesunden Menschenverstandes sie nicht einschränkt.

Diese Art von Symbolik ist auch unnötig, da wir alle schon einmal erotische Träume hatten, *ohne dass wir einen Transvestiten brauchten.* Wir brauchen diese Symbolik also nicht, um "ein Ventil für die sexuelle Verdrängung zu schaffen".

Freud hat übrigens eine Reihe von kuriosen und interessanten Träumen übersehen. Zum Beispiel solche, die durch äußere Einflüsse hervorgerufen werden, Träume von Leichtigkeit, von einem leichten oder schweren Lauf, von einem Sturz ins Leere usw. Diese Träume werden in der Regel von den Träumern selbst geträumt.

Durch seine *Fabulierkunst* hat Freud den Menschen tiefer als das Tier herabgesetzt, indem er ihn in die Kloake des niederen Unbewussten tauchte.

Wie EMILE LUDWIG sagt, ein Beschnittener mit moralischem Empfinden, was unter der Pseudo-Elite selten ist:

"Er spielt eine große Rolle in der Misere unserer Zeitgenossen, die des moralischen Sinns und der wahren Freiheit beraubt sind"...

AUFMERKSAMKEIT, WILLE UND MORAL DER MODERNEN WISSENSCHAFTLER

Das Kapitel über die mangelnde Aufmerksamkeit der offiziellen Wissenschaftler ist unerschöpflich. Das Labor hat sich stark entwickelt. Es hat einen absoluten Stellenwert eingenommen. *"Es gibt keine Entdeckungen mehr, nur noch Experimente und Schlussfolgerungen"*, sagte ein Professor naiv im Fernsehen. Daher glaubt die allgemeine Naivität, was in der Zeitung, im Fernsehen und vor allem in der Schule auf allen Ebenen gesagt wird.

Sie glauben, dass man ohne das Labor nichts über unsere Natur herausfinden kann, was nicht stimmt.

Das Labor kann zwar *in der pathologischen Praxis* gewisse Dienste leisten, aber zu glauben, dass es die Voraussetzung für eine Entdeckung *ist, ist eine beträchtliche Illusion.*

Der Mensch verlangt praktische synthetische Arbeit von synthetischen Köpfen.

Carrel hat uns gezeigt, dass analytische Labordaten uns nur zu Informationsstaub führen können, indem sie uns immer weiter vom Menschen entfernen.

Laborwissenschaftler haben jahrtausendealte, von Menschen gemachte Feststellungen aufgegeben. Sie sind für den Menschen am wichtigsten, weil sie auf seiner eigenen Beobachtungsstufe gemacht wurden. Um uns aus der kollektiven Hypnose zu befreien, müssen wir daher Folgendes verstehen: *Alle Interpretationen und Vorstellungen, die uns ein menschliches Phänomen erklären können und im Widerspruch zu den Labordaten stehen, verlieren nichts von ihrem Wert. Während die brillantesten Laborkonzeptionen, die sich im Widerspruch zu jahrtausendealten menschlichen Befunden befinden würden, zwangsläufig falsch sind.*

Der Mensch muss mit dem menschlichen Auge und den verschiedenen anderen Sinnen beobachtet werden.

Wir wissen, dass Pasteur entdeckte, dass eine abgeschwächte Mikrobenkultur eine *gewisse* Immunität (und nicht eine sichere Immunität) verleihen kann. So wurden Seren und Impfstoffe entwickelt. Dennoch starb Pasteur mit den Worten: "Claude Bernard *hat* Recht.

Dieser Satz Pasteurs, der dem Pastorismus eine vernünftige Dimension verleiht, wird von den Pastorianern, die viel mehr Pastorianer sind als Pasteur selbst, ignoriert... Man zwingt uns die Impfungen auf, ohne sich auch nur im Geringsten um unser Terrain zu kümmern.

Es ist jedoch bekannt, dass es religiöse Orden gibt, die Pestkranke oder Choleriker behandeln können, ohne sich mit diesen Krankheiten anzustecken, wenn sie ein gesundes Ernährungs- und Moralleben führen.

In der Geschichte werden zahlreiche Fälle genannt, insbesondere im Mittelalter.

Moderne Wissenschaftler fragen sich überhaupt nicht, welchen Einfluss das abnormale und brutale Eindringen von etwa dreißig Injektionen abgeschwächter Kulturen während der Kindheit und Jugend auf unsere Persönlichkeit haben könnte. *Können diese fauligen Produkte wirklich harmlos für unseren Organismus sein?*

Diese Art der Impfpflicht *entbehrt jeglicher Moral.* Sie respektiert weder die menschliche Persönlichkeit, noch ihre Unabhängigkeit oder ihren freien Willen.

Sie ist daher charakteristisch für Wahnsinn.

Solche Injektionen können vor allem im mittleren Alter den Stoffwechsel stören und das Auftreten von Funktionsstörungen erleichtern.

Darüber hinaus wissen wir, dass das innere Genitale sehr empfindlich auf konträre Einflüsse reagiert. Sie gerät daher in eine Unterfunktion.

Die Rolle, die er im funktionellen und intellektuellen Gleichgewicht des Individuums spielt, ist enorm. *Seine Schwächung erleichtert Zellstörungen, die zur Degeneration der Rasse, zur Bildung von Tumoren und zu funktionellen Veränderungen führen, die wiederum Krankheiten der vegetativen Organe können. Schließlich kennen wir auch seine Rolle bei der Beeinträchtigung der Persönlichkeit und der Intelligenz und damit bei der Entstehung von psychischen Störungen.*

Die Aufmerksamkeit des modernen Wissenschaftlers ist also äußerst gering. Was ist von seinem Willen zu sagen?

Wir sehen, wie bereits erwähnt, spezialisierte Wissenschaftler.

Sie gehen oft einer kleinen Frage, einem winzigen Problem auf den Grund (die Bildung der Hinterbeine irgendeines Krustentieres).[14]

Daher verstopfen sie die Wissenschaft mit belanglosen Daten, was zu einem enormen Stau führt, der persönliche und geniale Geister behindert.

So haben sie es noch schwerer, zur Entdeckung zu gelangen.

Der Mangel an Willenskraft lässt den heutigen Wissenschaftler in der Mittelmäßigkeit erstarren, in der fehlenden *Menschenkenntnis*, in der Kompartimentierung, in den Neologismen und vor allem *in der Verwirrung der sich widersprechenden Hypothesen.*

Das Genie muss sich also an die Arbeit machen und sich des Denkroboters entledigen, den ihm das westliche Universitätssystem auferlegt hat, das die eigentliche Wurzel dieses weltweiten Niedergangs ist, *da es alle Kriterien der Erkenntnis ignoriert, die durch einen Cartesianismus ersetzt wurden, den Descartes abgelehnt hätte.*

Er muss aufhören, in den Hallen des Gedächtnisses und der Analyse zu spielen, die jedem Primitiven zur Verfügung stehen. Er muss seinen Geist auf Haupt- und Hauptideen fixieren, auf die sich die Nebenideen automatisch aufsetzen.

Er wird auf alle derzeitigen offiziellen Wettbewerbe verzichten müssen, *denn er wird den materiellen Komfort, den er daraus ziehen kann, mit einer irreversiblen konformistischen intellektuellen Sklerose bezahlen.*

Wahre intellektuelle Aktivität kann nur durch den Willen erfolgen, der physiologisch die innere Keimdrüse ist.

Sie kann allen Sekreten befehlen, im Gehirn zu wirken.

Die Nebennieren für praktische Ideen, die Hypophyse für analytisches, mathematisches Denken, die Schilddrüse für Fantasie, Intuition und ästhetischen Sinn.

---

[14] Ich erfinde nichts

Kurz gesagt ist es nicht möglich, den Menschen zu trennen, um ihn zu entdecken: *Man muss ihn als Ganzes mit einem synthetischen und nicht mit einem eklektischen Geist betrachten.*

Die Willenskraft ist für die Meditation, die zur Entdeckung führt, unerlässlich. Sie ermöglicht es uns, *gegen falsche Vorstellungen* anzukämpfen, die wir lieben, und durch neue Informationen diejenigen in Frage zu stellen, von denen wir glaubten, dass sie sich in unserem Geist festgesetzt haben.

Man muss dazu sagen, dass neue Ideen schon immer unter Unverständnis und Ächtung gelitten haben. Das geniale Wesen lebt einsam und unverstanden. Er ist sentimental und leidet oft unter grausamen Enttäuschungen. Er zieht aus seinem Werk nur *Schwierigkeiten, Ungerechtigkeit und Lächerlichkeit,* wenn er nicht sogar sein Leben aufs Spiel setzt.

Anders verhält es sich mit den Autoren von falschen, fabelhaften und perversen Ideen, die keine Schwierigkeiten haben, sich in einer angeblich fälschlicherweise "demokratischen" Welt durchzusetzen.

Was lässt sich noch über den *moralischen Sinn* moderner Wissenschaftler sagen?

Wir haben gesagt, dass im alten Ägypten, wenn ein Wissenschaftler eine Entdeckung machte, die den Menschen in Zeit und Raum schaden könnte, die Priesterkaste *ihn zwang, symbolisch das Pergament zu schlucken, auf dem die* Entdeckung *beschrieben war.*

Daher hat Ägypten zwar keine großen materiellen Fortschritte gemacht, aber es hat sein Land und seinen Kontinent nicht verschmutzt. Sie konnten Jahrtausende überdauern, Landwirtschaft und Viehzucht entwickeln und Monumente wie die Pyramiden errichten, die uns theoretische Konzepte vermitteln, die wir nicht so bald erlernen werden.

Das heißt, weder Rothschild noch Marx, Freud, Einstein, Picasso und Co. hätten in Ägypten Schaden anrichten können. Hegemoniale Finanzwirtschaft, Kommunismus, Freud'scher Wahn, Atom- und Neutronenbomben waren dort ebenso wenig an der Tagesordnung wie Tschernobyl.

Wir haben vor allem *berühmte Männer* kennengelernt.

Sie hatten zwar einige interstitielle Besonderheiten, da ihre Werke Schönheit, Harmonie und kreative Vorstellungskraft aufwiesen.

Oder er hatte eine große Begabung in der analytisch-wissenschaftlichen Ordnung.

Sie können nicht den Titel eines Genies beanspruchen, da das Genie seine Mentalität grundsätzlich der inneren Geschlechtsdrüse verdankt.

Diese Drüse regelt in der Jugend die Beziehungen zwischen dem Drüsensystem und dem Nervensystem. *Daher die immense Bedeutung einer guten Erziehung, man heute im Namen des pseudolaizistischen Ideals zu zerstören versucht, das die Massenproduktion von Straftätern, Kriminellen, Rowdys, Terroristen, Drogensüchtigen und Selbstmördern ermöglicht.*

Das innere Genitale legt die Genauigkeit und Aufrichtigkeit der verbalen Bilder fest. Sie bestimmt den emotionalen und gefühlsmäßigen Anteil, der in jedes Sprachbild einfließt, und sorgt dafür, dass es mit der Realität und den Ideen übereinstimmt. Sie trägt also zur Wahrheit der Sprache und zur Geradlinigkeit des Geistes bei. In der Adoleszenz verleiht sie dem Wesen die Kontrolle über seine Gefühle und seine Sexualität.

Sie wirkt auf alle Endokrinen, um ihre funktionellen Extravaganzen zu reduzieren.

Sie stabilisiert also den Charakter, um ihm Mut und Willenskraft zu verleihen. Im Erwachsenenalter kann sie die Aktivität der anderen Drüsen auf das Gehirn konditionieren. Sie zwingt jedes Hormon dazu, auf die Nervenzellen des Gehirns einzuwirken. Sie kann alle intellektuellen Qualitäten des menschlichen Geistes hervorbringen. Sie kann sich in den Wechseljahren stark entwickeln und unvergleichliche intellektuelle Qualitäten hervorbringen: *Das erklärt die Verehrung alter Menschen in allen Zivilisationen.*

Zusammenfassend lässt sich sagen, dass das innere oder interstitielle Genitale in seiner maximalen Entwicklung die grundlegenden Eigenschaften des Genies in sich trägt: *moralischer Sinn und höhere psychologische Ausarbeitungen.*

Das thyreoidal-interstitielle wird also die menschliche Entwicklung in ihren höchsten Qualitäten präsentieren. (Pius XII.)

PSYCHOLOGISCHE ROLLE DER SOGENANNTEN ORGANISCHEN ENDOKRINE

Schauen wir uns kurz die berühmten Männer an und erinnern uns an diese psychologische Rolle der sogenannten organischen Endokrine:

NEBENNIEREN:

force attaque, Objektivität, Materialismus, Zusammenstellung, praktischer und bodenständiger Sinn. Stalin, Ringkämpfer.

HYPOPHYSE:

Stärke, Widerstandskraft, Analyse, Mathematik, Logik, moralische Kaltblütigkeit. de Gaulle, Krankenhausassistenten, Habilitierte, moderne Gelehrte.

SCHILDDRÜSE:

reine Intelligenz, Intuition, Vorstellungskraft, Sinn für Schönheit, Sensibilität, Emotionen, Gefühle. Chopin, große langhaarige Künstler, große Mystiker (Franz von Assisi).

INNERES GENITALE:

Synthese, moralischer Sinn, Begriff der Identität, Liebe zu Gott, Edelmut, körperlicher und seelischer Mut, große altruistische und menschliche Gefühle. Alexis Carrel, die antike griechische Zivilisation im Allgemeinen.

***

Man könnte das Genie physiologisch definieren, indem man sagt, dass es *die willentliche Anwendung des Schilddrüsenhormons auf das Gehirn durch die inneren Genitalien* ist. (Andere Hormone auch, aber die Schilddrüse ist das Endokrin der Intelligenz, der Intuition, der Vorstellungskraft und der Gefühle).

Die Nebennieren haben einige Komponisten wie *Beethoven* berühmt gemacht. Sie verleihen auch praktische Intelligenz, eine Neigung zu industriellen und kriegerischen Anwendungen sowie zu chemischen Forschungen. Die Nebennieren fördern die Kompilation.

Da die Schilddrüse die Drüse der Vorstellungskraft und der verbalen Bilder ist, verdanken ihr Dichter, Romanautoren, Historiker und Literaten viel. Künstler der bildenden Kunst ebenfalls.

Unter den intellektuellen Schilddrüsenpatienten gab es einige Klassiker, die die Besonderheiten, die bei vielen Männern zu finden sind, zusammenfassten. Ihre Schilddrüse wurde von ihrem aktiven Interstitium gesteuert. *La Fontaine* war so ein Fall.

Diejenigen, die eine lebhafte Schilddrüse mit einem Zwischenzellgewebe hatten, das MEHR auf die literarische Form als auf die Vorstellungskraft wirkte, waren Romantiker.

Diejenigen, deren Schilddrüse dem inneren Genitale schlecht gehorchte, waren Unabhängige, Symbolisten, Impressionisten und manchmal Hysterikomystiker.

Ein unzureichendes inneres Genitale kann zu Homosexualität führen, wie es bei Oscar Wilde der Fall war.

Die Hypophyse hingegen ist die Drüse der *positiven Wissenschaften*.

Sie ist es, die unsere heutigen Wissenschaftler antreibt. Sie neigt zu Schätzungen, Vergleichen, quantitativen Analysen und Berechnungen.

Sie ist es, die derzeit je nach Interesse und Phantasie der Wissenschaftler die tragische Entwicklung der modernen Wissenschaft vorantreibt.

Wir schulden ihm keinen großen Dank. *Ihre physiologische Unabhängigkeit von der inneren Genitalien schafft ihre Bösartigkeit.* Wir haben von dem Konstrukteur eines außergewöhnlichen Flugzeugs berichtet, der seine gesamte Familie mit einer Axt tötete.

Man kann vollkommen atheistisch sein und trotzdem Atom- und Neutronenbomben erschaffen, denn dafür ist nur die Hirnanhangdrüse zuständig.

Ein brillanter Hypophysendesigner kann ein Wahnsinniger sein, der seine Analysen an kein übergeordnetes Konzept, keine Synthese anknüpft.

Physiologisch gesehen erregt die Hypophyse vor allem das *reproduktive* Genitale (Fortpflanzungsorgan), das im Gegensatz zum inneren Genitale steht. Aus diesem Grund gibt es heute eine Explosion von analytischen Köpfen und nicht von synthetischen Köpfen.

Der berühmte Mann wird also grundsätzlich von *einer* vorherrschenden Endokrinie geleitet.

Sie verleiht ihm eine besondere Fähigkeit. Leider kann diese Fähigkeit *eine Übertreibung des Geistes auf Kosten grundlegender menschlicher Konzepte sein.*

Spekulative Intelligenz ist also *die Antithese zur Intelligenz überhaupt.*

Man versteht, warum *die Finanzwelt nicht denkt und die Wissenschaft auch nicht denkt.*

Das Genie präsentiert einen vollständigen Geist. Es ist *universell* im synthetischen Ausdruck seiner Schöpfung.

Alle seine Errungenschaften berücksichtigen alle Realitäten, die die Wirklichkeit ausmachen.

Seine Sentimentalität ist auf menschliche Probleme gerichtet, in denen sein Ziel zusammenläuft. Der berühmte Mann hingegen wendet sich von der menschlichen Entität ab. Diese Kategorie von Intellektuellen regiert offiziell.

Das Fehlen einer spirituellen Struktur führt dazu, dass sie fatalerweise wie Zauberlehrlinge gegen den Menschen arbeiten. Daher laufen Physik, Chemie, Technologie, chemische Ernährung und chemische Medizin zusammen, um den Menschen und seine Umwelt zu zerstören.

Es liegt auf der Hand, dass man die Konstrukteure von Sozialplänen, die für den Etatismus und den Massenmenschen entwerfen, diesen zuordnen muss, ohne sich auch nur im Geringsten darum zu kümmern, dass sie die Freiheit und den Respekt der menschlichen Person verletzen, die sie im Namen der Menschenrechte immer wieder verraten.

Das moderne wissenschaftliche Konzept ist daher selbstmörderisch.

Die Zeitgeschichte zeigt uns deutlich, dass die Missachtung der hierarchischen Ordnung, die auf der Vorherrschaft der geistlichen

Autorität über die weltliche beruht, *zwangsläufig* zu Ungleichgewicht, sozialer Anarchie, Verwirrung der Werte, *Herrschaft des Unteren über das Höhere*, biologischer, intellektueller, moralischer und ästhetischer Degeneration, Vergessen der transzendenten Prinzipien und der Verneinung *wahrer Erkenntnis* führt, die aus dem Geist stammt, der die Begriffe Identität und Synthese durchdringt, und nicht aus dem Geist, der fälschlicherweise als "wissenschaftlich" bezeichnet wird...

Es bleibt nur eine Alternative: die selbstmörderische Herrschaft von Wall-street und Marx oder traditionelle Diktaturen, die Mann, Frau, Kind, Ernährung, Moral und Umwelt in ihre Schranken weisen.

Alles andere kann, wie Hitler in "Mein Kampf" feststellte, nur in der totalen Zerstörung münden.

WAS BEDEUTET ES, EIN FASCHIST ZU SEIN?

"Diktatur ist die normale Reaktion eines Volkes, das nicht sterben will".

"Die Schwerverbrecher sitzen nicht in den Gefängnissen, sondern an der Spitze der liberalen Gesellschaft".

"Der liberale Bourgeois ist der ältere Bruder des Bolschewiken".

Dr. Alexis Carrel

Wenn es darum geht, eine Religion zu haben, die lehrt, was richtig und was falsch ist, nicht alles zu essen, kontrolliertes Atmen und echtes Gebet zu praktizieren,

Wenn es bedeutet, die Familie zu respektieren, seine Kinder zu lieben und ihnen eine Erziehung zu geben, die sie zu echten Männern und Frauen macht,

Wenn es darum geht, seine Frau zu Hause zu haben, damit sie sich als Königin des Hauses um ihr Inneres, ihren Mann und ihre Kinder kümmert, die nicht zu Discokunden, Drogensüchtigen, Arbeitslosen, Straftätern und Selbstmördern werden,

Wenn es darum geht, die systematische Gewalt im Fernsehen und im Kino abzulehnen, wenn es darum geht, die "Killermusik" abzulehnen, die durch die übertriebene physiologische Stimulation von Adrenalin kriminogen und durch die übertriebene physiologische Stimulation von Endorphinen "toxikogen" ist,

Wenn es darum geht, erniedrigende und hässliche Pornografie abzulehnen,

Wenn es darum geht, die Kernenergie mit ihren instabilen und nicht neutralisierbaren Abfällen abzulehnen,

Wenn es darum geht, sich zu weigern, mit Genomen und allen Formen der monströsen Genmanipulation zu tändeln,

Wenn es darum geht, die WARBURGs abzulehnen, die gleichzeitig Deutschland, die Alliierten und die bolschewistische Revolution finanzierten, um 1919 als Friedensvermittler nach Europa zu kommen, (den des Versailler Vertrags!),

Wenn es darum geht, den Verkauf von okkulten Waffen an alles, was sich auf dem Planeten selbst ausrottet, abzulehnen,

Wenn es darum geht, denjenigen, die etwas zu sagen haben (Faurisson, Zundel, Notin, Roques usw.), das Recht auf Meinungsäußerung zu geben, ohne sie durch stalinistische und Orwellsche Gesetze, die undemokratisch und verfassungswidrig sind, zum Schweigen zu zwingen,

Wenn es darum geht, die weltweite Zerstörung des Waldes abzulehnen, der insbesondere für die Niagaras von Wahlzetteln benötigt wird und für das ökologische Gleichgewicht unerlässlich ist,

Wenn es darum geht, das Aussterben von Tier- und Pflanzenarten abzulehnen,

Wenn es darum geht, die Vernichtung der Bauernschaft abzulehnen, die von schändlichen Spekulanten und verkauften Politikern in wirtschaftliche Not gebracht wird, während die Bauern, wie die zerstörten Handwerker, den ersten vitalen sozialen Körper einer Nation bilden,

Wenn es darum geht, den Tod der Erde durch synthetische Chemie abzulehnen,

Wenn es um die Ablehnung systematischer Impfungen geht, die das Immunsystem zerstören und Degeneration, Krebs, Herz-Kreislauf- und Geisteskrankheiten verursachen,

Wenn es darum geht, die pathogene Chemie als Prinzip der Gesundheit abzulehnen, obwohl sie den Menschen auf chromosomaler Ebene erreicht, schwere Krankheiten bestimmt und teratogen ist,

Wenn es darum geht, die schmutzige Diktatur von Soros und all den Finanzleuten abzulehnen, die am achten Tag beschnitten wurden

und über gigantische Machtbefugnisse verfügen, die noch nie ein Herrscher in der Geschichte besessen hat,

Wenn es darum geht, den Marxismus (wie den pornografischen Freudismus) abzulehnen, der weltweit 200 Millionen Opfer ausgelöscht hat und in Afrika, Asien und Südamerika weiterhin Menschen massakriert und zum Verhungern bringt,

Wenn das bedeutet, die tentakelartige und monströse MAFFIA abzulehnen,

Wenn es darum geht, Vergewaltigern und Mördern von kleinen Mädchen das Leben zu verweigern, wie jedem heredoalkoholischen oder syphilitischen Spinner, Idioten oder tiefgreifenden Schwachsinnigen,

Wenn es darum geht, die normative Ausweitung von Pädophilie, Homosexualität, sexuellem Laxismus und AIDS abzulehnen,

Wenn es darum geht, nein zur institutionalisierten Rassenmischung zu sagen, die automatisch Libanisierung und blutigen Rassismus sowie unbeherrschbare soziale Unruhen erzeugt,

Wenn es darum geht, nein zu den Mopp-Politikern zu sagen, die der Finanzwelt bedingungslos hörig sind, die mit ihren globalistischen Verträgen ganz Europa in die Arbeitslosigkeit treiben werden und die von jeder echten geistigen und moralischen Disziplin entbunden sind,

Wenn es darum geht, diese Uniform des internationalen Schwachsinns, die LEVIS-Blue-Jeans, abzulehnen,

Also ja, ich bin ein Faschist und stolz darauf...

DIE WELT VON ÜBERMORGEN

Wir sind im *Pseudofortschritt* stecken geblieben.

Die Verarmung der Böden führt zu einem kollektiven Verfall, der sowohl physiologisch als auch psychisch ist, insbesondere durch die Hypotrophie der endokrinen Drüsen, die nicht ausreichend mit lebenswichtigen Stoffen wie Jod, *Magnesium* usw. versorgt werden.

Diese vitalen Mängel führen zu allen Verhaltensaberrationen, zu allen kollektiven und individuellen Verrücktheiten, zu allen Siegen der unsinnigsten Ideen und Ideologien. *Wir alle sind in den atheistischen spekulativen Materialismus verstrickt.* Wir können uns nicht abrupt aus ihm herauslösen.

Denjenigen, die im abgrundtiefen Sumpf des *Rothschildo-Marxismus* stecken und davon träumen, sich unmerklich und schmerzlos daraus zu befreien, muss eine Hand gereicht werden.

Unsere Füße werden eine Zeit lang im chemischen Morast des Materialismus bleiben, aber unsere Köpfe müssen sich nach dem azurblauen Himmel ausstrecken und den Dialog mit einer Welt verweigern, die immer unbewusster und immer wahnsinniger wird.

Übermorgen wird jede Volksgruppe in dem Land leben, das sie gebildet hat. Sie wird die grundlegenden Dinge, die sie zum Leben braucht, selbst produzieren und sich von allem fernhalten, was pathogen, krebserregend, teratogen oder *künstlich* ist.

Keine Nitrate mehr, die die Erde und den Menschen töten, keine massiven Antibiotika, die in geometrischer Progression quantitative und nicht qualitative Bevölkerungen wachsen lassen, deren Länder durch den Kolonialismus in all seinen Formen und die Lüge des Fortschritts ihrer natürlichen Ressourcen beraubt wurden. Der Mensch wird dann Handwerker sein, frei, mit Herz und Verstand zu schaffen: ob er nun Tischler, Dichter oder Philosoph ist.

Keine Massenproduktion von seelenlosen Gegenständen mehr, die dem Glück, das ein neuroendokrin-psychisches Gleichgewicht ist, in keiner Weise dienen.

Der Mensch wird die Genitalverstümmelung, die im ersten Monat der Geburt eine Verzerrung des Geistes bewirkt, *radikal abschaffen*. Der Mensch wird sich von den Konditionierungen jedes sklerotischen Dogmatismus befreien, vom doktrinären Geist der dekadenten Religionen und den entarteten Ideologien, die sie mehr oder weniger arrangiert haben. Die Frage ist: Weder der bloße Glaube an die Eucharistie noch die marxistische Wirtschaftswut machen einen organisch und geistig gesunden, einen GLÜCKLICHEN Menschen aus.

Das Kind soll von klein auf eine angemessene Ernährung lernen, die auf Rohkost, pflanzliche Lebensmittel, Hygiene, natürliche Gesundheit und kontrolliertes Atmen ausgerichtet ist, denn der Atem ist das göttliche Mittel des Gebets und der Selbstkontrolle.

Er lernt Meditation.

Der Mensch wird zu einer einfachen Ernährung zurückfinden, aus der Giftstoffe wie Alkohol, Kaffee, Tabak, weißer Zucker, Weißbrot, Coca-Cola usw. verbannt werden und die grundsätzlich auf Obst und Gemüse vor allem in rohem Zustand und ein wenig Frischkäse und Ei ausgerichtet ist, solange er sich noch nicht regeneriert hat.

Er wird Lebensmittelmischungen vermeiden.

Der Mensch wird seine natürliche Immunität durch die ständige Anwesenheit der Hausfrau stärken, der Mutter, die das *unersetzliche* Epizentrum des familiären Gleichgewichts ist. Er wird Weizenkeime, Pollen und natürliches Magnesium, das z. B. in Trockenfrüchten enthalten ist, verwenden.

Der Charakter des Kindes wird durch die Anwendung der Lebensgesetze, durch Mut, edle Gefühle, geistige Ideale und Toleranz gegenüber allem Großen, Schönen und Wahren geformt, keinesfalls aber gegenüber allen Formen der Verwesung, die eine unerträgliche Toleranz predigen.

Es sind also diese natürlichen Mittel, die an der Schwelle zur Gesundheit Wache halten, und nicht chemisch-physikalische Verfahren, die dem Konzept der Gesundheit völlig fremd sind.

Der Mensch wird sich der Keule der Medien verweigern, er wird die Wahrheit suchen, indem er ein ständiger Revisionist ist, jenseits aller unterschwelligen und hypnotischen Verdummungsprozesse der Presse, des Radios, des Fernsehens, der Publikationen und einer perversen und konditionierenden Lehre.

Übermorgen wird der Mensch die glückserzeugenden Konzepte *Synthese und Moral* nie mehr aus den Augen verlieren.

Er wird wissen, dass nur ein selbstloser intellektueller Geist der Rechtschaffenheit unterworfen ist und nicht der Opportunität und den elementaren Formen des Profits.

Er wird von einer *mikroskopischen, analytischen, quantitativen,* involutiven Wissenschaft zu einer evolutiven, *makroskopischen, synthetischen, qualitativen* Wissenschaft desertieren.

Der Mensch wird wissen, *dass es keine Freiheit ohne Autorität gibt.*

Er wird sich der Autorität des Transzendenten den göttlichen Gesetzen unterwerfen, die dazu gedacht sind, die Gesundheit seines Körpers und Geistes zu erhalten, denn er wird wissen, dass man, wenn man sich sklavisch zu einer Pseudofreiheit herablässt, den überwältigenden Totalitarismus seiner niederen Instinkte, des Materialismus mit seiner Pornografie, seinen Drogen, seinen Gulags und seiner Pulverisierung der Psyche *erleidet...*

UBU KAISER

Ein pensionierter, sehr kranker und hochbetagter jüdischer Lehrer, der einen Schlaganfall erlitten hatte, wurde wegen Antisemitismus angeklagt und zu einer Geldstrafe von 500 € verurteilt.

Dieser Professor gehört zur internationalen Menasce-Familie, die Anfang des letzten Jahrhunderts hundertfünfzig Milliarden Francs besaß (Baumwolle, ägyptische Bank).

Der Lehrer hatte dem Sohn einer befreundeten Konzertpianistin einen Brief geschrieben. Der inhaftierte Sohn, ein hormonell kranker (pädophiler) Mann, hatte ihm einen geopolitisch klaren Brief geschrieben, auf den er geantwortet hatte.

In dem Brief stand der Satz: *"Die Gojim haben meine Artgenossen zu ihren Lehrern gewählt, sie werden daran verrecken"*. Sehr berechtigt öffnete der Gefängnisdirektor die Post und da ihm der Satz missfiel, schickte er den Brief an den Staatsanwalt von Châteauroux, der den Lehrer anklagen ließ. Die Folge war eine Geldstrafe wegen Antisemitismus. Dieser Professor hat außerdem eine Adoptivtochter, die durch eine Impfung lebenslang behindert ist, deren einziger Ernährer er ist und die nicht einmal den Status eines Arbeitsunfalls genießt!

Der mittellose Lehrer lieh sich den Betrag der Geldstrafe, die er beglich, von Freunden.

In diesem Fall geht es jedoch weder um Religion noch um Rasse.

Alle seine Mitmenschen in der gehobenen Mittelschicht sind Agnostiker oder Atheisten. Er selbst ist Agnostiker.

Was ist eine Rasse? Es gibt sie nicht, außer den weißen, schwarzen, gelben und roten Rassen.

Es gibt nur Ethnien, die das Ergebnis einer Jahrtausende währenden hormonellen Anpassung an eine feste geografische Umgebung sind. Die "Juden" - ein Begriff, der der Einfachheit halber verwendet und später noch genauer erläutert wird - sind jedoch über den ganzen Planeten verteilt und haben sich nie an einem festen geografischen

Ort aufgehalten: selbst in Palästina, wo sie nicht länger als drei Jahrhunderte geblieben sind. Sie nehmen das physische Erscheinungsbild des Landes an, in dem sie sich aufhalten.

Die Tatsache, dass sie über Zeit und Raum hinweg eine konstante Besonderheit darstellen, dass sie manchmal karikaturistische Züge tragen und dass sie über enorme spekulative Kräfte verfügen, denen es an Moral und Synthesefähigkeit mangelt, ist im Wesentlichen auf eine falsch verstandene hormonelle Operation zurückzuführen: **die Beschneidung am achten Tag nach der Geburt**, also am ersten Tag der ersten Pubertät, die 21 Tage dauert. Die Beschneidung am ersten Tag der ersten Pubertät führt zu einer Hypotrophie **des Interstitiums** (Drüse des moralischen Empfindens, des synthetischen Geistes, des Altruismus).

Tag beschnitten sein, um skrupellos 50 Milliarden Dollar zu erpressen, ganz zu schweigen von Wissenschaft, Atom-, Wasserstoff- und Neutronenbomben und Spezialmedizin. Die Schilddrüse ist auch die Drüse der Vorstellungskraft und der Automatismen: Man muss am 8. Tag beschnitten sein, um ein so außergewöhnlicher Pianist wie Horowitz oder ein unvergleichlich virtuoser Geiger wie Yehudi Menuhin zu werden.

Daher muss man unter Ausschluss aller rassischen und religiösen Konzepte sagen: **Die Sekte der am achten (8.) Tag Beschnittenen regiert die Welt.**

Es war diese besondere Beschneidung, die eine Gruppe von Raubtieren **ausmachte, die ausnahmslos aus** jedem Land, in dem sie sich befanden, verfolgt und vertrieben wurden, und das schon **lange vor dem Aufkommen des Christentums.** (Siehe das Buch von Bernard Lazare: *Antisemitismus*).

Zur Zeit dieser grotesken Affäre um einen wegen Antisemitismus angeklagten Menasce brach der wirtschaftliche Zusammenbruch aus. Der israelische Schriftsteller Shamir stigmatisierte jüdische Milliardäre aus den USA, die er in einem im Internet veröffentlichten Artikel mit dem unmissverständlichen Titel *"Galgenvögel"*[15] beschuldigte, die Pyramide zum Einsturz gebracht *zu* haben.

---

[15] Tag beschnitten sind, sind schuldig, aber sie sind nicht verantwortlich: Ihr hormonell-spekulativer Determinismus ist absolut.

Madoff ging daraufhin zu den anderen beschnittenen Finanzmilliardären und erpresste 50 Milliarden Dollar - ein weltweit einzigartiges Phänomen, das alle Rekorde des jüdischen Wuchers in der Geschichte bricht.

Nur ein am 8.Tag Beschnittener kann zu einer solch furchterregenden Leistung fähig sein. **Tag beschnitten sind also Raubtiere**, wie *Benjamin Franklin* historisch verstanden hatte.

So wird Herr Madoff seine Kaution und seine Geldstrafe mit dem gestohlenen Geld bezahlen, und der Staat macht sich zu seinem Komplizen, indem er es indossiert!

Währenddessen wird Herr Zundel gewaltsam aus dem Haus seiner Frau in den USA entführt. Und weil er den Schwindel des Holocausts bewiesen hat, wird er zu sechs Jahren Gefängnis verurteilt.

Das Recht ist zur aufgeblähten Karikatur und zum Gegenbild der Gerechtigkeit geworden.

Das Fabius-Gesetz (ein am achten Tag beschnittener Mann) ist durch seine bloße Existenz der neunfache Beweis für den Schwindel. Wenn man Fernsehen und Medien in der Hand hat, braucht man keine *Orwellschen Gesetze,* um die Wahrheit darzustellen: Beweise und Argumente reichen aus.

Das Fabius-Gayssot-Gesetz (ein Kommunist, der nur etwa 200 Millionen Leichen als Opfer des Marxismus hinter sich herzieht) ist das revisionistischste Gesetz, das es gibt, da es das Eingeständnis des Schwindels ist...!

Dieses Gesetz wurde von vielen Juristen als verfassungswidrig, menschenrechtsfeindlich und undemokratisch bezeichnet, und M. Toubon, der später Justizminister wurde, erklärte, dass es das Recht und die Geschichte zurückwerfe niemals angewendet werden würde!

Sie wird von befehlenden Robotern angewandt, die sich mehr um ihre Futtertröge als um die Wahrheit und ihre Ehre sorgen.

Sollte Madoff jemals auf die wundersame Idee kommen, sein Judentum zu offenbaren, würde er wegen Antisemitismus angeklagt werden!

Alles ist gut gestrickt von der demonstrierenden Diktatur, die von den hedonistischen Larven der ganzen Welt bedient wird. Aber, ein Phantast kann vor Tausenden von Zuschauern wiederholen lassen: *"Der Papst fickt"*... Mehrmals hintereinander, natürlich... Die Fingerspitzen aller Staatsanwälte in Frankreich bewegen sich nicht!!! Dort gibt es keinen Schutz der Religion!

Diese Welt der Larven, die Komplizen ihres eigenen Selbstmords sind, wie dem Professor während seiner Befragung durch die Polizei bewusst wurde - deren Ignoranz und Unbewusstheit alle Grenzen - verdient es, aus einfachen Gründen der Keimfreiheit zu verschwinden...

Das Fabius-Gayssot-Gesetz ist ein radikal diktatorisches, kategorisch antidemokratisches Gesetz und hat daher keine verfassungsmäßige Existenz. Es ist unfähig, den Argumenten und Beweisen, die vom internationalen Revisionismus meisterhaft dargelegt werden, standzuhalten...

Sie ist der neunfache Beweis für einen absoluten Schwindel.

Die Justiz selbst wird schließlich vor ihrem Kartenhaus zusammenbrechen[16]...

---

[16] Revisionistische Professoren und Intellektuelle haben genauso viele Rechte wie die Pornografie, die sich in der Welt ausbreitet, und die Dollar-Milliardäre, die Hauptbetrüger der Beschneidung am $8^{(igsten)}$ Tag sind.

HABEN SIE ANTISEMITISMUS GESAGT? NICHT?

> *"Die Juden, diese Handvoll Entwurzelter, haben die Entwurzelung des gesamten Erdballs verursacht."* - Simone Weil
>
> *"Die Lüge des Fortschritts ist Israel."* - Simone Weil
>
> *"Was die Beschneidung am achten ⟨achten⟩Tag betrifft, so mache dir keine Sorgen: Das übersteigt das Vorstellungsvermögen."* - Der Talmud
>
> *"Wer hätte gedacht, dass ein Ritus so weit gehen und riskieren könnte, alles an der Grenze der Nationen zu zerstören."* - Dominique Aubier (über sein Buch über die Beschneidung am 8° Tag, das ausschließlich für Juden bestimmt war)[17]

Alles, was im Folgenden gesagt wird, wurde auf absolute Genauigkeit Geschichte und der Gegenwart hin überprüft. Nur die totalitäre internationale Umerziehung kann die Welt in die radikalste Ignoranz stürzen.

ULTIMATIVE SYNTHESE DER GEOPOLITIK DER LETZTEN JAHRTAUSENDE

Die Juden wurden Jahrtausende vor dem Christentum aus jedem Land **vertrieben**, in dem sie sich aufhielten, weil **sie Vampirismus und exorbitanten Wucher betreiben**. Als Christus noch existierte, wurde ihnen nicht die Kreuzigung angelastet. Als sie im Mittelalter aus allen Ländern, in denen sie sich befanden, ausgeschlossen wurden, war Kreuzigung nicht der Grund für ihre allgemeine Vertreibung, sondern nur das Sahnehäubchen auf dem Kuchen. Die

---

[17] Dieses Buch führt zu denselben Ergebnissen wie die Endokrinologie in Bezug auf die Judeopathie.

gleichen Ursachen. Die gleiche Wirkung: **Vampirismus und Wucher waren die dauerhafte Wurzel des Übels.** Es ist völlig klar, dass sich nicht alle Länder in Sprachen, zu verschiedenen Zeiten und an verschiedenen Orten das Wort gaben, um die Juden zu vertreiben: Die Wurzel des Antisemitismus liegt also **im** Juden und keineswegs im Antisemiten.

Was waren die Ursachen für die weltweite Vertreibung der Juden sowohl in der Antike als auch im Christentum?

Ein Überblick über die Geschichte lehrt uns das.

Die Juden monopolisierten nicht nur den Wechselhandel, sondern die eigentliche Quelle ihres Vermögens war der Wucher oder das Pfandleihgeschäft, das ihnen große Vorteile brachte. Nach nach wurden sie zu den wahren Bankiers der damaligen Zeit und zu Geldgebern sozialen Schichten. Sie vergaben Kredite an den Kaiser ebenso wie an einfache Handwerker und Landwirte und beuteten Groß und Klein **ohne die geringsten Skrupel** aus. Eine ungefähre Vorstellung von den Ausmaßen ihres Handels erhält man, wenn man sich die gesetzlich zulässigen Zinssätze im 14. und 15.

1338 gewährte Kaiser Ludwig der Bayer den Frankfurter Bürgern *"zum Schutz der Juden in der Stadt und um mit besserem Herzen für ihre Sicherheit zu sorgen"* ein besonderes Privileg, dank dessen sie von Juden Darlehen zu 32,5% pro Jahr erhalten konnten, während sie Ausländern bis zu 43% leihen durften. Der Rat von Mainz nahm ein Darlehen von tausend Gulden auf und es wurde ihnen erlaubt, 52% zu verlangen.

In Regensburg, Augsburg, Wien und anderen Orten stiegen die gesetzlichen Zinsen häufig auf 86%. Am schikanösesten jedoch die Zinsen, die die Juden für kurzfristige Kleinkredite verlangten, auf die kleine Händler und Bauern angewiesen waren.

"Die Juden plündern und häuten den armen Mann", sagte der Reimschreiber Erasmem von Erbach (1487); *"es wird wirklich unerträglich, möge Gott uns gnädig sein. Wenn sie fünf Gulden verleihen, nehmen sie Pfänder, die das Sechsfache des geliehenen Betrags betragen.*

Dann fordern sie die Zinsen für die Zinsen und dann noch einmal die Zinsen für die neuen Zinsen. So wird dem armen Mann alles genommen, was er besessen hat".

Tritème sagt zur selben Zeit: *"Es ist leicht zu verstehen, dass bei den Kleinen wie bei den Großen, bei den Gebildeten wie bei den Ungebildeten, bei den Fürsten wie bei den Bauern eine tiefe Abneigung gegen die wucherischen Juden verwurzelt ist..."*.

Alle Juden in der ANTIKEIT wurden vertrieben, das ist eine unbestreitbare historische Tatsache, und Christus hatte damit nichts zu tun. In der christlichen Ära setzte sich das Phänomen fort und alle Länder des Christentums wurden schließlich von den Juden aus denselben Gründen vertrieben: Landnahme, Vampirismus, großer und rücksichtsloser Wucher.

1789, im Hinblick auf die Vorrede zur Ausarbeitung der amerikanischen Verfassung, äußerte sich Benjamin Franklin, ein Demokrat und Freimaurer, unmissverständlich:

"In jedem Land, in dem sich Juden in größerer Zahl niedergelassen haben, und zwar ausnahmslos, sie seine moralische Größe entwürdigt, seine kommerzielle Integrität herabgesetzt, seine Institutionen lächerlich gemacht, sich nie assimiliert, einen Staat im Staat errichtet, die Religion lächerlich gemacht und untergraben. Als man versuchte, ihre Pläne zu durchkreuzen, strangulierten sie das Land finanziell, wie sie es auch in Spanien und Portugal getan hatten.

Wenn Sie den Juden die Staatsbürgerschaft gewähren, werden Ihre Kinder Sie in Ihren Gräbern verfluchen. Wenn Sie die Juden in der Verfassung der Vereinigten Staaten nicht ausschließen, werden sie in weniger als zwei Jahrhunderten umherschwärmen, Ihr Heimatland beherrschen und die Regierungsform ändern...

"Wenn die zivilisierte Welt ihnen Palästina zurückgeben wollte, würden sie einen dringenden Grund finden, nicht zurückzukehren, weil sie Vampire und Vampire nicht auf Kosten anderer Vampire leben können...".

Israel, das einzige Land, in dem es keine Juden gibt! Sie wohnen in Banken der Welt, vor allem in den USA, und haben Interesse daran, nach Israel zu gehen, das für sie nur ein Brückenkopf ist, um den Nahen Osten zu beherrschen und sein Öl zu nehmen.

Alles, was Benjamin Franklin gesagt hat, ist in vollem Umfang eingetreten.

Zweiundzwanzig (22) Minister unter Bush waren ebenso jüdisch wie die derzeitige Regierung.

Der allgemeine Zusammenbruch der Wirtschaft wird von einem Juden, Isaac Shamir, einem ehrlichen Juden, gegeißelt, der *"Zusammenbruch der Pyramide"* durch die jüdischen Milliardäre der U.S.A. verurteilt. Der Artikel über diese jüdischen Milliardäre hat einen unmissverständlichen Titel: *"Galgenvögel"*. Zu den von ihm gebrandmarkten Personen gehören: Tom Friedman, Henri Paulson, Ben Bernanke, Alan Grennsberg, Maurice Grennsberg, **Lehman Brothers**[18] Merrill Linch, Goldman Sachs, Marc Rich, Michael Milen, Andrew Fastow, George Soros und Konsorten...

Der jüdische Betrüger Maddof erbeutete 50 Milliarden Dollar, doch es handelte sich nur um ein Missgeschick - die Einleger wollten ihr Geld zurück. Andernfalls würde Maddof weiterhin hinterhältig in der internationalen Stille arbeiten.

Die *Federal Reserve* ist **eine private Organisation** mit gigantischer Macht (der einige der oben genannten Milliardäre angehören), die alle Kriege anführt, vom Ersten Weltkrieg 1914-1918 bis zur Invasion des Irak weniger als 100 Jahre später. Die gesamte internationale Finanzwelt ist an den modernen Kriegen beteiligt. Die Mitglieder werden immer kooptiert: 1913 hießen sie: Rothschild, Lazard, Israel Moses, Warburg, Lehman brothers, Kuhn Loeb, Chase Manhattan Bank, Goldman Sachs...

Alle sind jüdisch. Diese Leute verlangen, dass man Zinsen für fiktive Kredite zahlt, und können alles konfiszieren.

Die bolschewistische Revolution war durch und durch jüdisch: Sie wird Dutzende Millionen Tote fordern. Alles war jüdisch: die jüdisch-amerikanischen Bankiers, jüdischen Politiker, die jüdischen Verwalter, die Gefängnis- und KZ-Henker wie Frankel, Yagoda, Firine, Appeter, Jejoff, Abramovici und fünfzig andere mit Kaganovitch an der Spitze.

Ein Jude, Laurent Fabius, lässt das nach ihm benannte Gesetz verkünden. Das Gesetz verbietet es, von *"Gaskammern und sechs*

---

[18] Der Fall der Lehmann-Brüder: Finanzkollaps und 28.000 Arbeitslose wurde in den Fernsehnachrichten erwähnt, ebenso wie Israels Kriegsverbrechen und Verbrechen gegen die Menschlichkeit gegenüber den Palästinensern. (September 2009)

Millionen" zu sprechen, aufgrund der Absolutheit des Nürnberger Tribunals, das sehr wohl fehlbar war, da das Massaker von Katyn, das den Deutschen angelastet wurde, sowjetisch war, wie ein russischer Präsident, ein Revisionist, anprangerte! (Gorbatschow).

Ein zukünftiger Justizminister behauptet, dass dieses Gesetz, wenn es verabschiedet würde, verfassungswidrig, menschenrechtsfeindlich und antidemokratisch wäre und dass die Justiz es niemals anwenden würde. Es wurde von den zitternden Larven der Richter, die vor dieser verkehrten Justiz und den Totalitären, die sie demokratisch verkünden lassen, auf dem Bauch liegen, verkündet und angewendet.

Die Fortsetzung war noch bitterer: Ernst Zündel, ein vom Holocaustbetrug Mann, der in Kanada an mehreren Prozessen teilgenommen hatte, heiratete in den USA eine Amerikanerin.

Unter dem fadenscheinigen Vorwand eines nicht aktuellen Einwanderungsdokuments (er war Amerikaner durch Heirat) wurde er entführt, in Kanada inhaftiert, ohne den geringsten offiziellen Rechtsschritt (also illegal) nach Deutschland verschifft und zu fünf Jahren Gefängnis verurteilt, weil er den Schwindel des Holocausts beweisen wollte.

Hundert Schriftsteller, Ingenieure, Anwälte, Professoren und Historiker werden inhaftiert, ohne auch nur die geringste Chance zu haben, zu verteidigen oder unwiderlegbare Beweise für ihre Darlegungen zu liefern:

Dies **wird als demokratische Meinungsfreiheit** bezeichnet.

Unter ihnen: Mahler, Sylvie Stolz, Wolfgang Fröhlich, Gerd Honsik, Walter Lüftl, Vincent Reynouard, Professor Faurisson, German Rudolf, Dirk Zimmerman, Kevin Kälter, Fredrick Töben, Arman Amaudruz, René Louis Berclaz, Jürgen Graf, etc.

Ein Buch mit dem Titel *Die jüdische Mafia* zeigt, dass die russische und die amerikanische Mafia jüdisch sind. Unter den mafiösen Juden gibt es unter anderem einen, der allein 170 Milliarden Dollar besitzt.

Alle Besitzer von russischem Öl sind Juden. Einer der wichtigsten, Kodorkovski, wurde von Putin nach Sibirien geschickt.

Alle der berühmtesten Schriftsteller haben die Juden angeprangert, sogar Napoleon I., obwohl er von der Revolution und von

Rothschild beauftragt worden war, die Monarchien Europas zu liquidieren, sprach von den Juden als *"dieser Krähenschwarm"*. (Übrigens ein Buch über den Kaiser den Titel *Napoleon Antisemit*).

Zu den großen Schriftstellern, die die Juden anprangerten, gehören: Karl Marx *("Schafft den Verkehr ab, ihr schafft den Juden ab")*, Jaurès, Ronsard, Voltaire, Kant, Malesherbes, Erasmus, Luther, Schopenhauer, Vigny, Balzac, Proudhon, Michelet, Renan, Dostojewski, Hugo, Drumont, Wagner, Maupassant, Jules Vernes, Simenon, Jean Giraudoux, Marcel Aymé, Céline, Montherlant, Léon Bloy, Mauriac, Proust, Musset, Chateaubriand, Madame de Sévigné, Racine, Molière, Shakespeare, Dickens, Walter Scott, etc.

Zu Israels Verteidigung muss man sagen, dass die wirtschaftlich-technische Konjunktur der letzten Jahrhunderte die jüdischen Übergriffe begünstigt hat, für die die Gojim, die wahren hedonistischen Larven, **eine große Verantwortung tragen.**

Die Juden übertreiben es **aufgrund der enormen spekulativen Möglichkeiten,** die ihnen durch die Beschneidung am achten Tag verwehrt sind, ohne moralischen Sinn und Verstand.

Denn **die gesamte jüdische Pathologie geht darauf zurück**, und das ist leicht zu verstehen, wenn man die große Entdeckung **der funktionellen Vorrangstellung des Hormonsystems vor dem Nervensystem und die Existenz der ersten Pubertät kennt,** die am 8. Tag beginnt und 21 Tage dauert.

> **Schließlich kennen Sie**
> **diese elementaren Parameter**
> **der Geschichte und der Gegenwart,**
> **warum zum Teufel,**
> **wären Sie Antisemit??**

* * *

"Wenn die Juden mit ihrem marxistischen Glaubensbekenntnis die Führung der Menschheit übernehmen, dann wird der Mensch vom Planeten verschwinden, der dann wieder beginnt, sich im Äther zu drehen, wie vor Millionen von Jahren."

- Adolphe Hitler

Das ist der Punkt, an dem wir stehen, und, Gipfel von

den Schrecken, die Judengesetze (Fabius) verurteilen in die wahren Eliten, die sich vergeblich bemühen die Wahrheit zu verkünden (Faurisson, Zundel usw.).

Genrikh Yagoda

Frenkel

Uritschi Moissej Salomonowitsch

Paul Warburg

Armand Hammer

Edgar Bronfman

Mayer Carl von Rothschild

Sir Zacharias Basileios

Carl Djerassi

Simone Veil

Bernard Maddoff

Thomas Friedman

Pablo Picasso

Sigmund Freud

Albert Einstein und Oppenheimer

Adolf Hitler — *Karl Marx*

SONSTIGES WERTPAPIERE

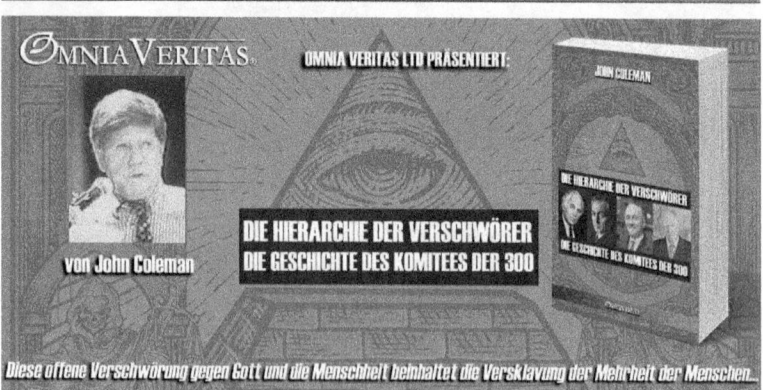

www.ingramcontent.com/pod-product-compliance
Lightning Source LLC
Chambersburg PA
CBHW050132170426
43197CB00011B/1799